बाल भगवान

बाल भगवान

स्वदेश दीपक

वाणी प्रकाशन

प्रकाशन के उत्कृष्टतम 61 वर्ष

vaniprakashan.com

पेपरबैक पहला संस्करण : 2024

वाणी प्रकाशन

4695, 21-ए, दरियागंज, नयी दिल्ली-110 002

फ़ोन : +91 11 23273167, 23275710

शाखाएँ

अशोक राजपथ, पटना-800 004, बिहार

कॉफ़ी हाउस कैम्पस, महात्मा गांधी मार्ग, प्रयागराज-211 001, उत्तर प्रदेश

महात्मा गांधी अन्तरराष्ट्रीय हिन्दी विश्वविद्यालय, वर्धा-442 001, महाराष्ट्र

36/ए, शेक्सपियर सरणी, रानी बिरला गर्ल्स कॉलेज के पास, कोलकाता-700 017, प. बंगाल

sales@vaniprakashan.in
vaniprakashan@gmail.com

Baal Bhagwan
by Swadesh Deepak

ISBN : 978-93-5775-353-1
Collection of Stories

मूल्य : ₹ 395

आर. टेक ऑफ़सेट प्रिंटर्स, दिल्ली-110 032 में मुद्रित

वाणी प्रकाशन का लोगो मक़बूल फ़िदा हुसेन की कूची से

Dying,
Is an art, like everything else.
I do it exceptionally well.

Sylvia Plath

अनुक्रम

किसी एक पेड़ का नाम लो

सुबह के चार बजे होंगे, लेकिन एयरपोर्ट एकदम उजला–रोशनियों में नहाया हुआ। उसने बाहर देखा। दिसंबर के गहरे–घने अँधेरे में लिपटा शहर लगता है जैसे सिर्फ़ एयरपोर्ट में सूरज निकल आया है। यह सूरज भी पक्षपात करता है। वह मुस्कराया। यह सुबह–सवेरे सूरज के पीछे पड़ने का क्या मतलब? सूरज भी तो कहीं ठण्ड से दुबका बैठा है, सुस्तायेगा, लाल मुँह अँधेरे के कम्बल से बाहर होगा, तब निकलेगा। उसने एक ही जगह खड़े–खड़े पैर हिलाये ताकि ठण्ड से जम गयी टाँगों में रक्त–संचार तेज़ हो। दो सौ किलोमीटर कार चलाकर अभी–अभी यहाँ पहुँचा, टाँगें तीन घण्टे अधमुड़ी रहीं। कस्टम अफ़सर ने उसके लिए भी चाय मँगवायी, गिलास में।

"मैं अभी बाहर से..."

"पी लो मेजर साहब! अभी प्लेन आने में बीस मिनट है।"

उसे अच्छा लगा कि अब भी अनजान–अपरिचित लोग पहली मुलाक़ात में ही उसके दोस्त बन जाते हैं। पता नहीं उसकी आवाज़ की गरमायश अथवा उसके माथे पर लिखा है–आओ, मेरे दोस्त बन जाओ। वह हमेशा धीमे बोलता है, आम अफ़सरों की तरह उसे घुड़ककर या चीख़कर बोलने की आदत नहीं। सभी जवानों के लिए वह पहले दोस्त है, फिर अफ़सर। जब बंगलादेश युद्ध में उसे 'महावीर चक्र' मिला तो उसके कमाडिंग अफ़सर ने क्या कहा था–लेफ्टिनेंट अजयसिंह जनरल बनकर रिटायर होगा–अवर फ़्यूचर चीफ़ ऑफ़ आर्मी। फिर अजय को सैल्यूट किया था। पता नहीं मज़ाक़ में, रम के नशे में, या अपनी रेजिमेंट के लिए पहला 'महावीर चक्र' प्राप्त करने की ख़ुशी में।

उसने सिर झटका। उसके सी.ओ., साथी अफ़सर, रेजिमेंट के जवान बाहर निकले, स्मृति–अँधेरे में वापस लौट गये। उसे सिर हिलाता देख कस्टम अफ़सर को ग़लती लगी कि शायद उससे कुछ कहा, हौसला दिया, "आप फ़िक्र न करें, मेजर साहब! इंटरनेशनल फ़्लाइट के पैसेंजर यहीं से बाहर निकलेंगे। मैं पासपोर्ट देखकर आपको बता दूँगा कि माया बख़्शी कौन है।" वह मुस्कराया। कस्टम अफ़सर को ग़लती लगी है कि वह माया बख़्शी को पहचान नहीं पायेगा। उसने माया को आज तक नहीं देखा, लेकिन जानता है कि पहचान लेगा। माया की माँ ने पहचान बतायी थी–"माया को पहचानने में तुम्हें कोई दिक़्क़त नहीं होगी। प्लेन में से जो सबसे ख़ूबसूरत और सबसे लम्बी हिन्दुस्तानी लड़की उतरे, वह माया होगी।"

ब्रिगेडियर बख़्शी ने पत्नी को छेड़ा था–"बहुत फूक नहीं लेते स्वीटहार्ट! कहीं यह किसी और ख़ूबसूरत लड़की को घर न ले आये।"

"डोंट बी सिली! मेरी माया जितनी ख़ूबसूरत और लम्बी लड़की आज तक देखी है क्या? लेकिन अमेरिका जाकर भी बेवकूफ़–की–बेवकूफ है। इस उम्र में भी जब कुछ करेगी तो अचानक। दो साल से अमेरिका पढ़ रही है, लेकिन अक्ल नहीं आयी!"

"जो हिन्दुस्तान में बेवकूफ़ है, अमेरिका जाकर भी बेवकूफ ही रहेगा।" पति की प्यारी, लेकिन छेड़ने वाली चुटकी।

"अच्छा। बहुत मत बोलो। बुख़ार बढ़ जायेगा।"

अजय को भी लगा था कि माया बख़्शी ज़रूर मूर्ख होगी। रात को बारह बजे फ़ोन बजा। बख़्शी साहब को बुख़ार। मिसेज़ बख़्शी ने बात की।

"मम्मी! मैं माया हूँ। उधर से ऊँची आवाज़।

"अरे माया, कैसी हो, मिड–टर्म छुट्टियाँ कब होंगी?"

"वे तो अप्रैल में होंगी।"

"अच्छा। पहली छुट्टी होते ही प्लेन पकड़ लेना। तेरी बहुत याद आ रही है।"

"अच्छा, पापा को फ़ोन दो।"

"उठाती हूँ। उन्हें बुख़ार है। तू कब आयेगी?"

"पापा को मत उठाओ। कहो तो आज ही आ जाऊँ?"

"देख! माँ से ऐसा वाहियात मज़ाक़ नहीं करते।"

"माँ! तू हमेशा स्टूपिड रहेगी। मज़ाक़ कौन कर रहा है? मैं बाम्बे एयरपोर्ट से फ़ोन कर रही हूँ। प्लेन में कोई छोटी–मोटी ख़राबी आ गयी है। दो–तीन घण्टे में दिल्ली के लिए टेक ऑफ़ कर लेगा।"

"तूने खाना खाया कि नहीं? पहले ख़बर क्यों नहीं की?"

"चुप। स्टूपिड ओल्ड वुमेन! मूली के पराँठे तैयार रख। पूरे पाँच! आठ बजे तक घर पहुँच जाऊँगी।"

"दिल्ली से कैसे आयेगी? तेरे पापा को बुख़ार है। कार तो वह चला..."

"क्यों? हिन्दुस्तान में बसें चलनी बन्द हो गयी हैं। हैज़ द हैंडसम प्राइम मिनिस्टर ऑरेडी ब्राट द ट्वंटीफ़स्ट सेंचरी टू द कंट्री।" माया ने फ़ोन रख दिया। बख़्शी साहब ने ज़िद की–दिल्ली जायेंगे, बेटी को लेने। बुख़ार की ऐसी–तैसी...पत्नी ने डाँटा–"तुम्हें क्या अब रोज़–रोज़ याद कराना पड़ेगा कि अब बूढ़े हो गये हो–एक रिटायर्ड ब्रिगेडियर। इस सर्दी में तुम अम्बाला से दिल्ली कार चलाकर जाओगे? तुम बाप–बेटी जन्म से बेवक़ूफ़ हो।"

तब अजय ने कहा कि दिल्ली तक वह चला जायेगा, लेकिन माया बख़्शी को पहचानेगा कैसे? मिसेज़ बख़्शी ने आसान पहचान बतायी कि जहाज़ से जो सबसे ख़ूबसूरत और सबसे लम्बी हिन्दुस्तानी लड़की उतरेगी, उनकी बेटी होगी। बख़्शी साहब ने सैनिक भाषा में माया का नक़्शा खींचा–

"कद पाँच फुट सात इंच। रंग एकदम गोरा–चिट्टा। नाक टेढ़ी– हुक्ड नोज़। बहुत तेज़ चलती है!"

तभी अजय कस्टम अफ़सर की ग़लती पर मुस्कराया था कि वह माया को पहचान नहीं पायेगा। फ़्लाइट नम्बर सात...सात...सात...सात... के नीचे उतरने की सूचना दी जा रही है। रोशनीवाली लम्बी सीटी ने अँधेरे का सीना चाक किया। विमान की लैंडिंग–लाइट्स में खुल गये पहिये उसे साफ़ दिखे। किसी प्रागैतिहासिक पक्षी–सा विमान एयरपोर्ट के सिरे पर रन–वे छूता है, उछला, लम्बी दौड़, हाँफ गयी साँस, रुकता है। किसी ने उसकी बाँह छुयी, उसने नीचे देखा। एक तीन–चार साल की बच्ची ने उसे ख़बर दी–"मेरे पापा आ रहे हैं। हम चार घण्टे से उनकी वेट कर रहे हैं।"

"प्लेन थोड़ा लेट हो गया बेटे! पापा ने फ़ोन नहीं किया?"

"हमारे घर फ़ोन नहीं।" बच्ची का उदास–उछाह–भरा जवाब। बच्ची की माँ ने डाँटा–"अंकल को तंग नहीं करते। बक–बक की आदत छोड़ दे। नहीं तो पापा डाँटेंगे।"

"मैं पापा को पहचानूँगी कैसे? देखा तो नहीं।"

अजय को हैरान देखकर महिला ने बताया–"उनके अमेरिका जाने के बाद पैदा हुई थी। वह हाथार्न पर पी–एच.डी. करने गये थे। सिन्न एंड रिजेम्पशन!"

अजय ने सोचा कि महिला को बताये, सिन्न के बाद कोई रिजेम्पशन नहीं, चाहे हाथार्न माने–न–माने, लेकिन वह चुप रहा।

यात्री कस्टम काउंटर की तरफ़ बढ़े, एक क़तार में। उसे इतनी दूर से चेहरा तो नहीं दिखा–लेकिन कोई लाइन तोड़कर आगे निकला है। मर्दो की तेज़ चालवाली लड़की। सबसे पहले उसे कन्धे में लटका, हिलता हुआ एयरबैग दिखा। फिर तेज़ चलते शरीर का चेहरा दृष्टिबद्ध हुआ। कन्धे की ऊँचाई पर चलता कटे हुए सूरज का टुकड़ा। टेढ़ी नाक–हुक्ड नोज़। वह कस्टम काउण्टर पर सबसे पहले पहुँची। उसके पासपोर्ट दिखाने से पहले अजय ने पूछा–

"आप माया बख़्शी हैं न?"

"हाँ! लेकिन आपको कैसे पता?"

"आपकी माँ ने बताया था कि जहाज़ से जो सबसे ख़ूबसूरत और सबसे लम्बी हिन्दुस्तानी लड़की उतरे, वह माया बख़्शी होगी।"

"सिली! हर माँ को अपनी बेटी ख़ूबसूरत लगती है।"

"डोंट माइंड मैडम! आपकी माँ ने पहचान तो ठीक बतायी।" कस्टम अफ़सर ने छेड़ा।

"आप लोग पैसेंजर्स से फ़्लर्ट कब से करने लग गये? मैंने तो सुना है यहाँ के कस्टमवाले बहुत सड़ियल होते हैं।

वह कन्धे से एयरबैग उतारने लगी, कस्टम अफ़सर ने रोका–

"रहने दें। आप जैसी क्यूट लड़की चोरी का सामान नहीं ला सकती।"

"थैंक्स हैंडसम।"

कस्टम अफ़सर का मुँह लाल हुआ, शरमाया–"मेज़र साहब, अपना लम्बा और ख़ूबसूरत पैसेंजर ले जाइए। कांग्रेट्स!"

दोनों लाउंज में आये। माया ने पहला सवाल पूछा–

"आप भी आर्मी में हैं क्या?"

वह जवाब नहीं देता। उसका सख़्त हो गया चेहरा देखकर माया को थोड़ी–सी हैरानी हुई कि इसमें बुरा मानने की कौन सी बात है? तब उसे अपने पापा का ख़याल आया, और हैरानी दूर हो गयी। पापा एकदम ग़ुस्सैल हैं, दोस्त भी अपने जैसे ही बनायेंगे–कमान पर चढ़े तीर। अजय ने उसके कन्धे से एयरबैग उतारा, अपनी बाँह पर लटका लिया। बैग का स्ट्रैप लम्बा, लेकिन फिर भी ज़मीन को नहीं छू रहा, क्योंकि अजय का क़द बहुत लम्बा है।

"पहले चाय पी लें। अम्बाला तक पहुँचने में तीन घण्टे लग जायेंगे।"

"हाँ। हो जाये।" माया काउंटर पर पहुँची, वेटर से दो चाय के लिए कहा–"सुनो, मेरी चाय गिलास में देना। दो साल हो गये, गिलास में चाय नहीं पी।"

वह गर्म गिलास दोनों हथेलियों में धीरे–धीरे घुमा रही है। सोचती है, इस आदमी से जो उसे लेने आया है, क्या बात करे? एक साधारण–सा सवाल पूछने पर कि क्या आप सेना में हैं, इसका मुँह 'सूज' गया। इतनी गरम चाय, यह आदमी, जिसका नाम अजय है, इतनी जल्दी–जल्दी क्यों पी रहा है? माया की आत्मा में एक छोटे–से भय ने जन्म लिया–यह आदमी, यहाँ उसके पास होकर भी कहीं और है, यहाँ से अनुपस्थित। उसके चमड़े के कोट के ऊपरवाले काले कालर खुले हैं। सफ़ेद टी–शर्ट के पास गले पर बना–लगा घाव माया को साफ़ दिखा। इसके हाथ लगातार क्यों बन्द–खुल रहे हैं? वह सिहरी। सर्दी से या भय से? इतनी मृत आँखें उसने आज तक किसी भी चेहरे पर नहीं देखीं। इच्छाहीन आँखें, जीवनाकांक्षा रहित आँखें। इसके चेहरे पर तो यह आँखें नहीं होनी चाहिए, जवान चेहरे पर लगी बूढ़ी आँखें। पतझड़ के नंगे पेड़। उसने दिल–ही–दिल में अपने आपको गाली दी। उग आया भय आत्मा के अवचेतन–अँधेरे हिस्से में लौट गया।

"आपको पंजाबी बोलनी आती है?"

"हाँ। क्यों?" अजय इस मूर्ख सवाल पर हैरान।

"तो फिर बोलो न! दो साल से अपनी ज़बान नहीं सुनी।"

अजय की आत्मा ने आज्ञा दी कि इस लम्बी लड़की, माया बख़्शी की हुक्ड–नोज़ पकड़ लो, लेकिन हाथों ने यह आज्ञा नहीं मानी, क्योंकि शरीर का कोई भी अंग मरी हुई आत्मा की आज्ञा नहीं माना करता।

"चलिए सोंहण्यों, देर हो रई है।" माया हँसी। अजय हँसा। माया की आत्मा में भय फिर उगा–जब यह आदमी हँसता है तो इसके चेहरे पर से बूढ़ी आँखें उतरती हैं, जवान आँखें वहाँ लगती–लौटती हैं–आयु और शरीर के अनुपात में। उसने कोट की जेब से सिगरेट का पैकेट निकाला, खोला। उसकी उँगलियाँ काँपीं, माया ने साफ़ देखा। यह आदमी इतना स्वस्थ, जिस्म पेड़ जैसा, बीमार हो ही नहीं सकता है, तो फिर पैकेट खोलने पर उँगलियाँ काँपने का कारण? डॉक्टर दिमाग़ ने सहज कारण बताया–इतनी सर्दी में इतनी लम्बी ड्राइव की, हाथ ठण्डे हो गये, उँगलियाँ काँपेंगी ही। माँ ठीक कहती है। तू, माया बख़्शी, अमेरिका जाने के बाद भी बेवकूफ़ की बेवकूफ़ रही। उसने अजय की तरफ़ हाथ बढ़ाया।

"एक सिगरेट पिलाओ। दो साल से हिन्दुस्तानी सिगरेट नहीं पी।"

"चारमिनार बहुत स्टॉन्ग है। दूसरी, फ़िल्टरवाली सिगरेट ख़रीद लेते हैं।" इस आदमी की आवाज़ फिर सख़्त। क्या आम हिन्दुस्तानी मर्दों की तरह इसे भी औरतों का सिगरेट पीना बुरा लगता है? ऐसे उन्नीसवीं सदीं के मर्दों को बीसवीं सदी में लाने का एक ही तरीक़ा है–सीधा आक्रमण। इन्हें जड़ से हिलाना ज़रूरी है।

"मैं भी बहुत स्ट्रॉन्ग लड़की हूँ। बनारस मेडिकल कॉलेज में चरस भरकर सिगरेट पीती थी। नाउ गिव मी वन।"

तो यह लड़की, माया बख़्शी, जहाज़ से उतरने वाले यात्रियों में सबसे ख़ूबसूरत और लम्बी लड़की, अपने पिता ब्रिगेडियर बख़्शी की तरह बहुत ग़ुस्सैल है। अजय ने उसे सिगरेट दी।

"आप ग़ुस्से में मत बोला करें। आप की टेढ़ी नाक और टेढ़ी हो जाती है।" वह हँसी। उसकी नाक कम टेढ़ी हुई। वेटर हैरान–इन्हें देखता हुआ–इतनी सर्दी में भला कोई कैसे हँस सकता है। दाँत ठण्डे नहीं हो जायेंगे?

दोनों एयरपोर्ट से बाहर निकले। निधड़क चलती, दिसंबर की दनदनाती हवा। सबसे पहले माया की नाक पर चुटकी काटी, उसने हाथ के पिछले हिस्से से नाक मली, लेकिन हवा ढीठ भी और क्रूर भी, उसकी

बाँहों पर अपने तीखे–नुकीले दाँत गड़ा दिये। अजय ने सफ़ेद मारुति कार का पिछला दरवाज़ा खोला–"सिर झुकाकर अन्दर जाना। छत नीची है और आप लम्बी।" वह बैठी। अजय ने उस पर लाल कम्बल लपेटा। 'यह क्या' वाला प्रश्न आँखों में देखा, बोला– "आपकी मम्मी ने बताया था कि आपको भूख और सर्दी, दोनों बहुत लगती हैं।"

माया ने कम्बल में अंग समेटे, बिल्कुल बिल्ली की तरह।

"मारुति पापा ने कब ली?"

"आपके भाई स्क्वाड्रन लीडर बख़्शी की है।"

"वह लेने क्यों नहीं आया?"

"मिराज की ट्रेनिंग लेने फ़्रांस गया था। परसों ही वहाँ से अपने फ़ाइटर प्लेन में ग्वालियर लौटा है, सवेरे हफ़्ते की छुट्टी आयेगा।"

"और वह छोटा मुच्छल... कैप्टन का बच्चा... वह क्यों नहीं आया?"

"आसाम पोस्टेड है। शाम तक वह भी घर आ जायेगा। आप थक गयी होंगी। थोड़ी देर सो लें।" उसने कार के दरवाज़े अन्दर से लॉक किये, चमड़े का कोट उतारकर साथवाली सीट पर रखा। आधी बाँहों की सफ़ेद टी–शर्ट में उसकी बाँहें तलवारों की तरह लिश्कीं, चमकीं।

"सर्दी है। कोट क्यों उतार दिया?" माया ने अपनी नाक मली।

"मुझे सर्दी नहीं लगती।" उसकी आवाज़ फिर ठण्डी–सख़्त। माया को ग़ुस्सा आ गया। इतनी–सी बात पर यह इतना ठण्डा क्यों हो गया? आत्मा के अँधेरे कोने में फिर से भय उगा–इसके चेहरे पर फिर से बूढ़ी आँखें क्यों लग गयीं? उसने इस आदमी को दिल–ही–दिल में गाली दी; आँखें बन्द कीं, सो गयी–भय भी सो गया।

माया की आँखें खुलीं, भूख ने जगा दिया। कार के शीशों पर जमा हुआ कोहरा–धुन्ध, लेकिन चमकीला। तो सूरज और धुन्ध की लड़ाई शुरू हो गयी। सामने के बड़े शीशे पर चलते वाइपर, भागते पेड़ और अजय की बाँहों पर खड़े हो गये छोटे–छोटे बाल, सुइयों जैसे। माया ने उसका कन्धा छुआ–"भूख लगी है। गाड़ी रोको। कुछ खा लें।" अजय का सिर 'हाँ' में हिला। थोड़ी देर और दूरी के बाद सड़क की बाँयीं ओर ढाबा दिखा–शेरे पंजाब–अजय ने कार सड़क से नीचे उतार दी।

ट्यूबवेल के मोटे पाइप से बाहर उछलता पानी, हल्की–सफ़ेद भाँपवाला। सवेरे की यात्रा शुरू करने से पहले कुछ ट्रक ड्राइवर नहाते हुए, कुछ जहाज़ जितने पलंगों पर बैठे, अपने नहाने की बारी की प्रतीक्षा में।

माया कम्बल लपेटे कार से बाहर आयी। अजय अपनी अधनंगी बाँहों को हाथों से रगड़ता–मलता हुआ, रगड़ से गर्मी पैदा करने की कोशिश में। उसने कम्बल उतारा, कार की छत पर रखा। जहाज़ी पलंग पर बैठे तीन आदमी उठे–"बैठो बादशाहो!"

ढाबे का मालिक गर्म–गर्म पराँठे उतारता हुआ–तवे जितने बड़े पराँठे। इस जींस पहनी लड़की को देखा, सोचा–पराँठे क्या खायेगी? बिस्किट नस्ल की है। सिख है, लेकिन हिन्दी में पूछा–

"चाय के साथ क्या लेंगे जी, बिस्कुट या रस।" इससे पहले कि अजय जवाब दे, माया ने ढाबेवाले को छेड़ा–

"की गल सरदार जी, कुड़ियाँ नूँ पराँठे देंण ते बैन लगा होया ए!"

पास बैठे ड्राइवर हँसे। एक ने मूँछों को ताव दिया–

"जगते! अज टक्कर गयी तैनू सवा सेर!"

ढाबे का मालिक थड़े से नीचे उतरा, माया के सिर को छुआ, अपनी सफ़ेद दाढ़ी पर हाथ फेरा, ड्राइवर को घुड़का–"ओये खोते! अजकल धीयाँ सवा सेर हो गइयाँ ने!"

अजय ट्यूबवेल की तरफ़ मुड़ा, ढाबेवाले को सलाह देते हुए–"सरदार जी, यह सीधी अमेरिका से आ रही है। बहुत भुक्खी कुड़ी है। इसे मूली के पराँठे खिलाओ।"

जगतसिंह ने अजय के शहतीर जैसे शरीर को आँखों में भरा, बाक़ी ड्राइवरों से कहा–"रब्ब दी सौंह! बरसों बाद ऐसा कड़ियल जवान देखा। ठण्ड पै गयी कलेजे विच।" पंजाब के लोगों में आज भी मर्द का जिस्म उसकी सबसे बड़ी सम्पत्ति है, जो उसकी गर्दन को अकड़ाकर रख़ती है, एक कोण विशेष पर।

"क्या बीबी। फ़ौजी है क्या?" एक सवाल। जवाब जगते का–

"ओये खोते! ऐसे सोंहणे जवान फ़ौजी नहीं तो क्या ऐनकी मास्टर होंगे। क्या क़द–काठ है!" फिर माया से–"पुत्तर जी, कहाँ के हो?"

"जी, पाकिस्तान के हैं। रावलपिण्डी के बख़्शी। पिता जी फ़ौज से रिटायर हो गये हैं। मैं हिन्दुस्तान में ही पैदा हुई।"

"हल्ला। पिण्डी दे बख़्शी ब्राह्मण दी लड़की हो! बड़े ख़ूँख़ार थे पिण्डी के बख़्शी–पठानों की तरह। जानती हो पठानों ने बख़्शी ब्राह्मणों का क्या नाम रखा था–राक्षस ब्राह्मण! ये लोग या तो फ़ौज, पुलिस में भर्ती होते थे या ज़मींदारी करते थे?"

माया सोच रही है कि कहीं इसने अजय के बारे में कुछ पूछ लिया तो क्या बतायेगी? सिर्फ़ इसका नाम मालूम है। पंजाबी ठीक से नहीं बोलता। सीखी हुई पंजाबी–छुट्टी में मिली भाषा नहीं–जो शब्दों में एक ख़ास खनक, ख़ास ताक़त पैदा कर देती है।

ढाबेवाले ने थाली में तवे जितने बड़े, गर्म भाप छोड़ते, मूली के चार पराँठे रखे। साथ में ताज़ा निकाले गये मक्खन की टिक्की। माया ने अजय की तरफ़ देखा, 'तुम भी खा लो' वाली निगाहों से।

"नहीं। मैं नहीं खाऊँगा। मुझे पिछले एक साल से नाश्ते की आदत नहीं।"

"एक पराँठा खा लो। भूख लगी होगी?" इस छोटी–सी सलाह पर, इस मर्द का चेहरा, जिसका नाम अजय है, पत्थर जैसा क्यों हो गया? जितनी ठण्डी सुबह है, उतनी ही ठण्डी आवाज़ में अजय ने जवाब दिया–"एक बार सुना नहीं। मैं पिछले एक साल से नाश्ता नहीं लेता।"

यह बात पास के जहाज़ी पलंगों पर बैठे ड्राइवरों ने सुनी, इस लड़की के चेहरे पर जलता हुआ सूरज देखा, और उन्होंने सिर झुका लिये।

"जगते! बड़ा ग़ुस्सैल जवान है। इतनी–सी बात पर लड़की को खाने को पड़ गया।"

"ओये पुत्तर! लड़की का मुँह नहीं देखा। शेरनी हो गयी है। भुक्खी शेरनी! मुझे तो एक पल के लिए लगा कि उसके मुँह पर पराँठों की थाली दे मारेगी। एक सेर तो दूसरा सवा सेर। ऐसी कुड़ियों को ऐसे कड़ियल जवान ही सँभाल सकते हैं। समझे!"

ट्यूबवेल के पानी से मुँह धो रहे अजय को मारुति के पास खड़े ड्राइवर ने आवाज़ लगायी–"वीरा, गड्डी दा अगला टायर पंचर है।" लम्बी कील खींचकर बाहर निकाली, उसे दिखायी। अजय ने टायर को घूरकर

देखा, जोर की ठोकर मारी। अजय ने टायर बदलने के लिए कार से स्पैनर निकाला, जिसे इधर के लोग प्लग–पाना कहते हैं।

"आप बैठो। मैं बदल देता हूँ।" ड्राइवर ने अजय के हाथ से स्पैनर लिया। वह आधा झुका, पहिये के नट 'पाने' में पकड़े, ज़ोर लगाया। एक भी नट नहीं घूमा। अपने क्लीनर को हाँक दी–"किरपे! ट्रक से बड़ा प्लग–पाना निकाल। नट जाम हो गये ने।"

"रहने दो। मैं ख़ुद खोल लूँगा।" अजय कार के पास आया।

"वीरा! नट जाम हो गये हैं। छोटे प्लग–पाने से नहीं खुलेंगे।"

"परे हटो...सुना नहीं। मैं खोल लूँगा।"

ड्राइवर ने उसे चुनौती देती आँखों से देखा–प्लग–पाना आगे बढ़ाया–'ले पकड़। खोल के दिखा' की मुद्रा में।

अजय ने उसके हाथ से स्पैनर नहीं लिया, नीचे झुका, नट्स को छुकर देखा और सीधा खड़ा हो गया–सचमुच जाम हैं। बाक़ी ड्राइवर कार के पास आ खड़े हुए। माया ने भी वहाँ फैल गये चुनौती–भरे तनाव को ग्रहण किया। दर्जनों आँखों की चुनौतियाँ अजय के शरीर में चुभ रही हैं–देखें, कितनी ताक़त है? छोटे प्लग–पाने से जाम हो गये नट खोलेगा! हुँह! ड्राइवर का स्पैनरवाला हाथ अब भी आगे बढ़ा हुआ–यह आदमी 'पाना' पकड़ क्यों नहीं रहा?

लेकिन अजय पकड़े कैसे? उसकी आँखें बन्द। वह लम्बी साँस खींचकर पेट में हवा भर रहा है। माया ने उसकी दाँयीं बाँह को देखा। धीरे–धीरे मोटी होती हुई! उसे साफ़ दिखा, अजय की सारी शरीर–शक्ति का संचार दाँयी बाँह की तरफ़ शुरू, सरकती हुई ताक़त, मोटी होती बाँह और लगातार फूलता हाथ, मोटे रस्से जितनी मोटी हो गयीं उँगलियाँ। हाथ के पिछले हिस्से की उभर आयी नसें, फटी–की–फटीं। उसने साँस बाहर छोड़ी–ऊँची आवाज़। उसने साँस अन्दर खींची–ऊँची आवाज़। उसकी बाँह के अनुपात में बाक़ी शरीर पतला हो गया। टाँग जितनी मोटी हो गयी बाँह। उसके हाथ की उँगलियाँ बन्द हुईं, खुलीं। मछलियाँ हाथ की तरफ़ सरकीं, बाँह को झटका। आख़िरी लम्बी साँस अन्दर खींची, लयबद्ध गति से नीचे झुकता शरीर। अँगूठा और तर्जनी एकदम मोटे, एक नट को दोनों ने पकड़ा, छोटा–सा झटका। दूसरे नट्स पकड़े,

छोटे–छोटे झटके। उसका शरीर आधा सीधा हुआ। अब बायें हाथ से नट्स पकड़े ढीले हो चुके पेच खोले, ज़मीन पर फेंके। साँस बाहर छोड़ी। ऊँची आवाज़। ताक़त वापस जिस्म के अपने–अपने हिस्से में लौटी। उसने आँखें खोलीं। कहीं भी चुनौती पर पूरा उतरने का गर्व नहीं, है तो सिर्फ़ एक सहज मुस्कान, विजयी मुस्कान नहीं; काम पूरा कर देने की सन्तोषजनक मुस्कान।

जगतसिंह, ड्राइवर और माया फटी–फटी आँखों से उसकी तरफ़ देख रहे हैं। कोई और ऐसी घटना सुनाता तो विश्वास न होता, लेकिन सबने अपनी आँखों से शरीर–शक्ति का संचार देखा। जगतसिंह ने बुल्लारा मारा–"वाहे गुरु दी फतह!" फिर उसने अपने दोनों कान छुए–"सौंह रब्ब दी वीरा! साठ साल की उमर हो गयी। तेरे जैसा जवान नहीं देखा आज तक। सच्चा पातशाह तैनूं सौ साल ज़िन्दा रखे।" यह 'आसीस' सुनकर अजय की आँखों से मुस्कान बुझ गयी। माया हैरान। सरदार साहब ने उसकी लम्बी आयु की दुआ माँगी और उसके चेहरे पर बूढ़ी आँखें लग गयीं।

अजय ने पर्स खोला, पैसे देने के लिए। जगते ने घुड़का–"जवान! अब मार तो नहीं खानी। साडी कुड़ी अमेरिका से आयी ते अस्सी पराँठ्याँ दे पैसे लांगे? जा, साईं रक्खे तैनूं।"

उसने झटके–से कार का दरवाज़ा खोला। माया अब साथवाली सीट पर बैठी। उसके दरवाज़ा बन्द करने से पहले अजय ने कार को तेज़ रेस दी। कार उछली, सड़क पर चढ़ी–"अपना दरवाज़ा लॉक कर लो", उसका यह वाक्य पूरा होते–होते कार ने अस्सी किलोमीटर की गति पकड़ ली।

"आपने यह क्यों कहा कि पिछले एक साल से नाश्ता नहीं किया। हमेशा पास्ट टेंस में बात क्यों करते हैं?"

"बिकॉज़ आई लिव इन द पास्ट। कीप क्वायट। लैट मी ड्राइव।"

माया के मुँह पर फिर सूरज उगा, नाक फिर टेढ़ी हुई।

"मैंने तुम जैसा बास्टर्ड आज तक नहीं देखा। गो टू हैल।"

यह गाली सुनकर अजय को ग़ुस्सा नहीं आया। उसके कन्धे और झुके, आँखें और बूढ़ी हो गयीं, "मुझे ग़ुस्सा बहुत आता है। सॉरी!"

माया अपनी तरफ़वाले शीशे से बाहर देखती हुई, गर्दन तनी–की–तनी, दाँत होंठ काटते।

"अब माफ़ी तो माँग रहा हूँ। मेरे कोट की जेब में सिगरेट पड़ी है। एक सुलगा दो, प्लीज़!"

माया ने एक साथ चारमीनार के दो सिगरेट सुलगाये, एक अजय के मुँह में लगाया। दोनों ने एक–दूसरे को देखा, दोनों मुस्कराये।

"तुम भी मुझसे कम ग़ुस्सैल नहीं हो, माया! बख़्शी साहब बता रहे थे, घर में तुम्हें शेरनी कहते हैं।" वह हँसी। अजय हँसा। और उसके चेहरे से बूढ़ी आँखे उतर गयीं।

माया के दोनों भाई दोपहर को पहुँचे। उसे यों, अचानक अमेरिका से आया देख पहले हैरान, फिर परेशान। वायुसेनावाले ने घूरा, पूछा–"तू वहाँ कुछ पढ़ती भी है कि मटरगश्ती होती रहती है? यहाँ कैसे पहुँच गयी?"
"बस। दिल किया। प्लेन पकड़ा। आ गयी।"

"अरे! अमेरिका न हुआ दिल्ली हो गया! पहले तू अपने ब्रेन का इलाज करवा। फिर बनेगी ब्रेन–सर्जन।"

"वहाँ कोई इश्क़–विश्क किया कि अभी तक छड़ी–छड़ाँग घूम रही है", छोटे कैप्टन भाई ने आदतन मूँछें उमेठीं।

"अभी एकतरफ़ा है। न्यूरोसर्जरी का हेड आशिक हो गया है। कहो तो कर लूँ शादी? वैसे उसकी बेटी मेरी उम्र की है, लेकिन एक फ़ायदा तो होगा ही। वहाँ की सिटिजनशिप मिल जायेगी।"

"कर ले! सोचती क्या है? यहाँ लम्बा लड़का मिलेगा नहीं।"

"क्यों! हिन्दुस्तान में क्या अब बौने पैदा होते हैं?" उसने यह बात कहते हुए अजय को देखा। हँसी। वह उठा। दबे पाँव कमरे से बाहर निकल गया। माया ने माँ की आँखों में झिलमिल झलक देखी, शॉल से आँखें पोंछते देखा, और उसकी आत्मा के अँधेरे हिस्से में भय ने फिर सिर उठाया। वह कौन सा अपरिचित आतंक है जिसकी वजह से पिता के ठहाके खोखले लग रहे हैं, माँ का हमेशा खिला–खिला चेहरा वीरान और सुनसान। माया की आत्मा में चिंगारी छिटकी, समझ–प्रकाश फैला। उसे पता लग गया कि इसका कारण हर हालत में घर में आया, ठहरा, मेहमान अजय है, जिसे कैप्टन भाई ने सैल्यूट किया था, माँ ने दोपहर को ठूँस–ठूँसकर खिलाया था, हालाँकि अपने बेटे ज़्यादा खायें तो हमेशा टोकती है।

"यह अजय कौन है? हमारे घर में क्यों रह रहा है?"

दोनों भाइयों ने पिता की तरफ़ देखा। उनका सिर हिला। नज़रें झुका लीं। चेहरे बुझ गये। जवाब पिता ने दिया—

"बेटे! आज क्रिसमस की पार्टी घर में होगी। बहुत सारे लोग आयेंगे—टू वेलकम यू होम। तुमने सबको लुक—आफ्टर करना है। नाउ गेट बिज़ी।"

पिता सामरिक चालों के माहिर, चकमा देना, रास्ता बदलकर जवाबी आक्रमण करना कोई उनसे सीखे। घर में विद्रोहिणी है तो सिर्फ़ माया। माँ ने कितने पीर—फ़क़ीर मनाये, तब बेटी का मुँह देखना नसीब हुआ। बेटे बाप से इतना डरते हैं कि इस उम्र में भी उनके सामने सिगरेट नहीं पीते। माया धड़ल्ले से कश खींचती है, पिता से सिगरेट माँगकर। लेकिन माया? सिर चढ़ी माया! जिस पिता, ब्रिगेडियर बख़्शी, से शत्रु काँपते थे, वह ख़ुद अपनी बेटी से दबते हैं।

"पापा! बात मत बदलो। मैंने जो पूछा है, उसका जवाब दो! यह आदमी कौन है? यहाँ क्यों रह रहा है?"

पिता की आवाज़ एकदम ठण्डी, ठण्डे लोहे की—सी।

"नाम, मेजर अजयसिंह! राजपूत! पिता राजस्थान की किसी स्टेट के राजा थे। थोड़ी छुट्टियाँ यहाँ काट रहा है। और कुछ पूछना है?" उनके हाथ कुर्सी के हत्थे पर कस गये।

"तुम्हें बिना ख़बर दिये, इस तरह अचानक नहीं आना चाहिए था, माया!" उसने माँ की बात सुनी, आँखों में झिलमिल झलक देखी, और बिफर गयी। तेज़ कदमों से अन्दर मुड़ी, तेज़ कदमों से लौटी। कन्धे पर एयरबैग, शरीर के क्रोध से काँपता—हिलता। अजय कमरे में लौट आया है। इससे पहले कि माया कुछ बोले, उसने बख़्शी साहब से कहा—

"सर! मैं आज ही जा रहा हूँ। अभी।"

"तुम क्यों जाओगे, मेजर अजयसिंह? मैं जा रही हूँ। अभी। इसी वक़्त। कहाँ प्रिंसली परिवार का अजयसिंह और कहाँ मैं। तभी मेरे अचानक आ जाने पर इन सबके चेहरे पर मातम क्यों नहीं छायेगा? बेटी अचानक घर आ जाये तो इस देश में आजकल क्राइम माना जाता है—" माया की साँस फूली हुई। फिर पिता को घूरा, चेहरे पर तपता सूरज बैठ गया, नाक और टेढ़ी हो गयी। एक—एक शब्द चबा—चबाकर उन पर आक्रमण किया—

"पापा, आपको यह फ़िक्र तो नहीं लग गयी कि मेरा एयर—टिकट ख़रीदना पड़ेगा। मैंने रिटर्न टिकट लिया है। ओ.के.।" माया चुप। कन्धों

पर लटके बाल हिले, नाक और टेढ़ी हुई। साँस धौंकनी की तरह चलती हुई, आवाज़ आ रही है। पिता ने कुर्सी के हत्थों पर हाथ रखा, उठे। इतना अँधा क्रोध पत्नी ने आज तक उनके चेहरे पर नहीं देखा। उनका इतना बड़ा अपमान आज तक किसी ने नहीं किया। आज माया को मारेंगे। पत्नी ने कन्धे पर हाथ रखा, उन्होंने झटक दिया। माया पर चीख़े–

"यू ब्लडी गर्ल! इसी वक़्त मेरे घर से निकल जाओ," वह उछले, छलाँग आधी पूरी हुई। नीचे गिर गये। क्योंकि वह भूल गये कि उनकी एक टाँग कटी हुई है और इस वक़्त लकड़ी की बनावटी टाँग नहीं बाँधी हुई। अजय ने उनकी कमर के नीचे हाथ रखे, गोद में उठाया और सोफ़े में बैठा दिया। बड़े भाई ने पिता के मुँह से निकल रहा झाग रूमाल से साफ़ किया। माया का हाथ पकड़ा, पिता की ओर धकेला, "अपालोजाइज़! यू ब्लडी चिट–आव–आ गर्ल! अमेरिका जाकर यह भी भूल गयी कि पिता से बात कैसे की जाती है।" माया कालीन पर गिरी, फटी आँखों से भाई को देखती। शायद उसे अभी तक विश्वास नहीं आया कि धक्का भाई ने दिया, इसलिए वह गिरी। माँ ने उसे उठाया नहीं। थप्पड़ की झन्नाटेदार बड़े लड़के के मुँह पर, आवाज़ सारे कमरे में फैली। फिर कमरे ने साँस लेनी बन्द कर दी।

"स्क्वाड्रन लीडर राहुल बख़्शी, तू जेगुआर और मिराज उड़ाकर बहुत बड़ा योद्धा हो गया है? अपनी बहन को मारेगा, धक्का देगा? तुझ जैसे बेटे तो भगवान करे पेट में ही मर जायें।" उनका हाथ दूसरा थप्पड़ मारने के लिए फिर उठा, अजय ने पकड़ा, खींचकर सोफ़े पर बैठाया। बैठने के बावजूद माँ का शरीर काँपता हुआ।

बड़े भाई ने नीचे बैठकर माया के मुँह से उसके बाल परे किये। अब माया के मुँह पर गुस्सा नहीं, एक अपरिभाषित डर है। क्या कोई माँ अपने बेटे को ऐसी कठोर गाली, इतना काला शाप देगी? पच्चीस वर्ष में इतना हिंसक वातावरण माया ने पहली बार घर में देखा।

अजय उठा, माँ के पैर छुए–"माँ! मैं जाऊँगा।"

"अब तुम्हें थप्पड़ तो नहीं खाना। इस घर से कोई, कहीं नहीं जायेगा।" फिर बेटी का हाथ पकड़कर पास बैठाया–"सुन माया। तेरे अचानक घर आ जाने से किसी को भी बुरा क्यों लगेगा? पच्चीस साल की हो गयी है और बेवकूफ़ की बेवकूफ़! पिछले एक साल से अजय की माँ हमारे पास

रह रही थी। पिता तो पहले ही चल बसे थे। बीमारी में माँ की देखभाल करने वाला था कौन? चार दिन पहले उनकी मौत हो गयी। तेरे पापा और अजय ने ही उनका दाह–संस्कार किया!" माया उठी। अजय के पास खड़े होकर उसका कन्धा छुआ। माँ ने बात जारी रखी–

"तुम्हें याद है, बंगलादेश युद्ध में तेरे पापा बन्दी बना लिये गये थे, टाँग कट जाने के बाद। इससे पहले कि दुश्मन तेरे पापा को बन्दी शिविर में ले जाते, उसी शाम अजय ने अपने कमांडोज़ के साथ शत्रु दस्ते पर छापा मारा और इन्हें छुड़ा लिया। अजय के गले पर लम्बा निशान देखती हो न? गोली लगी थी। अजय को 'महावीर चक्र' मिला। वह इस घर का बेटा है। समझी।"

छोटे भाई, कैप्टन ने बात आगे बढ़ायी–

"मेज़र साहब का तो कोर्ट मार्शल भी हो सकता था, क्योंकि उसमें शत्रु के दो सौ आदमी मारे गये। यह कैसे हो सकता है कि एक भी ज़ख़्मी न हो, या युद्धबन्दी न बनाया जाये।"

बख़्शी अब तक अपने ऊपर क़ाबू पा चुके हैं, लेकिन उनकी आवाज़ इस समय आदतन ऊँची नहीं, एकदम बुझी हुई–

"अजयसिंह युद्धबन्दी नहीं पकड़ा करता। इसके लिए लड़ाई का मतलब है, मरना या मारना। नो प्रिजनर्स आव वॉर। किल्ल ऑर बी किल्लड। काश इसकी यह ग़लत आदत..."

माया को अजय के दुर्व्यवहार का मतलब अब समझ आया, घर में फैले तनाव का मतलब अब समझ आया, माँ की आँखों में झिलमिल झलक का कारण समझ आया, और वह मुस्करा दी। उसकी नाक फिर टेढ़ी हो गयी, जो मुस्कराने पर और ग़ुस्सा आने पर टेढ़ी हो जाती है। पिता का कान पकड़ा, प्यार से खींचा, "यू सिली ओल्ड मैन! पहले क्यों नहीं बताया कि अजय की माँ की मृत्यु हुई है।" पिता मुस्कराये, पत्नी की ओर धन्यवाद देती निगाहों से देखा–तुमने अच्छा किया जो आधा सच आधा झूठ बोला। एक उम्र में कुछ लोग शब्दहीन भाषा में बातचीत कर लेते हैं।

अब क्योंकि माया को दबे–दबे हिंसक वातावरण का मतलब समझ आ गया, वह भयमुक्त हुई, मुस्करायी–"स्क्वाड्रन लीडर राहुल बख़्शी, थप्पड़ बहुत ज़ोर से तो नहीं पड़ा। गाल जल रहा है तो बरनॉल लगा दूँ।"

उसने बहन के हुक्ड–नोज़ पर चुटकी काटी।

"आयम सॉरी, अजय! तुम्हें अपनी माँ की मौत के बारे में मुझे बता देना चाहिए था। यूँ ही हम दोनों में कोल्ड–वार चलती रही। मैं डाक्टर हूँ। मुझे इतनी जल्दी शॉक नहीं लगता।"

पिता ने सोचा, पच्चीस साल की बच्ची है; माँ ने सोचा, पच्चीस साल की बच्ची है। इसे क्या पता शॉक लगना क्या होता है?

खुले दरवाज़े से हवा निधड़क अन्दर आ, कमरे में इतराती, मटरगश्ती करती हुई। शेरा आराम से लेटा हुआ, हवा ने उसकी पूँछ को छेड़ा। शेरा भौंका, लेकिन क्या हवा कभी किसी से डरी है? नौकर ने दरवाज़ा बन्द किया। हवा छलाँग लगाकर पर्दों पर चढ़ गयी।

"माया, उठ। शरीफ़ लोगोंवाले कपड़े पहन। बहुत–से लोग आने हैं पार्टी में," माँ की मीठी झिड़की।

"और सुन। सबके सामने सिगरेट मत पीना। अभी हमारा देश अमेरिका नहीं बना," मुच्छल की सलाह।

"तो माँ, अपनी जवानी के दिनों की कोई ज़बरदस्त साड़ी निकाल, लाल रंग की हो। नाउ गेट बिजी ओल्ड वुमेन। मुझे शरीफ़ लोगोंवाले कपड़े डालने हैं। और सुन! साड़ी तुम्हीं ठीक से बाँध देना। मैंने बाँधी तो कहीं पार्टी में ही न खुल जाये!"

मुच्छल ने उसके बाल खींचे–"तेरा नाम तो बकबक बख़्शी होना चाहिए।"

"ओये कैप्टन के बच्चे! मूँछें सम्हाल। कहीं मैंने खींच लीं तो जड़ से उखड़ जायेंगी!"

शेरा फिर भौंका। पर्दों पर चढ़ी बैठी हवा डरी, रोशनदान में छलाँग लगा दी, क्योंकि बन्द दरवाज़े से उसकी साथी हवा तो अन्दर आ नहीं रही उसकी मदद के लिए।

अब बड़े कमरे में बख़्शी साहब और उनकी पत्नी। एक–दूसरे को देखते, चुपचाप।

"हमें माया को अजय के बारे में सब कुछ बता देना चाहिए। बाद में. .." पत्नी ने उनकी बात बीच में काटी, उनके कन्धे को छुआ, "नहीं। मेरी बेटी पाँच दिन के लिए आयी है। उसे कोई कुछ नहीं बतायेगा। किसी ने दुःख दिया तो..."

"देख लो। सोच लो।"

"सोच लिया है। सब ठीक होगा..."

अभी शाम के पाँच बजे हैं, लेकिन सूरज डूब गया–आज थोड़ी जल्दी। इतनी सर्दी में घर पहुँचने की सबको जल्दी है; सूरज भी बिस्तरे में दुबकेगा।

माँ की लाल रंग की साड़ी पहन माया बड़े कमरे में आयी; कमरे में कन्धों की ऊँचाई पर सूरज फिर निकल आया। माँ ने उसके बालों में कसकर कँघी कर दी, माथे पर अंगारे जितनी बड़ी, अंगारे–सी सुलगती सिन्दूर की बिन्दी। वह तेज़ चलती कमरे में आयी, माँ ने समझाया–

"साड़ी पहनी हो तो धीरे चलते हैं माया!"

"इधर आ मेरी शेरनी! पापा को चुम्मी दे।" वह अधझुकी, पापा ने पटाखेवाली चुम्मी ली–"मेरी माया को काला टीका लगाओ। नज़र न लग जाये!"

"पापा! इस लम्ब–ढींग को मेरी सारी यूनिट सारा दिन घूरती रहे, तो भी नज़र न लगे," छोटे की मूँछें फड़कीं।

वायुसेनावाला भाई काजल की डिबिया लाया, छोटी उँगली से माया की कन्धे–हड्डी पर बिन्दी लगायी–"माया! मैं चार महीने फ़्रांस में रहा। तेरे जैसी क्यूट, लेकिन बेवकूफ लड़की सारे पेरिस में नहीं देखी।" उसने कोट की जेब से चावलनुमा मोतियों की माला निकाली, माया के गले में डाली, उसका हुक्ड–नोज़ छुआ, "हैपी क्रिसमस!"

"मुच्छल, अब तू दे बड़े दिन का गिफ़्ट," माया जानती है, छोटे भाई का हाथ हमेशा 'तंग' रहता है; यह बेचारा क्या देगा? लेकिन छोटा कुछ देगा, जेब में हाथ डाला; चारमिनार का पैकेट निकाला, बहन को दिया, "हैपी क्रिसमस!"

"अजय, तुमने मुझे कोई गिफ़्ट नहीं दिया। क्या अब भी कोल्डवार जारी है?" यह सुनकर अजय असहाय, परिवार के सारे लोग असहाय। सबको पता है, अजय के पास देने को कुछ नहीं।

"अभी आया," वह अपने कमरे में गया। लौटा। हाथ में मखमल चढ़ी डिबिया। खोली। माया की तरफ़ बढ़ायी।

"यह क्या है?"

"मेरा 'महावीर चक्र'। हैपी क्रिसमस!"

"लेकिन आपका मेडल..."

"माया, गिफ़्ट ले लेते हैं। बहस नहीं करते," पिता ने समझाया। माया ने अजय की टी–शर्ट को बनावटी ग़ुस्से से छुआ, डाँटा–"ज़रा ढंग के

कपड़े पहनो। शरीफ़ लोग पार्टी में आ रहे हैं।" माँ को छेड़ती निगाहों से देखा। अजय वहीं खड़ा–का–खड़ा। माया परेशान। यह कैसा आदमी है जिसके पास पहनने को कपड़े तक नहीं।

"माँ, मेरा पुलोवर दे दो।" मुच्छल की सलाह।

"चुप बैठ ओये मुच्छल! अजय तुमसे कम–से–कम चार इंच लम्बा है। तेरा पुलोवर ब्लाउज़ लगेगा," माया का हाथ उसकी मूँछों की ओर बढ़ा।

वायुसेनावाले ने अजय की आँखों से इशारा किया, दोनों अन्दर गये। लौटे। अजय काले, ऊँचे–गले के पुलोवर में। वह माया के पास रुका। कमरे के पर्दे हिलने बन्द। कमरे की साँस बन्द। पर्दे और कमरा साँस रोके माया–अजय को देखते। मुच्छल ने छेड़ा–"मेड फ़ॉर ईच अदर।"

उसके इस मज़ाक़ पर कोई नहीं हँसा। अजय के चेहरे पर फिर से बूढ़ी आँखें लग गयीं। माया की आत्मा में भय ने फिर जन्म लिया। ये सब छोटे–से मज़ाक़ पर हँसे क्यों नहीं? इन्हें साँप क्यों सूँघ गया? क्या इन्हें किसी काले रहस्य ने अपनी दबोच में जकड़ रखा है? क्या कोई काला भविष्य, किसी का भी इनके वर्तमान का गला दबोचे हुए है? अजय माँ के पास आया। नीचे झुका। माँ ने माथा चूमा। झिलमिल आँखें दोनों की।

"लम्ब–ढींग! तू अब भी वह पेड़ों वाला खेल खेलती है कि नहीं," छोटा बहुत देर चुप नहीं रह सकता।

"यह कौन–सा खेल हुआ," अजय की उत्सुक आवाज़।

"माया जब बनारस मेडिकल कॉलेज में पढ़ती थी तो ज्योतिष लगाने का नया तरीक़ा सीखा। पेड़ों के नाम से, चित्र से या स्कैच से ज्योतिष लगाकर भविष्य बता लेती है," माँ ने समझाया।

अजय की आँखों में अविश्वास; माया ने देखा, सबने देखा। उसके होंठों पर 'क्या बेवक़ूफ़ी है' वाली मुस्कान। माया ने देखी। सबने देखी। पेड़ों का नाम या चित्र से ज्योतिष? हुँह! माया की नाक टेढ़ी हुई। अजय से कहा–

"किसी एक पेड़ का नाम लो। बिना सोचे। एकदम।"

"पीपल," अजय के होंठों पर अब भी 'क्या बेवक़ूफ़ी है' वाली मुस्कान।

माया की आँखें बन्द। उसकी आत्मा से पीपल का पेड़ उगना शुरू हुआ, मन–मस्तिष्क में इसकी टहनियाँ फैलीं। कहीं कुछ बाक़ी रह गया या माया अमेरिका जाकर पेड़ों वाली विद्या भूल गयी? इतना बड़ा पीपल का पेड़! लेकिन किसी शाख पर, किसी टहनी पर कोई परिन्दा नहीं? यह

क्योंकर सम्भव हो सकता है? बिना पक्षियों के पीपल का पेड़! उसने आँखें खोलीं। अजय को छेड़ती आवाज़ में उसका भविष्य बताया–

"अजय, तुम्हारा भविष्य बहुत बुरा है। पीपल का पेड़ लम्बी आयु का सिम्बल होता है। तुम बहुत बूढ़े होकर मरोगे। बैड लक।" और इस बूढ़े हो गये, झुक गये कन्धोंवाले अजय की कल्पना से ही वह हँस पड़ी।

लेकिन उसके इस मज़ाक़ पर कोई हँसा क्यों नहीं! सबके चेहरों पर ठण्डे पत्थर क्यों लग गये? माया ने दिल–ही–दिल में गाली दी, 'मारो गोली। साले सब–के–सब क्राई बेबी!' कोने की मेज़ से गुलदस्ता उठाया, बीच में लम्बी मेज़ पर रखा और कमरा ख़ुश–ख़ुश हो गया।

मुच्छल ने मेज़ पर गिलास रखे, छोटी टेबल पर स्कॉच की बोतल।

"पापा! अभी तक मेहमान नहीं आये," शिकायती आवाज़।

"मुच्छल! तुझे सब्र नहीं पड़ रहा तो एक लार्ज लगा ले। साला ड्रंकर्ड!"

माया के बनावटी ग़ुस्से पर उसकी मूँछें फड़कीं–

"दो लार्ज तो मैं पहले ही लगा आया हूँ लम्ब–ढींग! रम के। यह कोई शराब है!" उसने स्कॉच की बोतल को हिकारत से देखा।

पोर्च में कार रूकी। पिता की लकड़ीवाली टाँग की खट–खट। बाहर आये। सैशन–जज वर्मा, पत्नी के साथ। फिर एक के बाद एक कई कारें। यहाँ के ए.सी.। पिता के कई रिटायर्ड दोस्त भी। सबने माया को कोई–न–कोई तोहफ़ा दिया। पिता ने फ़ोन पर ज़रूर बताया होगा कि बेटी अमेरिका से आयी है।

बड़े कमरे में इतने लोग? फिर भी कमरा इतना ख़ाली–ख़ाली क्यों? माया की आत्मा में छिपे बैठे भय ने सिग्नल दिया–क्योंकि अजय कमरे में नहीं है! कहाँ गया? भय–संकेत ने बताया–बाहर देखो। पैरों ने आज्ञा दी, माया कमरे से बाहर।

न पेड़ों की टहनियाँ हिलती हुई, न हवा उन्हें छेड़ती हुई। आकाश ने पेड़ों की ऊपरवाली टहनियों को छुआ–कि–छुआ। सब कुछ स्तब्ध–शिथिल।

इस दो एकड़ में बनी कोठी में अजय को कहाँ तलाशे? एक हिस्से में सब्ज़ियाँ, दूसरे हिस्से में फलों के पेड़। कोठी की आयु साठ वर्ष से ऊपर, कई भीमकाय पेड़ भी इतने ही बूढ़े।

नंगी बाँहें काँपीं। शॉल ओढ़कर आना चाहिए था। दिसंबर की हवा चले–न–चले। होती तो निर्दय है न! घात लगाकर बैठी हवा। उसने साँस

रोकी। आत्मा से संकेत मिले, लेकिन मस्तिष्क आत्म–संकेतों को ग्रहण नहीं कर रहा। दोनों में तादात्म्य नहीं हुआ न।

अब माया अपने अन्दर लौटी। अन्दर बनारसवाले तन्त्र–गुरु का चेहरा उगा–गाँजे से लाल सुर्ख़ आँखें। गुरु ने स्पष्ट सिग्नल दिया–पीपल का पेड़। कोठी के बहुत बड़े प्रवेशद्वार के पास लगे पीपल ने बुलाया–यहाँ आओ–आँखें खोलो। उसने पीपल की तरफ़ भागना शुरू किया। ज़मीन को छू रही पीपल की दाढ़ी–शाखों ने बुलाया, बिना हिले–'यहाँ आओ।'

हाँ! अजय आँखें बन्द किये, पीपल से पीठ लगाये, अपनी मरी हुई बहन का चेहरा याद कर रहा है, लेकिन बहन का चेहरा तो आत्मा के काले कमरे से बाहर निकलता ही नहीं। बहन के चेहरे को प्रकाश क्योंकर छुयेगा? याद तो उन अपने चेहरों की आयेगी, जिन्हें अपने हाथ से जलाया हो, लेकिन अजय तो अपनी बहन का दाह–संस्कार भी नहीं कर सका था। उन दिनों अपनी रेजिमेंट के साथ सामरिक अभ्यास के लिए राजस्थान के रेगिस्तान में जो था। समय पर उसे ख़बर नहीं पहुँचायी जा सकी; माँ ने बेटी को आग दी थी।

अब मृत माँ के चेहरे को आँखों में पकड़े! चार दिन पहले, अपने हाथों से, माँ को आग दी थी, लेकिन माँ का चेहरा भी तो आत्मा से उठकर आँखों में नहीं आ रहा!

आँखों में कुछ चुभा, उतरा! स्पष्ट याद आ रहा है तो जनरल कपूर का चेहरा। छोटी लड़कियों का प्रिय 'अँकल'–जनरल कपूर। फिर उसके दो बेटों के चेहरे आँखों में उगे–उतरे। तीनों के फूले हुए मुँह, शराबी मुँह। लटकते माँसवाले मुँह।

लेकिन आज, इस वक़्त, इन चेहरों के याद आने पर, ख़ून में आग नहीं लगी। पिछले एक साल से इन चेहरों से लड़ाई जारी थी। इन पर तो विजय प्राप्त कर ली थी। फिर इनके आँखों में उतरने का मतलब? तीनों चेहरे सरके। आत्मा के अँधेरे कमरे में वापस लौट गये। इनकी जगह आँसुओं ने ले ली। चुपचाप बहते आँसू, अजय की आत्मा को धो रहे आँसू।

वह कमांडो स्कूल में इंस्ट्रक्टर रहा है। इन्द्रियाँ अब भी तीव्र और चौकस–अँधेरे में देखने की, बिना आहट सुने आवाज़ ग्रहण करने में समर्थ–तीव्र–चौकस इन्द्रियाँ। कोई इधर आ रहा है। वह आँखें क्यों खोले? सारे शत्रुओं का हनन तो उसने पहले ही कर दिया! अब कोई शत्रु बचा है क्या? फिर वह आँखें क्यों खोले?

कोई उसके पास रूका। पीपल के नीचे की ज़मीन में धमक हुई। उसके पैरों ने इस धमक को दिमाग़ की तरफ़ उछाला–पता चल गया, बिना आँखें खोले–माया बख़्शी। यह भी शत्रु तो नहीं! फिर अचानक अमेरिका से क्योंकर आयी? शत्रु है! लेकिन इस उजली आत्मावाले शत्रु को मात्र एक दिन में पराजित कर लेगा क्या?

अजय के कन्धे–गले को छू रही गर्म साँस; साड़ी के पल्लू से आँसू–भीगा उसका चेहरा पोंछते हाथ। माया ने बाल पकड़कर उसका सिर नीचे खींचा। पीपल की छोटी टहनी हिली। अजय की सूख चुकी आत्मा ने आज्ञा दी–बाँहें फैलाओ। यह शत्रु नहीं। माया है। इसे इस तरह अचानक, किसी दैवी–शक्ति ने अमेरिका से यहाँ भेजा है–तुम्हारे लिए; तुम्हारी माया!

लेकिन सूखी हुई आत्मा की आज्ञा तो शरीर नहीं मानता। उसकी बाँहें फैली नहीं।

उसका नीचे झुकाया गया सिर माया के कन्धे पर, होंठ काला टीका लगे माया की कन्धे–हड्डी पर। शरीर ने आख़िरी हल्ला मारा–सुबकी रोको। माया के आगे कमज़ोर नहीं पड़ना। पीपल के पत्तों में हवा सरकी। अजय ने हवा की बात, सलाह समझी। क्योंकि उसे हवा की भाषा आती है, हवा से बातें कर सकता है। सुबकी तो रूक गयी, लेकिन होंठों के लौह–कपाट खुले–"ओ गॉड!"

अजय के शरीर से सारी शक्ति 'ओ गॉड' ने सोख ली, वह नीचे गिरा कि गिरा। माया ने बिल्कुल साफ़, उसकी टाँगों का थर–थर काँपना महसूस किया। नीचे बैठी। अजय का चेहरा उसकी गोद में छिप गया, लेकिन पीठ अब भी लगातार हिल रही है, क्योंकि वह लगातार रो रहा है।

"प्लीज अजय!" उसकी पीठ और ज़ोर से हिली। माया ने उसका सिर ऊपर उठाया–आँसुओं से धुला चेहरा। आँसू बहती आँखें चूमीं–

"डोंट क्राई माई चाइल्ड। मैं आ गयी हूँ। मैं तुम्हारे पास रहूँगी। तुम्हारी माँ की तरह, हमेशा साथ।" उसकी आत्मा का डर क्या यह शब्द बुलवा रहा है? यह लोहे का बना आदमी रो रहा है! क्यों?

अजय की आत्मा से दो लम्बे हाथ बाहर निकले। माया के चेहरे को हाथों ने पकड़ा, अंगारी बिन्दी को होंठों ने छुआ। और इस क्षण अजय की सूखी आत्मा में जीवन–जल का संचार हो गया।

अमेरिका से आये इस नये शत्रु से युद्ध होना तय है; इसे पराजित करना होगा, लेकिन आत्माओं का यह द्वन्द्व–युद्ध लहुलूहान तो करेगा ना! अजय के शरीर की सारी शक्तियाँ लौट आयीं, क्योंकि उसकी सूखी आत्मा जीवित जो हो गयी। सिर्फ़ इस एक रात के लिए, इस लड़की को पराजित करने के लिए, जिसका नाम माया बख़्शी है। उजली आत्मावाली शक्तिशाली शत्रु।

"अजय! रोओ मत। मैंने रोना शुरू कर दिया तो चौबीस घण्टे रोती रहूँगी। मेरा रोना मेरे ग़ुस्से से भी डरावना है।"

वह हँसा। माया हँसी। पीपल की टहनी ने ख़ुश होकर सिर हिलाया। उसने माया के कन्धों के नीचे दोनों हाथ रखे, उठाया।

"चलो, अन्दर चलें। सब लोग इन्तज़ार कर रहे होंगे।"

माया की आत्मा ने अजय की आत्मा का हाथ पकड़ लिया, कसकर। अब इसे कहीं नहीं जाने देगी, लेकिन इस क्षण माया को क्योंकर पता हो सकता है कि सूखी हुई आत्मा को न कोई पकड़ सकता है, न जाने से रोक सकता है।

"माया डार्लिंग, और कितने दिन रहोगी? अमेरिका जाने से पहले हमारे घर लंच करना है।" कोर–कमांडर जनरल सेथुरामन ने निमन्त्रण दिया।

माया ने विजयी आँखों से देखा, जवाब दिया–"अंकल। अब मैं यहीं रहूँगी। वापस नहीं जाऊँगी।"

"लेकिन अभी तो तुम्हें न्यूरोसर्जन बनना है, वापस तो जाना पड़ेगा।"

पिता की आवाज़ में ख़तरे का डर।

दोनों भाई, माँ, जनरल सेथुरामन, बाक़ी मेहमान एकदम चुप।

वह चली। अजय के पास खड़ी हुई। मुस्करायी। उसका हुक्ड–नोज़ टेढ़ा हुआ। अजय मुस्कुराया। माया ने चैलेंज देती निगाहों से देखा, एक–एक शब्द रूक–रूककर बोला–

"मैं अब अमेरिका वापस नहीं जाऊँगी, क्योंकि मैं मेजर अजयसिंह से शादी कर रही हूँ। यहीं रहूँगी, अजय के पास।"

सारे–के–सारे हाथ थमे–के–थमे, सारी आवाज़ें बन्द। आवाज़ों के इस तरह अचानक बन्द होने से शेरा डर गया। शैंडलियर की तरफ़ मुँह उठाया, भभका मारा–भौं। उसकी 'भौं' की आवाज़ ने शैंडलियर को

छुआ, धीरे–से हिलाया, तराशी–कटी रोशनी के चमकीले साये ने माया के हुक्ड–नोज़ को छुआ। शैंडलियर थमा। तराशी हुई रोशनी का टुकड़ा उसके नाक से उठा और ऊपर लौट गया।

ठक–ठक। बख़्शी साहब की लकड़ी की टाँग की कालीन पर खटक। उठने की कोशिश। अजय ने उनका कन्धा दबाया। दोनों सैनिकों में सैनिक भाषा में शब्दहीन बातचीत–सब ठीक है, ठीक हो जायेगा। बख़्शी साहब ने कुर्सी से सिर टिकाया, उनकी बन्द मुट्ठियाँ खुलीं। छोटे बेटे को सख़्त हो गयी आवाज़ में डाँटा–

"छोटे! मेरे लिए एक लार्ज रम। एंड मूव। डोंट स्टैंड लाइक अ स्टोन। राइट?"

राइट! सब ठीक! आवाज़ों का फिर से शुरू होना। शेरे ने आँखें खोलीं; आवाज़ों की धमक से हिलते शैंडलियर को देखा, ख़ुश हो गया। आँखें मूँद लीं।

माया ने अपने हाथ से अजय के लिए पैग बनाया, उसकी ओर गिलास बढ़ाया। इतनी बड़ी ख़ुश–घोषणा माया ने की है, लेकिन अजय की आँखें फिर से बूढ़ी क्यों?

"मैं शराब नहीं पीता। चाय से चियर्स कर लें।"

जनरल सेथुरामन ने माया को बताया–समझाया–

"मेज़र अजय को सेहत का नशा है। तुम्हें पता नहीं, इसने वर्ल्ड की सबसे डैडली कमांडो यूनिट, एस.ए.एस. के साथ इंग्लैंड में कमांडो कोर्स किया था। इसे हंड्रेड में से नाइटी–नाइन मार्क्स मिले थे, क्योंकि आर्मी में सेंट–परसेंट मार्क्स देने की ट्रेडिशन नहीं। इट इज़ आल टाइम रेकॉर्ड।"

"अंकल! सुबह मारुति का टायर बदलना था। जाम हो गये नट्स, ड्राइवर से, स्पैनर से नहीं खुले। अजय ने हाथ से खोल लिए।"

बख़्शी साहब के मुँह से मीठी गाली निकली–

"ब्लडी हेल्थ एडिक्ट। अजय अपने जिस्म की ताक़त किसी भी हिस्से में ट्रांसफ़र कर सकता है। किसी जापानी गुरु ने एक हाथ या एक टाँग में सारी ताक़त ट्रासफ़र करने का तरीक़ा सिखाया है।" यह बात बताते हुए उनकी आँखों में गर्व और दुःख, दोनों। मुच्छल ने बहन को छेड़ा–

"लम्ब–ढींग। तुझे पता है अजय साहब का फ़ौज में निक–नेम क्या है? स्पैनर। उँगलियों से टैंकों के नट्स खोल लेते हैं। जब तेरा हाथ

पकड़ेंगे तो..." माया ने उसकी मूँछें पकड़ीं, वह डरा। वाक्य पूरा नहीं किया।

बख़्शी साहब ने फिर गाली दी–"ब्लडी स्पैनर साहब!"

शेरा उनकी ओर देखकर गुर्राया–गाली क्यों देते हो।

मेहमान जाने शुरू। जनरल सेथुरामन के सामने अजय खड़ा है। जनरल ने पैर ठोककर अजय को सैल्यूट किया, सैनिक सैल्यूट। माया हैरान। परेशान। यह भारतीय सेना को क्या हो गया है? एक–दो स्टारवाला जनरल एक मेजर को सैल्यूट कर रहा...?

सुबह माया जागी तो बिना किसी को बताये उसे पता चल गया कि अजय घर में नहीं। रात को माँ ने, पिता ने, दोनों भाइयों ने उसकी अजय के साथ शादी की घोषणा पर कोई विरोध नहीं किया, कुछ नहीं पूछा। क्यों? अजय ने पापा का कन्धा दबाया था। क्यों? दोनों में मौन वार्तालाप हुआ था। क्या? इन सबने मिलकर उसके ख़िलाफ़ कोई व्यूह–रचना, कोई साज़िश की है! क्यों? क्या? अभी पूछेगी। देख लेगी। ये लोग शायद आज तक माया बख़्शी को न जान पाये, न पहचान पाये।

सुबह की चाय का पहला प्याला सब लोग हमेशा की तरह साथ बैठकर पीते हुए। वह अन्दर आयी। किसी ने उसे 'विश' नहीं किया। माया ने भी नहीं।

"अजय कहाँ है?"

किसी ने सिर नहीं उठाया। किसी ने जवाब नहीं दिया। उसने दोनों भाइयों को देखा, नज़रें नीची; माँ को देखा, नज़रें नीची।

"तुम सब सोचते हो, मुझे अजय से शादी करने से रोक लोगे? मैं अमेरिका वापस लौट जाऊँगी? ठहरो, अभी बताती हूँ।" वह अन्धड़ कदमों से अन्दर गयी, लौटी। पिता की नाक के सामने अपना पासपोर्ट किया, दिखाया और उसके टुकड़े–टुकड़े कर दिये।

"अजय कहाँ है?"

"माया बेटे, पहले चाय पी लो।" माँ का हाथ प्याले के साथ आगे बढ़ा। माया की नाक टेढ़ी हुई, मुँह पर सूरज उगा। उसका हाथ झपटा, माँ के हाथ से प्याला नीचे गिरा–छन्न्न्न्। सारी–की–सारी गरम चाय माया के हाथ पर। छोटा भाई, बड़ा भाई, अपनी जगह पर, पत्थर बने बैठे। पिता ने गरज मारी–

"दोनों अन्धे हो गये हो! बरनॉल लाओ। मेरे पुत्तर का हाथ जल गया।" दोनों अन्दर दौड़े।

अब माया अपनी जगह पर खड़े–खड़े रो रही है। इतनी शक्ति, इतनी ताक़त तो उसमें नहीं, जितनी ये लोग समझते हैं। इनका व्यूह इतना मज़बूत और वह अकेली! माँ उठकर उसे गले से क्यों नहीं लगा रही? चुप क्यों नहीं करा रही?

"ठीक है। कुछ मत बताओ, लेकिन मेरी आख़िरी बात सुन लो। जब तक अजय से शादी नहीं करूँगी, एक बूँद पानी भी मेरे गले से नीचे उतर जाये तो गाय का ख़ून होगा। एक शब्द भी नहीं बोलूँगी। यह धमकी नहीं। सच है। तुम सब मुझे अच्छी तरह जानते हो, जो कहती हूँ, करती हूँ।" वह अपने कमरे में लौटी, मरे हुए क़दमों से।

दिन हुआ। सूरज निकला, लेकिन माया के अन्दर घुटने टेककर बैठा है तो अँधेरा–काला स्याह। उसे भूख बहुत लगती है, लेकिन है तो हठी हम्मीर। सारे दिन पानी तक नहीं पिया। सारे दिन अजय की ख़बर उसे किसी ने नहीं दी, किसी ने भी नहीं मनाया। सारे दिन घर मौन साधे बैठा रहा। सारे दिन शेरा भी नहीं भौंका।

सुबह के चार बजे होंगे। फिर घर में रोशनियाँ क्यों जल गयीं? वह नंगे पैर बैठक में आयी।

रिटायर होने के बाद आज पहली बार पिता सैनिक वर्दी में क्यों? छाती का बायाँ हिस्सा, तमगों, मेडलों से भरा हुआ। दोनों भाई भी अपनी–अपनी वर्दी में। प्लास्टिक कवर से ढँके, लेकिन साफ़ पढ़े जा रहे पहचान–पत्र छातियों पर लटके। माँ, सफ़ेद शाल में। इतने सवेरे इन लोगों ने वर्दियाँ क्यों पहन लीं?

"पापा को चुम्मी दे," लेकिन माया वहीं–की–वहीं खड़ी।

"मेरे ब्रेनलेस पुत्तर। अपने पापा को गुड–मार्निंग चुम्मी दे। तुझे अजय से मिलाने के लिए हम सब लोग तैयार हुए हैं। चल, दे चुम्मी! और तमीज़ के कपड़े पहन।"

माया पिता को लगातार चूमती; हरा दिया न– की गर्ववाली चुम्मी!

"नहीं पापा", दोनों भाई एक साथ बोले।

"शट–अप। तुम्हें पता है, मेरी बेटी शेरनी है। साथ चलेगी", फिर पत्नी को आज्ञा दी–"इसे ठीक–ठाक कपड़े पहनाओ।" पत्नी अपनी जगह से हिली तक नहीं।

"सुना नहीं। मिसेज़ बख़्शी! इसे तमीज़–वाले कपड़े दो। एकदम। नाउ गो। गेट बिज़ी।" पिता जब ग़ुस्से में हों तो पत्नी को मिसेज़ बख़्शी कहकर बुलाते हैं।

माँ ने उसके लिए सफ़ेद साड़ी और केसर के रंग की शॉल निकाली। ठीक से उसे साड़ी बाँध रही है, क्योंकि लड़ाकी बेटी को साड़ी बाँधनी नहीं आती।

पोर्च में सैनिक ट्रक रुकने की भारी–मोटी आवाज़। माया की आँखों में प्रश्न। कौन लोग? ट्रक में क्यों?

"अजय सिख रेजिमेंट में पोस्टेड है। उसके साथी अफ़सर और जवान हैं। तू साड़ी बाँधकर जल्दी से बाहर आ। चण्डी मन्दिर से इतने सवेरे चले हैं। बेचारों को चाय पिलाऊँ। इतनी ठण्ड में..."

बैठक में वर्दियाँ–ही–वर्दियाँ। अजय के सी.ओ. हैं। पिता ने उनका माया से परिचय कराया। चीते की तरह जिस्म कसे, पैर ठोंके खड़े, अजय की रेजिमेंट के सात सिख जवान। साफ़–सफ़ेद कपड़ों, सफ़ेद पगड़ी और सफ़ेद दाढ़ीवाला रेजिमेंट का सिख ग्रन्थी। आँखें बन्द। हिलते होंठ। बेआवाज़ पाठ करता हुआ। नौकर चाय के गिलासों से भरी ट्रे लाया। अजय के सी.ओ. ने ग्रन्थी की ओर देखा, सलाह माँगती निगाहें।

"नहीं साहब, कोई चाय नहीं पियेगा। सुच्चे मुँह चलना है।"

माया कार की पिछली सीट पर। माँ और पिता दोनों तरफ़। आत्मा का भय गले में अटक आया। दोनों ने अपनी लड़ाकी बेटी का एक–एक हाथ कसकर क्यों पकड़ रखा है। आगे कार। पीछे सैनिक ट्रक। काला अँधेरा। काली सड़क। कार ने छोटा–सा मोड़ काटा। बड़े पुल से नीचे उतरी, रुकी। बहुत बड़ा लोहे का गेट। पीछे फ़ौजी ट्रक रुका। गेट खुला।

जेलर है। एस.पी. है। जज है। मेडिकल अफ़सर है। एस.पी. ने ब्रिगेडियर बख़्शी और अजय के सी.ओ. को सैल्यूट किया। सात जवान उछले। सैनिक ट्रक से बाहर। पैर ठोंककर खड़े। शरीर कसे–कसाये। छलाँग लगाने के लिए तैयार। सात चीते। हाथों में स्टेनगनें। एस.पी. ने

ब्रिगेडियर बख़्शी को देखा, इनके सी.ओ. को देखा, इनके आक्रमण–मुद्रा में कोण–विशेष पर झुके शरीर देखे, और उसका चेहरा पीला पड़ गया।

"सर! इनके हथियार ट्रक में रखवा दें। अन्दर ख़ाली हाथ जाना होगा।" सात मुट्ठियाँ, सात स्टेनगनों पर कस गयीं।

सी.ओ. ने ग्रन्थी से कुछ कहा।

"पुत्तरो! हथियार ट्रक में रख दो। अन्दर ले जाने की इजाज़त नहीं, " लेकिन सातों जवान अपनी जगह पर। पैर ज़मीन में गड़े हुए। जिस्म अपनी ही ताक़त से हिलते हुए। उनके सी.ओ. गरजे–

"सूबेदार साहब का हुकुम नहीं सुना! हथियार ट्रक में। एकदम।"

सातों की कमर झुकी, सीधी हुई। ट्रक में हथियार गिरने की सात आवाजें। सैनिक चाल से मार्च करते हुए सब लोहे के गेट से अन्दर आये।

कैदियों के कमरों से, बैरकों से, पाठ करने की आवाज़ें! रामायण का पाठ, गुरुबानी का पाठ। अम्बाला की सेंट्रल जेल का वातावरण धर्म–ध्वनियों से पवित्र, शान्त।

अजय सफ़ेद कुर्त्ते–पाजामे में। पिता, दोनों भाई, सात जवान, सी.ओ. उसे सैल्यूट देते हैं।

"बहन जी, साहब को तिलक लगाओ," ग्रन्थी की गम्भीर आवाज़। माया की माँ से तिलक लगाने वाली डिबिया खुल नहीं रही।

मुच्छल बेटे ने दो उँगलियों से डिबिया दबायी, ढक्कन उछला, नीचे गिरा। माँ का हाथ आँखों पर।

"रोना नहीं। बिल्कुल नहीं," पति की कड़ी आवाज़।

माँ ने अजय को केसर का टीका लगाया, वीर पुरुषों का टीका। सूबेदार ग्रन्थी ने अजय के मुँह में 'परसाद' डाला।

"मेजर साहब, डर लग रहा है?"

अजय ने 'हाँ' में सिर हिलाया।

"पुत्तर, दसवें गुरु, दसवें पातशाह गुरु गोविन्द सिंह का नाम ले। कलगीवाला, बाजवाला, ज़ालिमों का नाश करने वालों को ताक़त देता है, शक्ति देता है। छाती तान। 'दे शिवा वर मोहे' का जाप कर। तू सैवन सिख का अफ़सर है। चीतों का अफ़सर चीता। सिर उठा। ऊँचा कर। वाहे गुरु का नाम लेकर फाँसी चढ़ जा। अगले जन्म में भी गुरु महाराज तुझे वीर योद्धा बनायेंगे। अगले जन्म में भी तू ज़ालिमों का कत्ल करेगा। फाँसी चढ़ेगा।"

अजय के नीचे झुके कन्धे उठे, चौड़े हुए। उसने लम्बी साँस खींची। सारी ताक़त का आँखों में संचार हो रहा है। जनरल सेथुरामन ने माया को क्या बताया था? अजय अपनी सारी ताक़त जिस्म के किसी भी हिस्से में खींच सकता है। अब आँखों में, उसकी आँखों में योद्धा की ताक़त है। माया को पास बुलाया। मुस्कराया–

"माया। तुम्हारी पेड़ोंवाली ज्योतिष विद्या तो ग़लत निकली। तुम कहती थीं, मैं बूढ़ा होकर मरूँगा। मैं चला। अब बता, किस पेड़ का नाम लूँ?"

माया की टाँगें लड़खड़ायीं। दोनों भाइयों ने पकड़ा। अजय ने आज पहली बार और आख़िरी बार उसके हुक्ड–नोज़ को छुआ।

"माया! इन दो दिनों में तुम्हारे साथ बुरी तरह बोला। मेरी आत्मा सूख चुकी थी।" माया क्या कहे? अजय ही बोला–

"माया! किसी पेड़ पर भी दफा तीन सौ दो लग जाये तो सूख जाता है। मैं तो इन्सान हूँ", वह फिर मुस्कराया–"लूँ, किसी एक पेड़ का नाम!" उसकी आँखों की ताक़त में परिहास।

जेलर का संकेत। मरने का समय तो सरकार पहले से तय कर देती है न। ग्रन्थी के क़दम हिले, लरजती आवाज़ में बोला–"साहब चलो। सूरज निकलते ही फाँसी लगेगी। परकाश में आत्मा रास्ता नहीं भूलती। सीधी वाहे गुरु के पास जाती है।" सूबेदार ग्रन्थी फाँसीघर की ओर मुड़ा, सात जवान हिले। पीछे देखा। उन्हें हुंकारा।

"पुत्तरो, यहीं खड़े रहो। जब फाँसी का रस्सा खिंचेगा तो मैं बुल्लारा मारूँगा। जवाब ऊँचा देना। वाहे गुरु तक आवाज़ पहुँचेगी। मुरदों की तरह क्यों खड़े हो? सीने तानो।" ग्रन्थी दरवाज़े के अन्दर गया। फाँसीघर बन्द।

माँ ने माया के हाथ कसकर पकड़े हुए और माया ने माँ के। दोनो बेंच पर बैठीं। माया हिली। बेंच से नीचे गिरी–कि–गिरी। एक जवान ने सँम्भाला। उसकी आत्मा में बैठा भय गले तक आया, मुँह खुला, और भय चीख़ में बदल गयी। वह बेहोश। जेल के वार्डर ने उसके मुँह पर पानी के छींटे डाले।

बैरकों में रामायण और गुरुबानी के पाठ की आवाज़ें और ऊँची। माया की आत्मा में जो हिस्सा ख़ाली हो गया था, उसे इन आवाज़ों ने

भर दिया। आँखें खुलीं।

माया ने 'क्यों' की प्रश्नवाचक निगाहों से माँ को देखा।

"अजय ने जनरल कपूर और उसके दो बेटों का कत्ल किया था।"

माया की आँखों में अब भी 'क्यों'?

"जनरल कपूर हिन्दुस्तान की सेना का सबसे गन्दा, बदजात अफ़सर था। अफ़सरों की बेटियों, बहनों का 'प्रिय अंकल'। अजय उन दिनों राजस्थान गया हुआ था, एक्सरसाइज पर। अजय की बहन 'अंकल' के घर गयी। उसके साथ बलात्कार किया गया। बाप जनरल कपूर और दो कुत्ते बेटों ने मिलकर उससे रेप किया। फिर बड़े बेटे ने अजय की बहन को जीप के नीचे कुचल दिया। दुर्घटना का केस बना दिया। पोस्टमार्टम भी मिलेट्री हॉस्पिटल में हुआ। बात दबा दी गयी। अजय वक़्त पर पहुँचा नहीं। उसकी माँ और तुम्हारे पापा ने दाह–संस्कार किया।"

"लेकिन अजय को पता कैसे...?"

"जनरल कपूर से एक ग़लती हो गयी। उसे पता नहीं था कि उसका सैनिक अर्दली राजपूत है। अजय के पिता की रियासत का रहने वाला। उसने अजय को सब कुछ बता दिया। और..."

"और क्या?"

"तेरे पापा ने अजय की बुरी आदत बतायी थी न! वह युद्धबन्दी नहीं पकड़ता। तीनों का ख़ून कर दिया।"

"लेकिन उन तीनों ने रेप किया था। फिर फाँसी?"

"इस बात का गवाह कौन बचा कि तीनों ने उसकी बहन का रेप किया। एक को भी ज़िन्दा छोड़ देता तो शायद उम्रक़ैद..."

फाँसीघर के बन्द दरवाज़े से आवाज़ बाहर आयी–

"बोले सो निहाल।"

सात गर्दनों में अकड़ आयी, सात गलों की नसें फूलीं, सात आवाज़ें जवाब में गरजीं–"सत् श्री अकाल।"

माया बख़्शी की आँखों में कटे हुए चित्र एक क़तार में भागते हुए। अब समझ आया कि लम्बी उम्र की दुआ सुनकर अजय के चेहरे पर बूढ़ी आँखें क्यों लग जाती थीं। उसने पिछले एक साल से नाश्ता क्यों नहीं किया? क्योंकि जेल में कैदियों को नाश्ता नहीं मिलता। चित्रों की क़तार माँ की आवाज़ ने तोड़ी–

"अजय की माँ के मरने की वजह से उसे विशेष छुट्टी दी गयी। पैरोल पर पाँच दिन के लिए छोड़ा गया।"

माया बख़्शी की आँखों में आख़िरी चित्र उभरा–उतरा। पीपल का पेड़। बिना परिन्दों के। उस दिन उसे कैसे पता हो सकता था कि जिन पेड़ों पर परिन्दे नहीं बैठते, उनकी आयु लम्बी नहीं होती। चाहे वह अजय का पीपल का पेड़ ही क्यों न हो...

मौत का दिन

बस चलने का वक़्त हो गया था। कंडक्टर की लम्बी सीटी सुनने पर सब सवारियों ने अपनी–अपनी जगह ले ली। ड्राइवर अपने दरवाज़े से ऊपर चढ़ा। सिख। लम्बी सफ़ेद खुली दाढ़ी। सामने लगी गुरु नानक की तस्वीर को उसने आँखें बन्द, सिर झुका, हाथ जोड़कर, फतह बुलायी। उसके आँखें खोलने से पहले ही अगले दरवाज़े से एक सवारी चढ़ी। एकदम सफ़ेद क़मीज़, हाथ में चमड़े का चौड़ा बैग और काली टाई; जून की गर्मी में; कोई मेडिकल सेल्समैन। साहबी आवाज़ में सवाल किया–"बस दिल्ली कब पहुँचेगी?" ड्राइवर अभी आँखें बन्द किये फतह बुला रहा था। आँखें खोलीं, टेढ़ी गर्दन से काली टाईवाले को देखा, पढ़ा–लिखा है, इसलिए जवाब के साथ किसी गाली का गहना नहीं सजाया, "पहले अड्डे से बाहर बस निकाल लें।" काली टाई को अपने बेवकूफ़ सवाल का अहसास हो गया। उसे भी पता है, सबको पता है कि दिल्ली यहाँ से दो सौ किलोमीटर दूर है, लगभग चार घण्टे तो लगेंगे ही। काली टाई का चेहरा गुब्बारे में पिन लगने के बाद, हवा निकल जाने पर, पिचका–पतला हो गया। वह ड्राइवर की पीछेवाली सीट पर बैठ गया। सारी सवारियाँ उसकी झेंप का मज़ा ले रही हैं। उसने अपने बैग से कोई अंग्रेज़ी की फ़िल्मी पत्रिका निकाली, खोली, और बिल्कुल अपने चेहरे के क़रीब रखकर पढ़ने लगा। ड्राइवर ने पीछे सिर घुमाया, बस पूरी–की–पूरी भर गयी थी। कंडक्टर से पूछा–"चलें?"

"हाँ जी, चलो। खिच्च दयो। राह में कोई सवारी नहीं बिठानी। अब करनाल रुकांगे।"

"हल्ला। फिर दरवाज़ा बोल्ट कर दे। आराम नाल टिकटाँ कट।"

ड्राइवर ने धीमी आवाज़ में 'वाहे गुरु' बोला और बस अड्डे से बाहर निकाल ली।

अभी सुबह के आठ ही बजे थे। सूरज की तपिश तो अच्छी–ख़ासी थी, लेकिन हवा उसकी गर्मी को धो–पोंछकर खिड़कियों से अन्दर ला रही थी, अभी उसमें 'ठण्डका' था–अपने हार जाने का पता होने पर भी हवा सूरज से लड़ती रहती है। घण्टे–दो–घण्टे में इस झड़प में हार जायेगी। किरणों की बरछियाँ उसे छेद डालेंगी। उसकी ठण्डक का ख़ून बाहर बह जायेगा। लेकिन क्या हुआ? हवा हारती है, मरती नहीं। शाम होने से पहले उस छोटी लड़ाई का पासा पलट जायेगा, हवा सुबह की हार का बदला शाम को ले लेगी।

मैं सबसे अगली सीट पर बैठा हूँ। ड्राइवर छोटी–छोटी बातों के लिए देख–सुनकर हमेशा एक सवारी का चुनाव किया करते हैं। वक़्त–कटी के लिए वह ऐसी सवारी से बात करना पसन्द करते हैं जो उनके चुप हो जाने पर चुप हो जाये। मेरा चेहरा–मोहरा उसे बातचीत के क़ाबिल लगा–"कहाँ की चढ़ाई है?"

"बस, दिल्ली तक जी।"

"ख़ैर है न?"

"हाँ जी, नौकरी की उम्मीद है। देखो क्या होता है।"

"हूँ; रब्ब भला करेगा। पर कोई सफारश–वारश है कि नहीं?"

"न जी, पर उम्मीद पूरी है।"

"कमाल करदे हो जी। किस देश दे वासी हो। इत्थे पहुँच बिना कोई काम हुआ है आज तक।"

सामने एक ट्रैक्टर जा रहा है, हरे चारे से लदा–फदा। हम दोनों की बातचीत बन्द। ड्राइवर ने छोटा हॉर्न दिया, ट्रैक्टर अपनी जगह पर चलता रहा। ड्राइवर को भी पता है कि इतने वजन के साथ ट्रैक्टर साइड नहीं दे सकता। बस ऐन सड़क किनारे पर से उसने आगे निकाल ली, बिना गति भंग किये।

"ट्रैक्टर–ट्रकवाले रास्ता क्यों नहीं देते?" मैंने ड्राइवर की तारीफ़ करनी चाही।

"बादशाहो, सब इनका क़सूर निकालते हैं। देखिया नहीं, कितना वजन लादते हैं। झटके से साइड देनी पड़ जाये तो उल्ट जायें। तां ही ट्रैक्टरों–ट्रकों के इतने अक्सीडेंट होते हैं।"

मैंने बात समझ में आ जाने वाले अन्दाज़ में सिर हिलाया। ड्राइवर ने पीछे देखने वाले शीशे को थोड़ा टेढ़ा करके काली टाई को देखा। मुँह पत्रिका की ओट में छुपा–छुपाया।

"लोगों को आजकल कितनी जल्दी है। बस चली नहीं कि दिल्ली कब पहुँचेगी? भ्रा, जल्दी है तो हवाई जहाज़ पकड़ लो। यह तो बस है, बस, टैम तो लगेगा ही।"

मैंने कोई जवाब नहीं दिया, लेकिन कहता तो ठीक है। हम लोग अपने सब्र के लिए दुनिया भर में मशहूर थे। हाय–तौबा की आदत होती ही नहीं थी, लेकिन अब? हर हाथ में घड़ी है और आँखें मिनटोंवाली सुई पर टिकी रहती हैं, घण्टोंवाली पर नहीं। चलो; वक़्त पर पहुँचने की पश्चिम की आदत तो हमने सीख ली। पहुँचकर काम करने की आदत भी सौ–पचास साल में सीख लेंगे।

"सब घोड़े पर सवार हैं जी।"

"लोग भी क्या करें, सरदार जी; ज़िन्दगी में भागमभाग ही तो रह गयी है। मिलना–मिलाना क्या है? पर उम्मीद तो ज़िन्दा रहती है न!"

"ठीक कहा जी, छोटा लड़का बी.ए. कर गया है। सारा दिन पतलून ही ठीक करता रहता है। कहा, चल ड्राइवर लगवा दूँ, बड़ा साहब अपना मेहरबान है। पर नहीं। बनेगा बाऊ ही। चाहे चार सौ मिलें।"

"आपको तो ठीक–ठाक मिल जाता होगा?"

"गुरु दी किरपा है। पन्द्रह–सोलह सौ बोनस मिलाकर।"

बोनस और ड्राइवरों को। यह मेरे लिए नयी सूचना थी। मेरे चेहरे पर छोटी–सी हैरानी देखकर उसने आगे बताया, "बादशाहो, तभी तो अपनी स्टेट में बसें टैम पर चलती हैं और टैम पर पहुँचती हैं। हमारी यूनियन को सरकार ने वादा किया हुआ है कि जितनी कमाई होगी, उतना बोनस मिलेगा। न रगड़ा, न झगड़ा। बस, पूरा काम करो ते पूरे पैसे लो...देखते नहीं, दूसरे स्टेटों की सवारियाँ भी अब हमारी बसों में बैठकर ख़ुश हैं। बस न कहो, हवाई जहाज़ हैं, हवाई जहाज़।" पूरा काम करने पर पूरा पैसा मिलने की बात कहकर ड्राइवर की गर्दन गर्व से टेढ़ी हो गयी है।

कुछ देर से पिछली सीटों पर कंडक्टर की किसी से बहस चल रही है। ड्राइवर हमेशा कोशिश करते हैं कि सवारी और कंडक्टर की बहस में हिस्सा न लें, लेकिन कंडक्टर के विरोध में जब और लोग भी मैदान में आ जाते हैं, तब ड्राइवर बीच में कूदता है।

"छोड़ो जी, बच्चा छोटा है। इसकी टिकट क्या काटनी," बहुत सारी आवाज़ें।

"हाँ, बस में जितने भी बच्चे सफ़र करते हैं, सब पाँच साल से छोटे होते हैं," खीजा जवाब।

"बच्चा इसने पैदा किया है या आपने?" एक अध–पढ़ी आवाज़।

"आप ही सवारी से पूछ लो," जवाब में मज़ाक़ का पुट।

"भाई साहब, आप ठीक से बोलें। हमने टिकट लिया है, मुफ़्त में सफ़र नहीं कर रहे।" अध–पढ़ी आवाज़ में छोटी–सी धमकी।

"क्यों भाई, तू बच्चे का मामा लगता है क्या?" तीखा जवाब।

इस इलाक़े में किसी को मामा का दर्जा देना गाली होता है, लड़ाई की शुरुआत। ड्राइवर ने कड़कती आवाज़ में कंडक्टर से पूछा, "की रौला है?"

"भ्रा जी, बीबी बच्चों का आधा टिकट नहीं ले रही। तीन हैं। कहती है, सारे पाँच साल से छोटे हैं।"

आगे सड़क ख़ाली देख ड्राइवर ने उस औरत और सफ़र कर रहे बच्चों को देखा। उसे यक़ीन हो गया, औरत झूठ बोल रही है। समझाने वाली आवाज़ में सलाह दी–"बीबी एक का आधा टिकट ले ले। रस्ते में चेकिंग हो गयी तो बेचारे कंडक्टर की नौकरी गयी।"

कंडक्टर की नौकरी ख़तरे में पड़ती देखकर 'हाँ जी, ठीक है जी,' की वोटें कंडक्टर के पक्ष में पड़ गयीं। औरत ने आधी टिकट कटवा ली। ड्राइवर ने कंडक्टर को सलाह दी। "सुण, साथ की एक–सीट ख़ाली है। बीबी का एक बच्चा वहाँ बैठा दे। बेचारी आराम से बैठे।" औरत ख़ुश। कंडक्टर के विरोधी–पक्ष की वोटें उसकी हो गयीं। छोटा–सा तनाव खिड़की के रास्ते बाहर निकल गया।

"बड़े प्यार से आपने झगड़ा निपटा दिया।"

"बादशाहो, हम तो वैसे ही बदनाम हैं। रोज़ सैकड़ों सवारियाँ बस में सफ़र करती हैं। सिरफिरे लोग भी तो यहीं रहेंगे। अब उन्हें पाकिस्तान तो भेजा नहीं जा सकता।"

पाकिस्तान भेजने की बात सुनकर काली टाई ने चेहरे के आगे से पत्रिका हटा ली। उसके होंठों पर मुस्कान की तितली आ बैठी। ड्राइवर ने यह मुस्कान देख ली। "बाऊ जी, चलती बस में क्यों पढ़े जा रहे हो? आँखें गवाँ बैठोगे। तुसीं तां मेडिकलवाले लगदे हो।"

इस चुटकी–भर सहानुभूति से काली टाई सहज हो गयी, पत्रिका साथ बैठी सवारी को पकड़ा दी। ड्राइवर ने फुसफुसाकर मुझे बताया,–"अब उसकी आँखें ख़राब करेगा। बड़े चालाक ने ये मेडिकलवाले! लोग बीमार नहीं होंगे तो इनकी रोटी कैसे चलेगी?"

मेरे और ड्राइवर के बीच भेद–भरी मुस्कान की अदला–बदली हुई। उसने अचानक ब्रेक लगाकर बस हौले कर ली। आगे मोड़ पर एक ट्रक उलटा पड़ा था। सेबों से भरी लकड़ी की पेटियाँ सड़क पर गिरी पड़ी थीं। कुछ पेटियाँ टूटने से सेब सड़क पर गिर गये थे, आती–जाती मोटरों के टायरों तले आकर पिचके हुए। ट्रक ड्राइवर का कुचला हुआ धड़ अब भी ट्रक के नीचे फँसा पड़ा था। कंडक्टर कच्छे में उसके पास बैठा था। अपने तहमद से उसने ड्राइवर का शरीर ढँक दिया था। हमारी बस रुकी। खिड़कियों के पास बैठी सवारियाँ सिर बाहर निकालकर मुफ़्त की मौत देखने का मज़ा ले रही थीं।

"बचा कि गया?" बस ड्राइवर।

"जी, पूरा हो गया," कंडक्टर।

"वाहे गुरु," और ड्राइवर ने बस आगे बढ़ा दी।

पिछली सीटों से ऊँची आवाज़ आयी–"अजी, मरेंगे नहीं तो और क्या? पूरी बोतल चढ़ाकर चलाते हैं। साथ में कइयों को ले मरते हैं।"

ऊँची आवाज़ में कई आवाज़ों ने हाँ–में–हाँ मिलायी।

"पिछले दिनों किश्ती डूबने से चालीस बच्चे मर गये।"

"हाँ, कहते हैं, किश्ती पुरानी थी। दरिया बीच टूट गयी।"

"हाँ जी, जब तक कुछ लोग मर न जायें, सरकार पुरानी बसें और किश्तियाँ बदलती थोड़े है।"

अब बस दुर्घटनाओं, ट्रकों के उलटने, गाड़ियों की टक्कर के अपने–अपने अनुभव लोग अपने साथ बैठी सवारियों को सुनाने लगे। पिछले कुछ महीनों में इस इलाक़े में एक के बाद एक बस, ट्रेन, नाव–दुर्घटना हो चुकी है। जहाँ चार लोग इकट्ठे बैठे, बातचीत और बहस का केन्द्र ये दुर्घटनाएँ ही हैं। सारी बहस के बाद लोग इस नतीजे पर पहुँचते हैं कि क़सूर ड्राइवरों का है। जैसे कि सारे –के–सारे ड्राइवर दुर्घटना करने की होड़ लगाये बैठे हैं, जान देने के लिए लाइन में लगे बैठे।

बस ड्राइवर के चेहरे पर गुस्सा है। वह बार–बार अपनी सफ़ेद दाढ़ी पर हाथ फेरकर उसे सीधा कर रहा है, जो पहले से ही सीधी है। सूरज आगे के शीशे पर आधा चढ़ आया है। ड्राइवर की आँखें सिकुड़ गयीं हैं, एक टक सड़क पर लगीं। सूरज को घूर रहा है, शीशे से नीचे उतर जाने के लिए। मेरे पूरे चेहरे पर तेज़ धूप आ बैठी है। सीट पर पहलू बदल, चेहरे को कई कोणों पर आगे–पीछे किया, लेकिन धूप का छापामार दस्ता मेरे चेहरे पर मँडराता रहा। ड्राइवर धूप से बचने की मेरी कोशिशों को कुछ देर से देख रहा था–"पिच्छे चले जाओ। बालकटी बीबी के साथ छोटा बच्चा है। उसे गोद में ले लो।"

"न जी, यहीं ठीक है।"

"ओ वीरा, एह धुप्प दिल्ली तक पीछा नहीं छोड़ेगी। मेरी मन्नो। पिच्छे चले जाओ।"

"न जी, मैं औरतों के साथ नहीं बैठता।"

उसके चेहरे पर शरारती मुस्कान आ गयी–"क्यों? डर लगता है? और तो ख़ैर है न?" उसकी बाँछे खिल गयी हैं।

'ख़ैर है न' मेरी जिस्मानी कमज़ोरी की ओर इशारा है। अपने 'मर्द होने' की सफ़ाई देना अब मेरे लिए ज़रूरी हो गया–"न जी, सब ठीक है। औरत के साथ सफ़र करना मुसीबत है। अटेंशन होकर बैठो। रब्ब बचाये। भाई साहब, ज़रा पानी ला देना। भाई साहब, ज़रा दूध ला देना. ..न। मैं यहीं ठीक हूँ।"

"बिल्कुल ठीक कहदे हो, पर आजकल के मर्द तो औरत को छू लेने के चक्कर में रहते हैं।

अब उसने बोलना बन्द कर दिया है। बस करनाल में दाख़िल हो चुकी है। वह लगातार हॉर्न बजाये जा रहा है। बस अड्डे पर उसने बस रोकी। पीछे मुड़ा, हाथ ऊपर उठाकर घड़ी देखी और सारी सवारियों को ऊँची आवाज़ में चेतावनी दी–"बस दस मिनट रुकेगी। चा–पानी पी लो। जिसने सूटटा–शूटटा मारना है, मार लो। बस में सिगरेट नहीं पीने दूँगा।"

अड्डे की दुकानों के छोकरे ठण्डी बोतलें सवारियों के लगभग मुँह में घुसेड़कर उन्हें ख़रीदने के लिए उकसा रहे हैं। कंडक्टर और ड्राइवर चायवाले के पास खड़े हैं। कंडक्टर ने 'डब्बल चाय' का आर्डर दिया। मैंने खम्भे के साथ पीठ टिकाकर सिगरेट लगायी। मुझे चाय–ठण्डा कुछ नहीं

पीना। इंटरव्यू देकर शाम को लौटना है।

बस के दो तरफ़ा किराये और दिल्ली में स्कूटर के ख़र्चे के बजट में चाय–पानी कहीं शामिल नहीं। कंडक्टर मुझे ड्राइवर से बातें करते देख चुका है। उसे हमारी सफ़री दोस्ती का पता है–"चा पी लो, वीरा! बस ढाई घण्टे में दिल्ली पहुँचेगी। अब रस्ते में रुकनी नहीं।"

"न जी, ठीक है।" शायद मेरी थकी आवाज़ मेरी चाय न पीने की इच्छा की मुख़बिरी कर रही थी। ड्राइवर ने मेरा चेहरा देखा, उसे मेरी नौकरी के लिए जाने की बात का भी पता है, इसलिए पैसे न होने के सच का भी उसे पता चल गया है–"नहीं क्यों पीनी? दिल्ली में भाभी पिलायेगी क्या?" फिर दुकानदार की ओर मुड़कर बोला– "तिन्न चा बड़ा।"

ड्राइवर ने घड़ी देखी। दस मिनट हो गये। अपने दरवाज़े से अन्दर चढ़ा। उसे बस में चढ़ते देख बहुत सारी सवारियाँ अन्दर आ गयीं। उसने दो लम्बे हॉर्न दिये। कंडक्टर अपने दरवाज़े में खड़ा हो गया।

"चलिए। सब चढ़ गये?"

"चलो जी। खिच्च दयो। सब सवारियाँ पूरियाँ ने।"

ड्राइवर ने बस स्टार्ट करने से पहले पीछे मुड़कर सारी सीटों पर निगाह दौड़ायी। उसे भी पक्का हो गया कि सारी सवारियाँ पूरी हैं। इस बात ने मुझे हमेशा हैरान किया है कि कुछ घण्टों के सफ़र में ड्राइवर सारी सवारियों के चेहरे–मोहरे कैसे पहचान लेते हैं? बस अड्डे से बाहर निकली, शहर पार किया और जी.टी. रोड़ पर पहुँचकर तेज़ हो गयी।

सूरज अब हवा को हरा चुका है। उसकी ठण्डक मर गयी है। हवा गर्मी को अपने कन्धों पर उठाये बस के अन्दर फेंक रही है। मैंने खिड़की बन्द कर ली। "चँगा कीता जी," ड्राइवर ने कहा।

गर्मी या थकान की वजह से अब सवारियों में कोई बातचीत नहीं हो रही। अन्दर की ख़ामोशी को चलती बस की आवाज़ का चाकू लगातार चीरे जा रहा है।

बालकटीवाली सीट से बच्चे के रोने की आवाज़ आनी शुरू हो गयी है।

"अच्छे बच्चे रोते नहीं। अभी दिल्ली पहुँच जायेंगे।"

"नहीं, अभी लूँगा," बच्चे ने और ज़ेर से रोकर कहा।

"गुड ब्वॉय। नहीं रोते। दिल्ली में कैम्पा पिलाऊँगी।"

बच्चे का लगातार रोना। ड्राइवर ने पीछे देखने वाला शीशा थोड़ा टेढ़ा किया। बालकटी से ऊँची आवाज़ में पूछा,–"क्या बात है बीबी? क्यों रो रहा है?"

"जी, प्यास लगी है," औरत की आवाज़ अपराधी।

मेरा ख़याल था, ड्राइवर को ग़ुस्सा आ गया है लेकिन नहीं, सड़क किनारे क़स्बे के पास उसने बस रोकी। बालकटी ने उसे 'थैंक्यू' की आँखों से देखा और पानी के लिए उठी।

"बैठी रह।" फिर कंडक्टर से कहा, "जा भ्रा। पानी दी बोतल भर के बीबी को दे दे। दिल्ली ख़ाली बोतल वापस ले लई। सानू बी पाणी दी प्यास लगती है।"

"अच्छा जी," कंडक्टर उठा।

"जल्दी कर, लेट हो रहे हैं।" उसने घड़ी देखकर कहा। कंडक्टर पानी की बोतल ले आया। बालकटी को दी। बहुत सारी सवारियाँ उसके ख़िलाफ़ बुड़ बुड़ कर रही हैं। देर करा रही है। अजीब औरत है। बच्चा साथ है तो पानी भी रख...वग़ैरह–वग़ैरह। पता नहीं सफर करते हुए हमारी सहानुभूति कहाँ चली जाती है?

"बोल्ट कर," कहकर ड्राइवर ने बस चला दी। उसने घड़ी फिर देखी। मुझे पता है, अब बस तेज़ चलाकर दस मिनट की देरी पिकअप कर लेगा।

यहाँ से दिल्ली तक जी.टी. दोहरी सड़क बन रही है। बस की जूँ–जूँ की आवाज़ से पता चल रहा है कि बहुत तेज़ चल रही है। सामने से तो मोटरें आ नहीं रहीं, और पीछे से जल्दी–जल्दी इधर की बसें किसी को आगे निकलने नहीं देतीं।

सड़क गर्मी से चौंध गयी है। अगले शीशे से चौंध मटमैली होकर सड़क के गीला होने या कोलतार के पिघल जाने का आभास दे रही है। क्योंकि वह बस तेज़ चला रहा था, इसलिए हमारे बीच छोटी–छोटी बातें बन्द। अब सूरज किसी जंगली बिल्ली की तरह सामने वाले शीशे पर इधर–उधर छलाँगें लगा रहा है। ड्राइवर एकदम सीधा होकर बैठा लगातार सामने घूरे जा रहा है। उसके शरीर का तनाव तैरकर मेरे पास पहुँचा। मेरे अन्दर प्रवेश कर गया। मैंने गर्दन उठाकर सामने देखा। काफ़ी दूर सामने कोई आदमी सड़क के बीचों बीच साइकिल पर जा रहा है। निगाह उसकी टाँगों पर गयी। बहुत तेज़ पैडल मार रहा है। कहीं

पहुँचने की जल्दी है। बाँयें हाथ से गर्दन पर लटक रहे पगड़ी के सिरे को पकड़ता है, आगे खींचकर चेहरा पोंछता है, फिर हैंडल पकड़कर और तेज़ पैडल मारना शुरू कर देता है

ड्राइवर हॉर्न नहीं देगा क्योंकि बस की आवाज़ साइकिल सवार तक पहुँचेगी तो अपने आप बाँयें हो जायेगा। बस की गति वैसी–की–वैसी है। ड्राइवर ने आँखों से बस की और साइकिल की दूरी को मापा। अब तक तो बस की आवाज़ उस साइकिल सवार तक पहुँच गयी होगी। रास्ता क्यों नहीं दे रहा? ड्राइवर ने छोटा–सा हॉर्न दिया। साइकिल अब भी वहीं–की–वहीं–सड़क के बीचों बीच। ड्राइवर ने बस बिल्कुल दाँयें किनारे कर ली। साइकिल भी दाँयें किनारे, ऐन बस के सामने।

ड्राइवर ने हॉर्न पर हाथ दबा दिया। लम्बी चीख़ती आवाज़ बस की बन्द खिड़कियाँ फाड़कर बाहर निकल रही है। तेज़ आवाज़ ने सवारियों को चौंका दिया। बहुत–से लोग सीटों से अधखड़े हो गये हैं। बस ख़तरे की बू से भर गयी है।

अब साइकिल बिल्कुल दाँयें है। बस झटके से बाँयें मुड़ी। जानता हूँ, ड्राइवर ग़लत साइड से बस निकाल लेगा। साइकिल सवार भी झटके से बाँयें मुड़ा और बस के सामने। कुल 20 मीटर का फ़ासला।

ड्राइवर ने आधी ब्रेक दबायी। बस किसी घायल जानवर की तरह उछली, लेकिन ड्राइवर उसे दबोचे रहा।

"रोको। वह रास्ता नहीं देगा।" मैं अपनी सीट पर खड़ा होकर चीख़ा।

अब बस फिर दाँयें हाथ होकर आधी सड़क से नीचे उतर गयी है। ड्राइवर छोटे–छोटे झटकों में ब्रेक मार रहा है। लोग चीख़ रहे हैं। कंडक्टर दहाड़ता है–"चुप्प, तुम्हारी..."

बस और साइकिल सवार में दो मीटर का फ़रक़ है। आदमी मरा–कि–मरा, लेकिन नहीं। बस लगभग रेंग रही है और वह धड़ाधड पैडल मार रहा है। बस और साइकिल के बीच का फ़ासला एक–एक सेंटीमीटर बढ़ रहा है। बस बिल्कुल नीचे उतर गयी है। सड़क के साथ ही गहरी कई कि.मी. लम्बी खाई, जहाँ से मिट्टी खोदकर नयी दोहरी सड़क बनायी गयी है। कुछ सेंटीमीटरों से बस खाई में गिरने से बच गयी है।

ड्राइवर ने अपना दरवाज़ा खोला। नीचे कूदा। उस पचास साल के सरदार के जिस्म में चीते–सी घातक तेज़ी है। आठ–दस क़दम दूर लम्बे दौड़कर उसने साइकिल का कैरियर पकड़ लिया है। थोड़ी दूर साइकिल

ने उसे घसीटा। उसने दूसरा हाथ भी कैरियर पर रखा–साइकिल रुक गयी।

तब तक कंडक्टर, मैं और बहुत सारी सवारियाँ दौड़कर वहाँ पहुँच गये हैं। साइकिल सवार हमारी ओर मुँह किये खड़ा है। हैरान। जैसे पूछ रहा हो, क्या हुआ? गर्दन के पीछे लटक रहे पगड़ी के सिरे से रगड़–रगड़कर मुँह का पसीना पोंछ रहा।

कंडक्टर ने दोनों बाँहें फैलाकर भीड़ को तैराक की तरह चीरा, अब उसका हाथ साइकिल सवार की गर्दन की ओर बढ़ रहा है। ड्राइवर ने तेज़ आवाज़ में उससे कहा–"मारना मत।" कंडक्टर का पंजा, जो गर्दन के पास पहुँच चुका था, ढीला पड़ा, मुट्ठी में बदल गया, कसी हुई मुट्ठी।

इतने सारे लोगों को घूरते देखकर वह आदमी डर गया है–"क्या हुआ? मेरी साइकिल को क्यों पकड़ा है?"

ड्राइवर ने सख़्त आवाज़ में पूछा–"हॉर्न नहीं सुनता। बस की आवाज़ सुनायी नहीं दी, बौला है।"

"न जी। ठीक सुनता है। मैं बहरा नहीं।"

"फिर रास्ता क्यों नहीं दिया? मेरे हाथों मरना है क्या?"

"न जी।"

"ओये न जी के पुत्तर! सौ जूते मारूँगा और एक गिनूँगा। साइकिल सड़क के किनारे क्यों नहीं की?" कंडक्टर का हाथ उठा, ड्राइवर ने उसका उठा हाथ पकड़ लिया।

"रास्ता कैसे देता जी? मेरे हाथ तो दोनों तरफ़ से किसी ने पकड़ रखे थे।"

जवाब सुनकर ड्राइवर और कंडक्टर दोनों के चौड़े कन्धे ढीले पड़ गये। इन लोगों ने सड़क पर कई मौतें देखी हैं। साइकिल सवार की अकड़ी बाँहें ढीली पड़ गयी हैं। वह बाँहे हिलाना शुरू कर देता है। उसके चेहरे से मौत नीचे सरकती है, सड़क पर उछलती है और भाग जाती है। वह कहता है–"अब ठीक है जी, मेरे दोनों हाथ उसने छोड़ दिये हैं।"

बालकटी 'परे हटो, परे हटो' कहकर भीड़ से बाहर निकलती है, उस आदमी को पानी की बोतल देकर कहती है–"लो बाबा जी, पानी पियो।"

"अच्छा पुत्तर जी, कहकर वह आदमी बोतल का ढक्कन खोलता है, हाथ की अध–मुट्ठी बनाता है और सारा–का–सारा पानी पी जाता है।"

ड्राइवर उससे पूछता है–"कहाँ जाना है?"

"जी, अगले गाँव।"

तब तक बालकटी का बच्चा भी बस से नीचे उतर आया। उस आदमी के पास पहुँचा, उसका हाथ पकड़ा और बड़ोंवाली आवाज़ में उसे डाँटा—"बाबा देखकर सैकल नहीं चलाता। बस के नीचे आ जाता, मर जाता तो?" वह माँ—बाप के कहे हुए किसी वाक्य को दोहरा रहा है।

उस आदमी ने पहली बार सड़क से नीचे उतरी बस को देखा, लोगों के चेहरों को देखा और उसे एहसास हुआ कि सचमुच वह मरते—मरते बचा है। उसके गालों के पास सख़्त चमड़ी हिलती है, वह पगड़ी की पूँछ से चेहरा पोंछता है और डर का शिकंजा उसके दिल पर कस जाता है। उसकी टाँगें काँपती हैं, हाथ से साइकिल छूटती है, वह नीचे बैठ जाता है और चेहरे को बाँहों से ढाँपकर सुबक—सुबककर रोना शुरू कर देता है। बच्चा बस में चला जाता है। काली टाई सलाह देती है—"इसका मुँह सूँघकर देखो, कहीं शराब न पी रखी हो।"

इससे पहले कि ड्राइवर कुछ कहे, बालकटी उससे कहती है— "भाई साहब, ऐसी बात करते आपको शर्म आनी चाहिए। इसकी शक्ल देखी है? रोटी तो मिलती नहीं और शराब पियेगा?"

काली टाई पीछे हटकर भीड़ की ओट में हो गयी है। बच्चा फिर से बस से नीचे उतर आया है। उसके हाथ में रोटी का डिब्बा है। उस आदमी को छूता है, वह चेहरे से बाँहें परे करता है। "रो मत। लो रोटी खा लो।"

आदमी 'न' में सिर हिलाता है। बच्चा माँ का कोई वाक्य दोहराता है—"चुपचाप खा लो, नहीं तो मारूँगा एक..."

वह आदमी डिब्बा खोलता है। पराँठे और अचार देख़ता है। फिर आस पास खड़े लोगों को देख़ता है। सब वहाँ से परे हो जाते हैं। वह आदमी पहला ग्रास तोड़ता है, बच्चा सिर छूकर 'गुड ब्वॉय' कहता है और थोड़ी दूर खड़ी माँ के पास चला जाता है।

ड्राइवर से जब मैं 'किसी ने दोनों हाथ पकड़ रखे हैं' वाली उस आदमी की बात पूछता हूँ तो वह बताता है कि कई बार सड़क बिल्कुल ख़ाली होती है तब भी एक्सीडेंट हो जाते हैं। बसें पेड़ों से टकरा जाती हैं। ट्रक उलट जाते हैं। ग़लती किसी की नहीं बस, मौत दोनों हाथ पकड़ लेती है। बस या ट्रक को सड़क के नीचे ले जाती है, उलट देती है।

हाथों से स्टीयरिंग मुड़ती ही नहीं। आप क्या कर लोगे!

बालकटी उससे पूछती है–"आपसे कभी कोई एक्सीडेंट हुआ?"

"न पुत्तर, बस चलाते बीस साल हो गये। वाहे गुरु की किरपा। आज तक मेरे हाथों कोई नहीं मरा। आज भी इस आदमी को सच्चे पातशाह ने बचा लिया।"

कंडक्टर सूचना देता है–"इनको तो पाँच बार सबसे अच्छे ड्राइवर का इनाम मिल चुका है।"

"चुप ओये। मैं कहाँ का अच्छा। रब्ब है। नहीं तो यह आदमी तो आज गया था!"

वह आदमी रोटी खा चुका है। डिब्बा बच्चे को पकड़ाता है। ड्राइवर कंडक्टर से कहता है–"इसकी साइकिल छत पर रख। इसे अगले गाँव उतार देंगे।"

हम सब बस में चढ़ते हैं। वह आदमी अगले दरवाज़े के पास खड़ा है। ड्राइवर मुझसे कहता है–"तुसी पीछे बीबे के पास बैठ जाओ। इसे मेरे पास अगली सीट पर बैठने दो। खिड़की खोलो तो कुछ हवा लगे।"

मैं खिड़की खोलकर अगली सीट से उठता हूँ, वह आदमी उस पर बैठ जाता है। बालकटी बच्चे को गोद में उठाकर मेरे लिए जगह बनाती है। ड्राइवर गुरु नानक की तस्वीर के आगे हाथ जोड़, आँखें बन्दकर, अरदास करता है। 'वाहे गुरु, तेरा ही आसरा' कहकर बस स्टार्ट करता है। कंडक्टर ऊँची आवाज़ में बुल्लारा लगाता है–"जो बोले सो निहाल।" सारी सवारियाँ ऊँची आवाज़ में बुल्लारे का जवाब देती हैं–"सत सिरी अकाल।"

बस जी.टी. रोड़ पर चढ़ आयी है। ड्राइवर थोड़ी–थोड़ी देर बाद उस आदमी की ओर देख लेता है, और बस की गति बढ़ाता जाता है। अभी–अभी बस उलटने से बची है! फिर भी इतनी तेज़ चला रहा है। क्या इन लोगों को डर नहीं लगता? हो सकता है, डर पर क़ाबू पाने का यही तरीक़ा हो, दुर्घटना के बाद भी निडर होकर तेज़ चलाना।

कहीं–कहीं दोहरी सड़क इकहरी हो जाती है। जहाँ दूसरी सड़क बनाने की जगह नहीं, वहाँ कीकर, शीशम और सफ़ेदे के पेड़ काटे जा रहे हैं। पहले ऊपर की टहनियाँ काटी जाती हैं, इन्हें सड़क से परे हटाकर फेंका जाता है, फिर पेड़ का बचा हुआ तना। सारा–का सारा पेड़ काटा जायेगा तो सड़क रुक जायेगी।

जब भी दोहरी सड़क से बस इकहरी सड़क पर उतरती है तो गति कम हो जाती है क्योंकि आगे से भी और पीछे से भी मोटरें आ रही हैं।

एक बुज़ुर्ग औरत आसपास की सीटोंवाली सवारियों को समझा रही है–"जिसे साईं रखे उसे कौन मार सकता है! इस सैकलवाले के दिन अभी पूरे नहीं हुए, नहीं तो बचने का सवाल ही नहीं उठता।"

दोहरी सड़क ख़त्म होने वाली है। बस की रफ़्तार कम हो गयी है। वह इकहरी सड़क पर उतर रही है। किनारे के पेड़ की टहनियाँ काट दी गयी हैं। इनके आध–पौन मीटर लम्बाई के कटे हुए टुकड़ों के किनारे धूप में चमक रहे हैं। कटे हुए पेड़ों ने नोकीली बरछियाँ उठा रखी हैं।

सामने से सामान से लदा ट्रक आ रहा है। दोहरी सड़क से नीचे इकहरी सड़क पर उतरता हुआ ट्रकवाला दिन के वक़्त बत्तियाँ जलाता है, बुझाता है। वह रास्ता नहीं दे सकता, वज़न बहुत है। बस ड्राइवर बस धीमी कर देता है, ट्रक को पहले निकल जाने देगा। ट्रक की गति भी कम हो गयी है।

अचानक ज़ोर का हॉर्न बजता है। ट्रक के पीछे से मोटरसाइकिल आगे निकली है। लोहे का टोप पहना आदमी सिर लगभग हैंडल पर झुकाये मोटरसाइकिल की स्पीड और तेज़ करके ट्रक को ओवरटेक कर रहा है। और ट्रक और बस के बीच के चौथाई मीटर के रास्ते से मोटरसाइकिल निकलने का सवाल ही नहीं उठता। बस ड्राइवर को पता है, मोटरसाइकिलवाला ब्रेक नहीं लगा सकता। बस को पूरे–का–पूरा सड़क के नीचे उतारता है, मोटरसाइकिल फुर्र से मौत के मुँह से निकलती है। बस बिना कोई झटका खाये रुक जाती है। सवारियाँ फिर आधी उठ खड़ी हुई हैं। कंडक्टर कहता है–"कुछ नहीं हुआ, बैठ जाओ।"

माँ की गोद में बैठा बच्चा चीख़ मारता है–"मम्मी, ख़ून!"

मैं नीचे देखता हूँ, ड्राइवर नीचे देखता है, ख़ून की मोटी–सी लकीर, लगातार लम्बी होती हुई।

हम सब ऊपर देखते हैं। पहली सीट पर बैठे साइकिलवाले की गर्दन नीचे झुकी हुई है। खुली खिड़की से कटी टहनी की बरछी अन्दर आयी है और उस आदमी की गर्दन में घुस गयी है। अब उसकी गर्दन धीरे–धीरे हिल रही है, अचानक नीचे, बिल्कुल नीचे होकर हिलना बन्द हो गयी है। टहनी की बरछी भी गर्दन झुकने के साथ नीचे झुक गयी है। इसका

नोकीला सिरा गर्दन की दायीं ओर की चमड़ी फाड़कर बाहर आ रहा है, और ख़ून की लकीर मोटी भी हो रही है, लम्बी भी हो रही है। अगर मैं अगली सीट पर ही बैठा रहता? लेकिन कैसे बैठा रहता? आज तो मेरा मौत का दिन नहीं था, उस साइकिलवाले का था।

एक आधुनिक औरत की मौत

दोपहर के बाद सोकर उठा ही था कि जितेन्द्र आ गया। सबसे पहले उसने मेरे हाथ का चाय का प्याला लेकर, मेरी उँगलियों से जलता हुई सिगरेट छीनकर पीना शुरू कर दिया। उसके बाल पहले से भी लम्बे हो गये हैं। एक कान बालों से बिल्कुल ढँक गया है। यही हाल रहा तो कुछ दिनों के बाद दूसरा कान भी दिखना बन्द हो जायेगा। अब उसने चाय का प्याला ख़त्म करके नीचे रख दिया है। फिर उसने नज़रें जमाकर मेरे चेहरे की ओर देखा और एक शरारती मुस्कान उसकी आँखों में, होंठों पर कौंध गयी। आजकल कॉलेज में पढ़ाने से छुट्टियाँ हैं। जानता हूँ लेट–लेटकर मैं और मेरा चेहरा कुछ मोटा–सा हो गया है, भर गये हैं। जितेन्द्र ने कहा–

"सुना भाई हलवाई। आजकल क्या लिखा जा रहा है। सच पूछ! तो तेरे चेहरे को कोई देखे तो यही कहेगा कि वेल–ब्रैंड हलवाई है। अपनी दुकान पर बैठा सारी मलाई ख़ुद खा जाता है।"

"देख ओये पण्डित, नज़र न लगा देना। बड़ी मुश्किल से वज़न बढ़ाया है।"

"छोड़ बेटे। क्यों मज़ाक़ करता है। मेरी सारी रेजिमेंट के जवान अगर लाइन में खड़े होकर तुझे दो घण्टे देख़ते रहें न, तो भी तुम्हें नज़र नहीं लगेगी।"

हम दोनों हँस पड़ते हैं। जितेन्द्र जब भी थोड़े वक़्त के बाद मिलता है, पहली बात मेरी अच्छी होती हुई सेहत के बारे में होती है। वह ख़ुद ख़ूब–ख़ूब हेल्दी है, लेकिन इस बात को वह कभी भी टॉलरेट नहीं कर सका, स्वीकार नहीं सका, कि हिन्दुस्तान में कोई लेखक क्योंकर स्वस्थ हो सकता है। इस देश की धरती तो केवल फ़िल्मों में ही हीरे–मोती और सोना उगलती है।

"तू पन्द्रह दिन कहाँ गुम रहा?"

"बस ज़रा पाकिस्तान तक गया था।"

"क्या? अब क्या हो गया। युद्ध तो बन्द हो चुका है।"

"राजे, युद्ध तेरी कहानियों में बन्द हो गया होगा। हमारे लिए तो अगर शत्रु की कोई भी सैनिक हलचल हो तो युद्ध होने का सिग्नल समझो।"

जितेन्द्र सेना में कैप्टन है। वह करता क्या है, इसका अन्दाज़ा ही लगाना पड़ता है। परिचय हुआ था तो पहला ख़याल उसका लम्बा–पतला चेहरा, बड़े–बड़े बाल देखकर यही आया था कि चित्रकार होगा। वह अपने बारे में, अपने काम के बारे में बिल्कुल बात नहीं करता। काफ़ी लम्बे परिचय के बाद उसने बताया था कि शत्रु–क्षेत्र में कई–कई मील अन्दर जाकर उसकी सैनिक गतिविधियों की टोह लेने का वह विशेषज्ञ है। तब मैंने पूछा था कि वह खाता–पीता क्या है, इतने दिन शत्रु–क्षेत्र में रहकर। उसने कहा था–की न हलवाइयोंवाली बात। पहली फ़िकर तुझे खाने–पीने की लगी है। अरे मैंने रूस में जाकर कमांडो–कोर्स किया है। जंगल में साँप, मेंढक और कितने छोटे–मोटे जानवर होते हैं। मज़े से जब जी चाहे लंच–डिनर करो। बिल देने की भी कोई चिन्ता नहीं। यह सब जानने के बाद मुझे पता चला कि सेनावालों ने उसे लम्बे–लम्बे बाल क्यों रखने दिये हैं। अगर शत्रु–क्षेत्र में पकड़ा जाये तो सिविलियन दिखे, अपने आप को सिविलियन बताये और आराम से शत्रु–जेल में कई साल गुज़ार आये। सेना उसकी किसी प्रकार की ज़िम्मेदारी नहीं लेगी।

अब तक वह मेरे तीन सिगरेट ख़त्म कर चुका है।

"और बता। कोई शेर–चीतेवाली कहानी लिखी कि नहीं।"

मेरी कुछ कहानियों में जानवरों के प्रतीक ज़रा ज़्यादा आ गये थे। इसलिए जितेन्द्र ने इन्हें शेर चीतेवाली कहानियों का नाम दे रखा है। सेना में होने के बावजूद हिन्दी की कहानियाँ वह ख़ूब जमकर पढ़ता है, उन्हें समझता है। मैं कोई जवाब नहीं देता। वह फिर कहता है–

"सुन। शाम को 'स्टैंडर्ड' में आ जाना। और तीस–चालीस रुपये भी जेब में डालते आना। एक लड़की को खाने पर बुलाया है।"

"लड़की! कौन लड़की? मैंने उससे क्या लेना है।"

"बेटे तूने तो सिर्फ़ बिल देना है। लेना तो मैंने कुछ है। हाँ, कहानियों पर रिसर्च कर रही है। पचास के बाद के लेखकों पर। दो–चार लाइनें

तुझ पर भी लिखना चाहती है। मेरी मुलाक़ात चण्डीगढ़ में हुई थी। बातों–बातों में तेरा ज़िक्र चल निकला। मैंने तुझे मिलाने के लिए उसे यहाँ बुला लिया।"

"देखो। तुम जानते हो मैं किसी से कहानियों पर बातचीत नहीं करता। मुझे यह थीसिस–रिसर्चवाले लोग पसन्द नहीं। बड़े मशीनी सवाल करते है।"

"अच्छा, अच्छा। तू मारलिन ब्रैंडों मत बन। तेरा कोई इंटरव्यू लेने नहीं आ रही। दो–चार बातें कर लेना।"

"क्यों! कुछ काम बनने की उम्मीद है क्या? उस पर इतना प्रभाव जमाने की कोशिश कर रहा है।"

"देख़ते जाओ। मैं टोह तो ले चुका हूँ। दुश्मन कमज़ोर ही समझो। आज रात आक्रमण भी हो ही जाये शायद।"

"ठीक है। तेरे लिए यह भी कर दूँगा। वह चण्डीगढ़ से आयेगी कैसे?"

"शर्मा अपनी कार में उसे लेता आयेगा।"

"शर्मा अब वह बीच में कहाँ से टपक पड़ा।"

"उसी ने तो मुझे केतकी माथुर से मिलाया था। अच्छा। सात बजे पहुँच जाना। पैसे लेकर। सुन। मैं तेरी सिगरेट लिये जा रहा हूँ। तू और मँगवा लेना।" और वह मेरी चारमीनार की डिब्बी उठाकर चलता बना।

तो उसका नाम केतकी है। मैं मन–ही–मन कुछ ख़ूबसूरत वाक्य अपनी कहानियों के बारे में तराशने लग पड़ा। किसी सुप्त कोने में अच्छा भी लगा कि मेरा नाम थीसिस में आ जायेगा। यह शर्मा के साथ उसकी जान–पहचान कैसी हो गयी। शर्मा एक सफल सेल्समैन है। दवाइयों का। जितेन्द्र के साथ ही कॉलेज में पढ़ा है। हिन्दी–कहानियों के बारे में मेरी और जितेन्द्र ही बहसें सुनकर वह बोर हो गया था। इसलिए एक बार उसने तीन सौ रुपये की कहानी–पुस्तकें ख़रीदकर पढ़ डालीं, ताकि हमारी बातचीत में वह भी हिस्सा ले सके। हम तीनों में वही कैपिटलिस्ट है। इसलिए शाम को होटल का बिल और ख़र्चा उसे ही देना पड़ता है। ऊपर से उसके अमीर होने की वजह से हम जी भरकर उसे गालियाँ भी दे लेते हैं। मैंने ज़िन्दगी में ऐसा आदमी कभी नहीं देखा; जिसे जितनी गालियाँ दो बदले में उतना ही प्यार करता है।

शाम को मैं स्टैंडर्ड जान–बूझकर देर से पहुँचा। लम्बे सोफ़े पर शर्मा, जितेन्द्र बैठे थे और उनके बीच में केतकी। जितेन्द्र ने मेरा उससे परिचय कराया। उसने मोटा–सा चश्मा पहन रखा है। क्षण भर को मेरी ओर रिसर्चवाली निगाह से देखा, फिर हल्के–से 'हैलो' कहकर चुप हो गयी। मैंने डिब्बी से सिगरेट निकाला। शर्मा ने विदेशी सिगरेट का पैकेट मेरी ओर बढ़ाकर कहा–

"ले मेरे महान लेखक। क्यों सर्दी में यह सिगरेट पीता है। आज इंपोर्टिड सिगरेट पी और ऐश कर।"

शर्मा में यह ख़ूबी है कि माहौल को कभी भी भारी और गम्भीर नहीं होने देता। उसके होते किसी प्रकार की लिट्रैरी बातचीत करना भी कठिन है। आजकल की कहानी पर बात हो रही होगी तो वह मोपासां की कहानियों को बीच में घसीट सब कुछ चौपट कर डालेगा, बहस का ख़ून कर देगा। हम उसे समझाने की कोशिश करेंगे तो अपनी बात यह कहकर मनवायेगा कि मोपासां वर्ल्ड का सबसे बड़ा स्टोरी राइटर है। सालो, तुम उसके नाम से चिढ़ते क्यों हो। लेकिन पिछले कुछ दिनों से वह हिन्दी के लेखकों को भी कोट करने लग पड़ा है।

केतकी ने भी एक सिगरेट निकालकर जला ली है। होटल में बैठे दूसरे लोगों ने उसकी ओर चौंककर देखा है। यह शहर सेना की छावनी होने के कारण ही महत्त्वपूर्ण है। औरतें अगर शराब पियें तो कुछ अजीब नहीं समझा जाता। क्योंकि आर्मी और वायुसेना के अफ़सरों के साथ आयीं औरतें अक्सर ड्राई जिन के दो–तीन पैग पी लिया करती हैं, लेकिन यह अजीब बात है कि किसी औरत का सिगरेट पीना यहाँ के लोगों को चौंका डालता है।

बैरा आर्डर लेने के लिए बड़ी देर से आसपास मँडरा रहा है। मैं जितेन्द्र और शर्मा रोज़ यहाँ आते हैं। उसे हमारी पसन्द का पता है। बिना पूछे उन दोनों के लिए रम के लार्ज पैग और मेरे लिए चाय ले आया करता है, लेकिन आज लड़की को साथ देखकर आर्डर की प्रतीक्षा कर रहा है। मैंने उसे चाय का सेट लाने के लिए कहा। जितेन्द्र ने बीच में टोक दिया–"की न हलवाइयोंवाली बात। तू चाय अपने लिए मँगवा। हम तीनों रम पियेंगे।"

तभी केतकी मुझसे पूछती है।

"आप ड्रिंक नहीं करते।"

"नहीं," मैंने ज़रा चिढ़कर कहा। कोई लेखक अगर ड्रिंक न करे तो उसे इस बात की पूरी एक्सप्लेनेशन देनी पड़ती है।

"कभी नहीं पी क्या।"

मेरे बोलने से पहले शर्मा ने जवाब दिया।

"साला पीता था। तेरा जितना वज़न है न केतकी, उतनी शराब पी चुका होगा। अब डॉक्टरों ने डण्डा दिखाया है तो मसीहा बन गया है।"

उन तीनों ने पीनी शुरू कर दी है। केतकी ने रम का पहला घूँट भरा तो उसका चेहरा देख़ता रहा। हिन्दुस्तान की सबसे तेज़ शराब पीने पर उसका चेहरा क्या कड़वायेगा? लेकिन नहीं। बड़े आराम से वह लम्बे–लम्बे घूँट भर रही है। मैंने नोट किया कि उसकी आँखें धीरे–धीरे चश्मे के अन्दर नहीं घूमतीं बल्कि छोटी–छोटी छलाँगे लगाकर इधर–उधर जाती हैं। जितेन्द्र ने तब उससे कहा कि जो कुछ इस राइटर से पूछना है, पूछ लो ताकि फिर आराम से काम की बातें की जा सकें।

अब वह सँम्भलकर बैठ गयी है। शिकार पर उछलने से पहले बिल्ली की तरह। मुझे लगता है कि उसके रम पीने के कारण और मेरे कुछ न पीने के कारण एक अदृश्य–सी टेंशन की दीवार हमारे बीच उठ रही है। उसने पहला सवाल गोली की तरह मेरी ओर दागा़।

"आप कहानियाँ क्यों लिख़ते हैं?"

सचमुच इस सवाल से मैं उखड़ गया। मैं उस जैसी समझदार लड़की से किसी अर्थयुक्त प्रश्न की आशा रखता था। यह सवाल तो मुझसे मेरी अनपढ़ माँ भी कई बार पूछ चुकी है–कि काका यह क्या पागलों की तरह कागज़ काले करता रहता है। आगे घर में कम किताबें हैं क्या? जितेन्द्र शायद सेंस कर गया है कि उसके सवाल का मैं बुरा मान गया हूँ। शर्मा मुझसे जवाब देने को कहता है।

"बस लिखता हूँ। मेरी मर्ज़ी। आप तो यूँ सवाल कर रही हैं जैसे कोई थानेदार किसी चोर से कहे कि तुम चोरी क्यों करते हो।"

वह पल भर अपनी कंचे जैसी आँखों से मेरी ओर एकटक देखती है। फिर गिलास उठाकर रम ख़त्म कर देती है।

"आप काम क्या करते हैं?"

"तुझे बताया तो था कॉलेज में पढ़ाता है।" जितेन्द्र ने कहा।

"तभी। आपका सोचने का तरीक़ा भी प्राध्यापकों जैसा है। यह मत करो। वह मत करो। आपको मुझे सिगरेट–शराब पीते देखकर शॉक लगा है। आप सोचते हैं औरत सिर्फ़ वही है जो कहानियों–क़िस्सों में रहती है, वास करती है। आपने सोचा होगा कि मैं आपको पूजा की निगाह से देखूँगी। वॉट रबिश। आज की औरत मॉडर्न है। आधुनिक है। वह टसवे बहाती हुई, गालों पर आँसुओं के नदी–नाले फैलाती हुई मर्दों के पीछे नहीं घूमती।"

"हियर–हियर।" शर्मा ने उसे शह दी–"वैसे लगता है कॉलेज की किसी डिबेट से कोई टुकड़ा काटकर तुम बोल गयी हो। हम जब पढ़ते थे तब आधुनिक नारी पर डिबेट होती थी तो लड़कियाँ अक्सर इसी प्रकार की दलीलें दिया करती थीं।"

"शर्मा यू आर अ रियल बास्टर्ड," वह खीझकर बोली।

"आई डोंट नो। यह सवाल तुम मेरी माँ से पूछना।" शर्मा ने बिना परेशान हुए जवाब दिया। अब फिर वह आक्रमण की मुद्रा में मेरी ओर मुड़ी।

"आपकी वह कहानी जिसमें आपने चीते का प्रतीक लिया था, हम सबको बहुत अच्छी लगी। यूनिवर्सिटी में हम लोगों ने उस पर ख़ूब बहस की, लेकिन उसका अन्त कमज़ोर था।"

मैं जानता हूँ, वह नहीं बोल रही। कोई उसका प्राध्यापक–आलोचक बोल रहा है, जिसे हम नये लेखकों ने मिलकर यह ख़िताब दे रखा है कि हिन्दुस्तान में सिर्फ़ वही है जिसने आलोचना में चुटकलेबाज़ी आरम्भ की है। आजकल उसका एक वाक्य बड़ा प्रसिद्ध है। मैंने खिंचाव कम करने के लिए उसी आलोचक का वाक्य कोट किया।

"कहानी का आरम्भ अन्त है और अन्त आरम्भ।"

उसने झटके के साथ गिलास नीचे रख दिया। उसे पता चल गया है कि उसी के हथियार से मैंने उस पर वार किया है।

"अरे ठीक से जवाब दे। क्या हठयोग के फ़ार्मूले बता रहा है। टेक हर सीरयस्ली। जानते हो अलीगढ़ की गोल्ड मेडलिस्ट है। इसका डॉक्टरेट का थीसिस पूरा ही समझो। साले, तुझे अमर कर देगी।"

जितेन्द्र ने मुझे टोका। मेरे जवाब देने से पहले ही शर्मा बोल

पड़ा—"अरे केतकी, तू अलीगढ़ की है। कमाल है। अच्छा तेरे पिता जी क्या करते हैं?"

वह समझ रही है, शर्मा उसे बनाने की कोशिश कर रहा है। वह जवाब में सवाल पूछती है।

"अलीगढ़ की क्या चीज़ फ़ेमस है।"

"ताले।" शर्मा ने झट से जवाब दिया।

"तो बस। मेरा बाप ताले बनाता है। और कुछ पूछना है।"

"अच्छा! फिर तो ठीक है। अपने बाप से कह देना तेरे लिए भी मजबूत—सा ताला बना दे। चेस्टिटी—बेल्ट पर लगा लेना!"

"यह चेस्टिटी—बेल्ट क्या बला है," जितेन्द्र ने रस लेते हुए पूछा।

"पुराने ज़माने में रोमन योद्धा जब जंग पर जाते थे तो अपनी बीवियों की कमर के नीचे, लोहे की पेटी बाँधकर ताला लगा देते थे। तुम जानते हो, उन दिनों की जंग कई—कई साल चला करती थी। फिर बीवियों की भी अपनी ज़रूरत हुआ करती थी। वह लोहे की पेटी इसलिए पहना जाया करते थे कि बीवी किसी और के पास न जाती रहे।"

"लेकिन नेचर्स—काल के लिए भी तो जाना होता है। तब वे बेचारियाँ क्या करती थीं?" केतकी ने पूछा।

"अरे वे ताला लगाकर चाबी किसी दोस्त या रिश्तेदार को दे जाया करते थे, ताकि ऐसी ज़रूरत के वक़्त पेटी थोड़ी देर के लिए खोली जा सके। एक बार एक योद्धा युद्ध के लिए निकला तो ताला लगाकर चाबी क़रीबी दोस्त को दे गया। वह अभी शहर की सीमा से बाहर भी न पहुँचा था कि दोस्त सरपट घोड़ा दौड़ाता हुआ उसके पास पहुँचा। उस दोस्त ने वारियर को बताया कि वह उसे ग़लत चाबी दे गया है। चेस्टिटी—बेल्ट के ताले को लगती ही नहीं।"

शर्मा की बात पर होटल में हँसी का एक गोला फूट गया। हँस केतकी भी रही थी, लेकिन उसकी हँसी केवल मुँह से निकल रही थी, दिल से नहीं। मैंने शर्मा को टोका कि उसे ऐसी बेहया बातें नहीं करनी चाहिए। जवाब केतकी ने दिया—"मुझे डिफ़ेंड करने की कोई नीड नहीं। तुम मर्द लोग अन्दर से सब कमज़ोर होते हो। कमज़ोर और आर्थोडॉक्स। अब अगर मैं सिर्फ़ एक आदमी के साथ सोऊँ, शारीरिक सम्बन्ध रखूँ तो तुम लोग मुझे अच्छी प्रेमिका के नाम से पुकारोगे। अगर मैं उसे

छोड़कर किसी और के पास जाऊँ, वही काम करूँ तो तुम लोग वेश्या और कॉल–गर्ल कहोगे। काम तो मैं वही एक–सा करती हूँ। तुम अपने सुभीते के लिए, अपनी मर्दानगी के अहं को सुरक्षित रखने के लिए उसे अलग–अलग नाम दे डालते हो, लेबल चिपका देते हो।"

"हियर–हियर। तूने इस लेखक की तो बोलती बन्द कर दी।" शर्मा ने केतकी को उकसाया। मैं जानता हूँ, अब वह उसे मुझसे भिड़ाकर मज़े लेना चाहता है।

"सुन शर्मा। मेरी साइड लेने की ज़रूरत नहीं। तू चाहे मुझे कार में घूमा, चाहे होटल में पिला, मैं तेरे साथ रात रहूँगी नहीं। और फिर मुझे बता मैं तेरे साथ क्योंकर रात को रहूँ!" केतकी ने अब तक तीसरा पैग ख़त्म कर लिया है। शर्मा ने बड़े फ़िल्मी अन्दाज़ में जवाब दिया।

"मिस केतकी माथुर! तेरे मेरे साथ रात को रहने के कई रीजन हो सकते हैं। पहला रीजन तो यह है कि मैं हिन्दुस्तान का सबसे बदसूरत और अगली आदमी हूँ। मेरा क़द पाँच फुट चार इंच है और वज़न दो सौ दस पौंड। मुहल्ले की औरतें अपने बच्चों को मेरा नाम लेकर डराती हैं। इसलिए मैं अपनी क़िस्म का अकेला, यूनिक आदमी हूँ। दूसरा रीजन यह है कि मेरे ख़याल से तुम भी हिन्दुस्तान की नहीं तो इस प्रान्त की सबसे बदसूरत औरत हो। तुम्हारा माप क्या होगा? मेरे ख़याल में 40–40–40। बस हम दोनों यूनिक हैं। इसलिए क्या हमारे दोनों के साथ सोने के लिए यह रीजन काफ़ी नहीं।" केतकी उसे घूर के देखे जा रही है। शर्मा बड़े आराम से मुस्कुरा रहा है।

जितेन्द्र कहता है। "सुन बे ड्रेकुला की औलाद, क्या किसी औरत को परेशान करने से, तंग करने से, तू सोचता है कि तू उसे मना सकता है, फँसा सकता है!"

"बेटे, तू अपनी फ़ौज की बातें ही किया कर। तुझे साइकॉलोजी से क्या लेना। मेरा सोचने का अपना तरीक़ा है। औरत को ख़ूब खिजाओ, ख़ूब तंग करो। ख़ुद परेशान होकर कम–से–कम एक बार तेरे पास ज़रूर आयेगी। और कहेगी 'ले, जान छोड़'। जो करना है कर ले। मैंने तो शादी भी इसी तरह अपनी बीवी को फँसाकर, डराकर ही की थी। तू क्या सोचता है, वर्ना मेरी मैरिज हो सकती थी क्या?"

अब तक होटल से ग्राहक उठकर जा चुके हैं। होटल लगभग ख़ाली है। मैनेजर और वेटर शायद हम लोगों के उठने के इन्तज़ार में हैं। एक वेटर काउंटर के साथ पीठ लगाये लगातार हमारी ओर देख रहा है। नया–नया आया है। हम लोगों को पहली बार देख रहा है। हमारी बातें उसे अजीब लग रही हैं।

केतकी जान गयी है, शर्मा उसे बातों में हरा गया है। वह उससे भी ज़्यादा आधुनिक सिद्ध हुआ है। अब उसे रम हिट कर चुकी है। वह बौखला रही है। जितेन्द्र की ओर देखती है। वह वैसे ही तटस्थ बैठा है। मैं जानता हूँ, जितेन्द्र किसी का पक्ष नहीं लेगा।

वह शायद इंटेलिजेंसवालों की ट्रेनिंग का परिणाम है। वह हमेशा सब कुछ वाच करता है, ख़ुद कहीं भी हिस्सा नहीं लेता; किसी बात में। फिर परिणाम निकाल दिया करता है।

वह फिर मेरी ओर देखती है। शायद वह मुझे तीनों में सबसे कमज़ोर समझ लेती है। इस वक़्त उसकी आँखें बिल्कुल सुरंगों जैसी दिख रही हैं। काली स्याह और धुएँ–धुन्ध से भरी हुईं। वह झगड़ने वाले अन्दाज़ में मुझे कहती है–"आप अपने आप को बहुत बड़ा लेखक समझते हैं।"

जवाब शर्मा देता है। उसने आजकल कई कहानी लेखकों को पढ़ लिया है। शायद केतकी पर अपने साहित्यिक होने का प्रभाव डालना चाहता है–"अरे यह अपने आप को प्रेमचन्द के बराबर का लेखक मानता है। साला, चेखव बनने के सपने देखता है!"

''अरे यह लोग प्रेमचन्द का क्या मुक़ाबला करेंगे। वह तो साहित्य–सम्राट है। यह क्या अच्छी कहानियाँ लिखेगा। शेर–चीतों और मरी हुई चीजों के सिवा इसे दिखायी ही क्या देता है। इसे तो बस अपनी कहानियों पर फ़िल्में ही बनवानी हैं। लिखना–पढ़ना गया भाड़ में।''

"आ गयी न टिपिकल हिन्दीवालों की मीन और कमीनी बातों पर। तुम लोग प्रेमचन्द से आगे बढ़ ही नहीं सकते। और जानती हो, फ़ारेन में दुनिया की हर अच्छी कहानी पर फ़िल्में बनती हैं। तुम लोग आधुनिक बातें कर सकते हो। तुम्हारी मेंटल–स्टेज अभी प्रेमचन्द युगवाली ही है। सत्य का बोलबाला, झूठ का मुँह काला। आगे बढ़ने से, आगे सोचने से डर क्यों लग जाता है? इस वक़्त क्या तुम्हारे अन्दर चीता नहीं दहाड़ रहा है जो किसी–न–किसी का मुँह नोच लेना चाहता है।"–जितेन्द्र ने

धीमी, लेकिन सर्द आवाज़ में कहा। जितेन्द्र इसलिए मेरे इतने क़रीब है कि वह सोचने में भी आधुनिक है, केवल बातें करने में नहीं। ज़िन्दगी में सिर्फ़ साहित्य ही ऐसी चीज़ है जिसे वह सीरयस्ली ले सका है।

केतकी की आँखों की सुरंगें सुलग रही हैं। मुझे बुरा लगता है कि जितेन्द्र को इतनी कड़ी बात नहीं करनी चाहिए थी। आख़िर केतकी आज रात के लिए उसकी मेहमान है, उसके पास आयी है। वह फ़िल्टरवाला सिगरेट मुँह में रखती है। हम नोट कर रहे हैं कि सिगरेट वह उल्टा लगा रही है, फ़िल्टर की ओर से सुलगा रही है।

वह वेटर जो काउंटर के पास खड़ा था, अब बिल्कुल केतकी के सोफ़े के सामने खड़ा होकर उसे घूरे जा रहा है। जवान है, शायद नया–नया आया है। उसे मैनर्ज का पता नहीं।

केतकी की काली सुरंगों जैसी आँखें उस पर पड़ती हैं। उसे शायद अब पता चलता है कि वेटर बड़ी देर से वहाँ खड़ा उसे घूरे जा रहा है। वह सुलग रही है।

"यह तुम किस होटल में मुझे ले आये हो। ब्लडी डर्टी–पीपल। वेटर को इतनी तमीज़ भी नहीं। कैसे सामने खड़ा है। देखे जा रहा है।"

"अरे तुम्हें क्या करना है। तुम्हारे लिए तो सब मर्द एक जैसे हैं। तुम तो आधुनिक हो, फिर वेटर का देखना बुरा क्यों लग रहा है। मज़े लेने दो उसे भी!" जितेन्द्र ने कहा।

"जितेन्द्र, प्लीज़ उसे हटा दो। मुझे बुरा लग रहा है!"

"मैं तो कुछ नहीं कहता," जितेन्द्र ने उसे, वेटर को, हम सबको वॉच करते हुए कहा।

"तुम कावर्ड हो। डरपोक हो। एक औरत को प्रोटेक्ट नहीं कर सकते तो साथ किस दम पर लाये थे।"

"अच्छा! तो तुम्हें भी प्रोटेक्शन की ज़रूरत है!" जितेन्द्र ने पूछा।

शर्मा शायद ऐसी ही मनोवैज्ञानिक स्थिति की तलाश में था। वह अपनी जगह से उठा। वेटर के सामने जाकर खड़ा हो गया। फिर उसने वेटर को क़मीज़ के कॉलर से पकड़ा। उसे खींचकर अन्दर, किचन के दरवाज़े पर छोड़ आया। वह लौटकर अपनी जगह पर आ गया है।

केतकी बड़ी प्रशंसा–युक्त आँखों से उसे देख रही है। मैं महसूस करता हूँ, एक आधुनिक औरत की मेरे सामने मृत्यु हो गयी है। आधुनिकता पंख

लगाकर उड़ गयी है, ओढ़ो हुआ लबादा उतर गया है। उसे भी साधारण मिडल क्लास औरतों की तरह मर्द का सम्बल चाहिए। अब उसकी आँखों की सुरंगें सुलगनी बन्द हो गयी हैं। केवल अँधेरा–ही–अँधेरा, गहरा, घना और अकेला। जो वहाँ दिखायी दे रहा है। और अचानक बाक़ी सारी दुनिया मर गयी है। हम बाहिर निकलते हैं। जितेन्द्र अपना स्कूटर स्टार्ट करता है। शर्मा की कार स्टार्ट हो जाती है। केतकी पहले जितेन्द्र के स्कूटर को देखती है, फिर शर्मा की कार को। वह एक झटके से शर्मा की कार का दरवाज़ा खोलकर उसके पास जा बैठती है।

शर्मा शरारती अन्दाज़ में कार के तीन छोटे–छोटे हॉर्न देता है, बजाता है। और उस अँधेरे में कार आगे सरक जाती है।

मुस्कान

''ख़ूबसूरत औरतें हमेशा बेवकूफ़ होती हैं और बदसूरत औरते अक़्लमन्द,'' यह वाक्य मनु ने कुछ ऊँचा बोला। वह भी जानता है, उसके पास बैठे दोस्त भी जानते हैं कि यह फ़िक़रा उसने 'मुस्कान' का उद्‌घाटन करने आयी अभिनेत्री को सुनाने के लिए बोला है। हमेशा औरतों के ख़िलाफ़ उनके सामने बोलना मनु की आदत है। शायद इसलिए बहुत सारी औरतें उसकी दोस्त हैं। चापलूसी करने वाले चमचा मर्दों के बजाय ख़िलाफ़ बोलने वाले मर्द औरतों को हमेशा अच्छे लगते हैं। अभिनेत्री नीति ने पास आकर तीखी आवाज़ में पूछा–

''क्या कहा आपने?'' वह बहुत सुन्दर है जैसा कि अक्सर फ़िल्मी औरतें होती हैं। मनु ने अपनी सोयी हुई आँखों को उसके चेहरे पर टिकाया, सिर ऊपर उठाकर उसे नीचे से ऊपर तक देखा और मुस्कराकर जवाब दिया, ''मैं कह रहा थ कि ख़ूबसूरत औरतें हमेशा बेवकूफ़ होती हैं। आपने शायद अंग्रेज़ी नहीं पढ़ी। कहते हैं न–ब्यूटी एंड ब्रेन डोंट गो टुगेदर''

तब तक मनु की पत्नी भी उनके पास आ गयी है। बहुत सारे प्रेसवाले और फ़ोटोग्राफ़र, जो मनु की पत्नी के दोस्त हैं, उस मेज़ के पास साथ आये हैं। सब मनु के भी दोस्त हैं, जानते हैं, जब मनु बोलेगा तो बातों की गोलियाँ छूटेंगी–फ़िल्मी पत्रिकाओं के लिए इससे अच्छी मसालेदार ख़बर और क्या होगी? मनु की पत्नी किरण उसे घूर रही है, चुप हो जाने के लिए।

''आप हैं कौन? परिचय तो दिया नहीं?'' कोई भी प्रसिद्ध आदमी किसी अनजान का परिचय जब सारे लोगों के सामने माँगता है तो असल में उसे अपमानित कर रहा होता है।

''मैं आपकी सहेली किरण का, 'मुस्कान' की मालकिन का हस्बैंड हूँ।''

''बस!'' नीति का निचला होंठ ऊपर उठ आया है। बस 'यही कुछ' की मुद्रा में प्रेसवालों, मनु के दोस्तों, सबको लगा कि आज मनु हार गया है। कभी–न–कभी तो बराबर की टक्कर का मिल ही जाता है।

मनु ने हौले–से गिलास उठाया, बाक़ी की शराब पी, गिलास नीचे रखा। साथ खड़े फ़ोटोग्राफ़र से सिगरेट माँगा, फिर माचिस माँगी, सिगरेट का कश लिया और दोनों चीज़ें फ़ोटोग्राफ़र को वापिस कीं। किसी की बात का जवाब जान–बूझकर देर से देकर भी हम उसे कचोट सकते हैं। ''बस नहीं, साहब। मेरा नाम मनु है। मैं किरण का पति हूँ। दो बच्चे हैं। लड़की दस साल की, लड़का पाँच साल का। बच्चे मैं और भी पैदा कर सकता हूँ, लेकिन 'दो के बाद कभी नहीं वाली बात मानता हूँ। मेरी उमर चालीस है। क़द पाँच फुट दस इंच और वज़न 170 पौंड। एम.ए. पास कर रखी है।''

अभिनेत्री के चेहरे पर भूखी शेरनी आ बैठी है। कैमरे के फ़्लैश चमक रहे हैं और मनु जैसे कुछ हुआ ही नहीं वाले अन्दाज़ में सिगरेट पी रहा है। उसके जवाब में फुलझड़ी बड़े कमरे में फूट चुकी है, कहीं क़हक़हों की शक़्ल में, कहीं खुली हँसी की आवाज़ में।

किरण मनु को जलती आँखों से घूरती है। नीति की बाँह पर हाथ रख उसे परे ले जाती है। प्रेसवाले और फ़ोटोग्राफ़र भी उन दोनों के वहाँ से हटने पर, उनके साथ दूसरी मेज़ की तरफ़ चले जाते हैं। उन्हें पता है, अब थोड़ी देर के लिए मनु के फ़ायरवर्क्स बन्द।

एक प्रेसवाला नीति से पूछता है कि वह बम्बई में इतनी बिज़ी है, इतनी सारी फ़िल्मों में काम कर रही है, फिर यहाँ आने का वक़्त कैसे निकाल लिया 'मुस्कान' के उद्घाटन के लिए।

नीति को अब पहली बार सब लोगों का ध्यान अपनी ओर बाँटने का मौक़ा मिला है। सधी हुई अभिनेत्री है। ग़ुस्से को पल भर में अपने चेहरे से पोंछ लेती है। लोगों के लिए सब कुछ लुटा देने वाले रोल करने में वह माहिर है।

''बिज़ी हूँ तो क्या हुआ? मैं अपने दोस्तों को कभी नहीं भूलती। आप शायद जानते नहीं, कुछ साल पहले मैं किरण के साथ मॉडलिंग

करती थी। मुझे फ़िल्मों में ब्रेक मिल गया, लेकिन जैसे ही किरण का ख़त आया कि उसने एड–एजेंसी शुरू की है तो बम्बई में सब कुछ छोड़–छाड़कर यहाँ आ गयी। किरण अगर कहे तो इसकी एजेंसी के लिए मैं मॉडलिंग करने को अब भी तैयार हूँ।'' उसने बोलना बन्द किया। सुनने वालों की तरफ़ इस तरह से देखा कि तालियाँ क्यों नहीं बजाते? क्योंकि सारे–के–सारे मेहमान विज्ञापन एजेंसियोंवाले हैं, अख़बारवाले हैं, फ़ोटोग्राफ़र हैं और ऐसी पार्टियों के लटकों से वाक़िफ़ हैं, 'ठीक वक़्त' पर तालियाँ बजाना उन्हें आता है।

''पर यार, एजेंसी का नाम अंग्रेज़ीवाला रखना था, यह 'मुस्कान' क्या हुआ?'' नीति ने किरण के कन्धे पर हाथ रखकर पूछा।

किरण बताती है कि अंग्रेज़ी के कई नाम सोचे, गोल्डन टच, सन–रेज़, स्माइल वग़ैरह, पर मनु ने कहा कि कोई नयी बात होनी चाहिए। उसने यही नाम चुना है। मनु और उसके दोस्त अपनी मेज़ से उठकर वहाँ आ गये हैं। जवाब मनु पूरा करता है।

''आप जानती हैं न मैडम, किरन को विज्ञापन की दुनिया में 'गर्ल विद अ गोल्डन स्माइल' कहा जाता है। एड–एजेंसी इसकी है। सारे मुल्क में इसकी मुस्कान घर–घर में फैली हुई है। बस 'मुस्कान' नाम रख दिया।'' यह जवाब देते हुए मनु की आवाज़ दब गयी है। कन्धे थोड़े झुक गये हैं, आँखें और ज़्यादा सो गयी हैं। नीति उसके हाथों से ख़ाली गिलास लेती है, मेज़ पर रखती है, पास खड़े वेटर की ट्रे से शराब का गिलास उठाती है, उसे पकड़ाती है, और फ़िल्मवालों का सबसे सस्ता वाक्य बोलती है।

''यू आर ए जीनियस।'' मनु उसे आँखें पूरी खोलकर देखता है, प्रेसवाले दोस्त से फिर सिगरेट माँगता है और दो लम्बे क़दम उठाकर अपनी मेज़ पर वापिस चला जाता है।

वह शराब का गिलास बिना पिये मेज़ पर रखता है और दरवाज़े के बारह निकल जाता है। मकान की बालकनी में नवंबर की हवा निधड़क घूम रही है। उसने आधी बाँहों का स्वेटर पहन रखा है, फिर भी गर्मी लग रही है। क़मीज़ की बाँहें ऊपर चढ़ा लेता है। एक बार सर्दियों में बाँहें ऊपर चढ़ाने की आदत पर किरण ने टोका था तो उसने जवाब दिया था कि क़मीज़ की बाँहें नीची हों तो लगता है, हाथ क़ैद हैं। ऐसे जवाब सुनकर पत्नी उसकी ओर ऐसे देखती है जैसे पागलों को देखा जाता है।

वह शाम को घण्टों बालकनी में खड़ा रहता है। रेलिंग पर बाँहें टिकाये, सिगरेट सुलगाये, लोगों को शाम के वक़्त पैदल, स्कूटरों पर, कारों पर अपने घरों की ओर लौटते देखना उसे हमेशा अच्छा लगता है। लोगों के चेहरे से पता चल जाता है कि वे दफ़्तर जा रहे हैं या घर लौट रहे हैं, लेकिन मनु तो घर के बाहर जाता ही नहीं, न किसी काम पर, न किसी दफ़्तर। उसे शायद तभी घर लौटते लोग देखना अच्छा लगता है। उसकी लड़की रानी ने एक बार पूछा था–

"पापा, इतनी देर बालकनी में खड़े क्या देखते हो?"

"रानी बेटी, किसी दिन कारें गिनता हूँ, किसी दिन स्कूटर, किसी दिन साइकिलें।"

"क्यों?"

उसने रानी बेटी का कान छूकर कहा था।

"इससे मैथ्ज़ अच्छा हो जाता है। तुम भी गिना करो। मैथ्ज़ में नंबर कम आते हैं न!"

"ओ पापा! यू आर फ़नी!"

हाँ, पहले जो बातें किरण को अच्छी लगती थीं, रानी को अच्छी लगती थीं, अब दोनों को फ़नी लगती हैं। किरण को फ़नी लगता है कि अब दो मंज़िला मकान है, खाने–पीने की कमी नहीं, फिर भी मनु घण्टों चुप रहता है। कोई तकलीफ़ भी तो नहीं बताता। कोई एतराज़ भी तो नहीं करता।

उसके सारे दोस्त, ख़ासकर शादीशुदा उसकी बीवी की सदाबहार मुस्कान देखकर कितना रश्क करते हैं। अपनी बीवियों को किरण की मिसाल देकर मुस्कराने की सलाह देते हैं। कई बार उसके अमीर दोस्तों ने उन दोनों के सामने अपनी बीवियों को डाँटा है–"इन दोनों को देखो। नपी–तुली आमदनी है। फिर भी किरण हरदम मुस्कराती रहती है और तुम? शिकायतों ने चेहरे पर धरना दे रखा है। सब कुछ है, सूरत फिर भी रोनी।"

हाँ, यह ठीक है। किरण हर वक़्त, हर हालत में मुस्कराती रहती है। मनु ने इस मुस्कान के अनगिनत रूप देखे हैं। ग़ुस्से होगी तो होंठ थोड़े टेढ़े करेगी, मुस्करायेगी। ख़ुश होगी तो निचले होंठ पर जीभ का सिरा छुयेगी, मुस्करायेगी। गर्मी होगी तो 'उफ़' कहते ही दोनों होंठों की लम्बाई

बढ़ायेगी, मुस्करायेगी। सर्दी होगी तो 'हाय कितनी ठण्ड' कहकर होंठों को सिकोड़कर मुस्करायेगी। और...और...हर हालत में मुस्कान। विज्ञापन की दुनिया में उसका नाम है–'द गर्ल विद अ गोल्डन स्माइल? छोटा नाम 'स्माइल गर्ल'। कपड़ों, साड़ियों वग़ैरह की ग्रुप–मॉडलिंग में बाक़ी मॉडल लड़कियाँ अब उसके साथ ग्रुप में फ़ोटो खिंचवाने से इनकार करती हैं क्योंकि किरण की घातक मुस्कान से उन्हें डर लगता है, हीनभावना पैदा होती है। इस मुस्कान की बदौलत दो मंज़िला मकान है, कार है, आज अपनी विज्ञापन एजेंसी शुरू हो गयी है।

यह सलाह मनु ने ही दी थी कि उद्घाटन उसकी फ़िल्मवाली सहेली से करवाया जाये। प्रेसवाले आयेंगे, फ़ोटोग्राफ़र आयेंगे, बड़ी–बड़ी कम्पनियों के डायरेक्टर आयेंगे, घर के सामने भीड़ आयेगी, फिर पुलिस आयेगी और उद्घाटन एक समाचार बन जायेगा। बालकनी के नीचे, घर के आगे अब भी सैकड़ों लोग खड़े हैं, नीति की एक झलक पा जाने के लालच में।

पहले यह मुस्कान सिर्फ़ उसकी थी, अब घर–घर की है। कैलेंडरों पर साड़ियों, साबुनों के, सिरदर्द की गोलियों, सैनेटरी टावल्ज़, जूतों, टायरों के इश्तहारों में। हिन्दी या अंग्रेज़ी की किसी भी पत्रिका के किसी भी पेज पर उसकी मुस्कान का दमकता सूरज।

कितने बरस हुए होंगे इस बात को, जब यह मुस्कान उसके घर से निकली और हर घर की बन गयी। आठ–दस लेखकों की बीवियों को लेकर उसके एक पत्रकार दोस्त को कोई लेख लिखना था। पत्रिका का फ़ोटोग्राफ़र भी उसका दोस्त था। पत्रकारों, फ़ोटोग्राफ़रों, लेखकों का अड्डा जमाने की जगह उसका घर हुआ करता था, अब भी है, वजह? क्योंकि किरण मुस्कराकर बीयर या शराब गिलासों में डालती थी। किसी को चढ़ जाये तो मुस्कराकर डाँटती थी। यही वजह है कि इन सबकी बीवियों में वह अप्रिय थी, बदनाम थी। 'बेहया औरत' का तमगा उसे उन दिनों ही मिल चुका था। साथ के लेखक दोस्त मनु से कितना जलते थे। लिखता अच्छा है, खाता अच्छा है, बीवी भी अच्छी है। उसे उनके जलने से मज़ा आता था, क्योंकि वह जानता है कि बहुत सारे लेखकों को उनकी क़लम उतना बर्बाद नहीं करती जितना उनकी बीवियाँ।

किरण की फ़ोटो छपी थी और नीचे एक वाक्य–वक्तव्य, कि उसे अपने लेखक पति मनु की सारी कमज़ोरियाँ अच्छी लगती हैं क्योंकि वह लिखता अच्छा है।

लेख छपने के कुछ दिन बाद फ़ोटोग्राफ़र दोस्त आया था और बताया कि किसी छोटे लाले ने नये ब्रांड की माचिस बनायी है, साथ किरण का फ़ोटो छापना चाहता है। पाँच सौ रुपये देगा। फ़ोटोग्राफ़र का क़द पाँच फुट से छोटा, लेकिन नाम समरजीतसिंह। मनु ने उसे खा जाने वाली आँखों से देखकर कहा था–

''ओए चूहे! माचिस और औरत की क्या तुक है?''

समरजीत को अपने 'चूहे' नामकरण पर कभी एतराज़ नहीं हुआ था, क्योंकि जवाब देना उसे भी आता था, ''ओए हेमिंग्वे की औलाद, तू बस कहानियाँ डाला कर। दुनिया में क्या हो रहा है, इससे तुम लेखकों को क्या वास्ता? अगर मोटरों के टायरों की मज़बूती के साथ औरत की तस्वीर छप सकती है तो माचिस के साथ क्यों नहीं?''

किरण ने भी मज़ाक़ किया था।

''चूहे भाईसाहिब, आज दिन के वक़्त तो नहीं लगा ली?''

''देख किरन, तू चूप रह। अक़्ल की बात से तुम औरतों का क्या वास्ता? अब पीने की बात तुमने ही छेड़ी है तो ला, फ़ौजी रम पिला।''

रम का आधा गिलास चढ़ाने के बाद चूहे ने बताया था कि किरण को माचिस के इश्तहार के लिए पाँच सौ रुपये मिलेंगे और उसे सौ रुपये। पाँच सौ की बात सुनकर किरण के चेहरे पर मुस्कान आयी थी। टेबल फ़ैन की ओर देखा था। फिर छत देखी थी, जिसमें पंखा लगाने का कुण्डा था, लेकिन पंखा नहीं। उसे किरण की यह आदत बहुत पसन्द थी कि किसी चीज़ के घर में न होने को लेकर आम औरतों की तरह बखेड़ा खड़ा नहीं करती थी, सिर्फ़ उस जगह को देखकर, जहाँ वह अनुपस्थित चीज़ होनी चाहिए, मुस्करा दिया करती थी। चूहे ने आख़िरी दाँव चलाया था।

''अरे पाँच सौ से एक महीना विस्की पियेंगे। फ़ौजी रम पी–पीकर पेट भी अटैनशन हो गया है।''

बात पक्की हो गयी। चूहे की अगली फ़रमाइश थी कि विज्ञापन के साथ हिन्दी में लाइन मनु लिखे।

''इश्तहार तो अंग्रेज़ी में चलते हैं, हिन्दी में लाइन क्यों?''

चूहे ने जल–भुनकर समझाया–

''क्योंकि माचिस सिर्फ़ तेरी अमीर माँएँ इस्तेमाल नहीं करतीं, ग़रीब माँएँ भी इस्तेमाल करती हैं। और उन्हें हिन्दी आती है अंग्रेज़ी नहीं।''

उसके ना–नू करने पर किरण ने डाँटती–मुस्कान का वार किया था–''इतने बड़े लेखक बने फिरते हो, एक फ़िक़रा नहीं लिखा जाता?''

मनु ने आधे वाक्य का विज्ञापन बनाया था, माचिय जलाते हाथों की तस्वीर के ऊपर 'हमारी माचिस जलाइये और...' दूसरी तस्वीर में किरण का मुस्कराता चेहरा, फुलझड़ी जलाते बच्चे की मुस्कानवाला।

माचिस बहुत बिकी। इसलिए नहीं कि किरण की तस्वीर थी, इसलिए कि दूसरी माचिसों की तरह खोलते हुए डिबिया टूटती नहीं थी, लेकिन इसके बाद घर के बाहर इश्तहारवालों के फ़ोटोग्राफ़रों की लाइन लग गयी थी।

तब किरण को बम्बई के ब्लेज़वालों का और पार्कर एंड पार्करवालों का बुलावा आया था। मनु को साथ चलने के लिए कहा था।

''नहीं, काम करना हो तो अकेले जाने की आदत डालो। फिर मैं साथ दूँगा तो शायद कांट्रेक्ट मिले ही न।''

''क्यों, क्यों नहीं मिलेगा? उन लोगों ने अपने आप बुलाया है।''

मनु ने उसे बताया कि फ़िल्मी दुनिया में, विज्ञापन की दुनिया में विवाहित औरतों का भाव गिर जाता है। मॉडल के कुँवारे होने का एक अतिरिक्त आकर्षण होता है। किरण को सलाह भी दी थी कि बम्बई में किसी को यह भी बताने की ज़रूरत नहीं कि उसका पति है, एक बच्ची है। हाँ, काम जम जाये तब दूसरी बात है।

किरण पन्द्रह दिन बम्बई लगाकर लौटी थी तो शिकायत की थी–''अजीब लोग हैं। यह किसी स्कूटर का विज्ञापन था। मुझे झुककर सीट पर बैठने के लिए कहा। तस्वीर सलवार–क़मीज़ में खींची जानी थी, शायद पंजाब में इन स्कूटरों की बिक्री कम थी। फ़ोटोग्राफ़र भी अजीब झक्की, कहने लगा, कमीज़ के सारे बटन खोल दीजिए। गर्मी के मौसम के लिए स्कूटर की इश्तहार है।''

''शुक्र करो, उसने शार्ट्स पहनकर फ़ोटो खिंचवाने के लिए नहीं कहा।''

"ठीक सलाह थी। स्कूटर गर्मी के मौसम की सवारी है।"

"अरे आगे सुनो, क़मीज़ के बटन तो मैंने खोल दिये। ब्रा देखकर वह जल–बुझ गया। कहने लगा, इसे उतारकर आओ।"

"ठीक कहा उसने। देखो, जब तक औरत के जिस्म के कुछ ज़रूरी हिस्से नज़र न आयें, लोगों की निगाह इश्तहार पर पड़ती कहाँ है?"

किरण का मुँह सूज गया।

"सुनो किरण, एक बात का फ़ैसला कर लो। जिस दुनिया में गयी हो, उसके तौर–तरीक़े मानकर ही चलना होगा। विज्ञापन की दुनिया का सबसे ज़रूरी आदमी है फ़ोटोग्राफ़र। वह किसी भी मॉडल को बना सकता है। बर्बाद कर सकता है।"

"लेकिन मैं तुम्हारा भी तो सोचती हूँ। लोग क्या कहेंगे? तुम्हें बुरा नहीं लगेगा क्या?"

"मेरी छोड़ो, अगर मैं औरतों के अपने अलग अधिकारों के बारे में लिखता हूँ तो उसमें विश्वास भी करता हूँ।"

और थोड़े वक़्त में किरण नंबर एक मॉडल बन गयी।

जूतों का इश्तहार है तो पति की तस्वीर के साथ–'जूता आप पहनें और आपकी पत्नी...' दूसरी तरफ़ किरण की तस्वीर–चमत्कृत मुस्कानवाली। तौलियों के इश्तहार–बड़ा–सा तौलिया लपेटे किरण। 'द फ़ैदर टच' किरण की मुस्कान–आओ, लेकिन मुझे धीरे–से छूना–वाली।"

पहले मकान था किराये का, तीन साल बाद अपना घर है। नंगी दीवारें धीरे–धीरे ढँकती गयीं–सामने लगी सबावाला की पेंटिंग, शायद दस हज़ार में आयी थी। कोने में सजा जापानी टेलीविज़न, उसके बाद कार।

पहले मनु दो वक़्त रोटी खाता था, अब दो वक़्त अच्छी शराब पीता है। हमेशा कमरा बन्द करके लिखता था। अब घर लेने के बाद जब वह तीन घण्टे बाद बन्द कमरे से बाहर आया था तो किरण ने पूछा था–

"कितने मिल जाते हैं एक कहानी के?"

"यही कोई दो सौ!"

वह मुस्करायी 'बस्स' वाली मुस्कान।

"मत सिर खपाया करो! पाँच सौ तो तुम्हें एड की एक लाइन के मिल जाते हैं।"

मनु सच की हमेशा इज़्ज़त करता है। किरण ने कहा तो सच है। पहले उसका 'सिर खपाना' कम हुआ, अब कई सालों से बन्द है।

टी.वी. पर विज्ञापन आने शुरू हुए तो किरण की मुसकानें घर–घर में खिलने लगीं। एक विज्ञापन को तो डाइजेस्ट वालों ने वर्ष के सबसे अच्छे विज्ञापन का पुरस्कार भी दिया था।

इस विज्ञापन से पहले घर में पहली और आख़िरी लड़ाई हुई थी। किरण को दो महीने बाद पता चला था कि उसे दूसरा बच्चा होने वाला है। पहली बार बिना मुसकान मनु पर बरसी थी–

"तुम मुझसे जलते हो। मेरा कैरियर बर्बाद करने पर तुले हो। इस मोटे पेट के साथ मुझे कौन माडल लेगा? क्यों? अपना घर जो माडलिंग के पैसों से ख़रीदा है, अच्छा नहीं लगता? सारी ज़िन्दगी रम पीते रहे हो, विस्की पचती नहीं है क्या?"

उसे अब मनु के ग़ुस्से से डर भी नहीं लगता। मनु आम मर्दों की तरह दिन में दो–तीन बार ग़ुस्से नहीं होता। साल में एक आध बार और तब उसके सिर पर ख़ून सवार हो जाता है।

किरण के सामने जब पहली बार उसे ग़ुस्सा आया था तो उसकी जान निकल गयी थी। दोनों बस में कहीं जा रहे थे। नयी–नयी शादी हुई थी। शायद मनु का हाथ उसके कन्धे पर था। पिछली सीट पर तीन आदमी धीरे–धीरे आवाजें कस रहे थे। किरण डर गयी। मनु के हाथ कन्धे से परे किया था। मनु ने बाह फैलाकर उसके दोनों कन्धों पर रख दी थी। पीछे से आवाज़ आयी थी, "भाई, फ़िल्म की शूटिंग मुफ़्त में देख लो।"

दूसरी आवाज़ पर "यार, हीरो ज़रा पहलवान लगता है।"

मनु सीट से उठा, पीछे मुड़ा। वह किसी पर हाथ उठाने से पहले गालियाँ देकर उसे चौकस भी नहीं करता। लड़ाई की यह ट्रिक उसे एक फ़ौजी ने बतायी थी।

उसने उन तीनों में सबसे तगड़े आदमी की नाक पर हथेली रखी थी, सिर के पिछले सिरे पर दूसरा हाथ रखा था। हथेली दबाकर मुँह पीछे किया और हाथ दबाकर सिर आगे। नाक की हड्डी चिटखने की आवाज़ साफ़ सुनायी दी थी। ख़ून के छींटे आसपास गिरे थे। बाक़ी दो को मनु ने घूरकर पूछा था–

"तुम्हें भी परसाद चाहिए?"

दोनों काँप रहे थे। ''नहीं भाई साहिब, हम आपको कुछ नहीं कह रहे थे। आपको ग़लती लगी है। हम तो फ़िल्म देखकर आ रहे हैं। उसकी बातें कह रहे थे!'' ड्राइवर ने बस रोकी थी। उन तीनों के पास आया था। टूटी नाकवाला मुँह पर रूमाल दबाकर ख़ून रोकने की कोशिश कर रहा था। उन तीनों को अपनी लम्बी दाढ़ी पर हाथ फेरकर समझाया था।

''पहलवानो, बन्दा देखकर पंगा लिया करो। अगले स्टॉप पर उतरकर इस सूरमा को डॉक्टर के पास ले जाओ।''

घर पहुँचकर किरण ने कहा था–

''तुम राइटर हो कि गुण्डे, न बाबा! अब मैं तुम्हारे साथ कभी सफ़र नहीं करूँगी।''

तब किरण को पता चला कि मनु के सिर्फ़ दो शौक़ हैं–अच्छी सेहत और अच्छा लिखना। एक दिन सवेरे उठी थी तो सर्दियों के मौसम में मनु को पसीने से नहाये देखकर पूछा था।

''क्या हुआ? इतनी सर्दी में इतनी पसीना?''

''मेम साहब, पाँच किलोमीटर की दौड़ लगाकर आया हूँ।''

मनु ने उसे बताया कि शराब रोज़ पीने पर भी सेहत बनाये रखने का राज़ उसके फ़ौजी दोस्तों ने बताया है। रात चाहे जितनी पिओ। सुबह लम्बी दौड़ लगाओ। पसीने के रास्ते सारी बाहर निकल जायेगी।

पाँच साल की रानी जब झूलने के लिए मचलती है तो वह अक्सर अपनी बाँह लम्बी कर देता है और रानी मिनटो झूलती रहती है। कान्वेंट में पढ़ती है, इसलिए तारीफ़ अंग्रेज़ी में करती है।

''ओ पापा, यू आर लाइक द सुपरमैन।''

मनु बालकनी से नीचे सिगरेट फेंकता है। हाँ, उस दिन की पहली और आख़िरी लड़ाई, किरन के 'अपना घर' और 'विस्कीवाले' चालू वाक्य। मनु ने धीमी आवाज़ में जवाब दिया था–

''तुम्हें पता है न, मुझसे ऊँची आवाज़ में नहीं बोलते।''

किरण चुप हो गयी। उसे मनु का ख़ून सवार चेहरा अब तक याद है, मुस्करायी थी–हार मानने वाली मुस्कान।

''तुम तो जानते हो अगर एक साल मैंने काम न किया तो मुझे कौन पूछेगा, ठीक शेष मं ओ के लिए वक़्त लग जायेगा?'' मनु ने धीमी आवाज़ में कहा था–

''बहस मत करो, बच्चा पैदा करना है तो ठीक। नहीं तो ऑपरेशन करा लो। अभी दो महीने ही तो हुए हैं।''

किरण चुप हो गयी थी। जानती है, मनु का लगातार धीमी आवाज़ में बोलना आने वाले ख़तरे की निशानी होता है।

तब उसने घर से बाहर निकलना बन्द कर दिया था। पेट मोटा हो गया है। एक दिन चूहे ने उसका उभरा पेट देखकर कहा था–

''सुनो किरण, मुझे दवाइयों की कम्पनी का एक विज्ञापन मिला है। हो जाये एक फ़ोटो?''

''समरजीतसिंह, तुमने बहुत तो नहीं चढ़ा ली?'' किरण ने चूहे का पूरा नाम लेकर उसका अपमान किया। अब चूहा साधारण फ़ोटोग्राफ़र नहीं। किरण की वजह से विज्ञापन एजेंसियों में फ़ोटो खींचता है। आजकल मनु के घर आता है तो शराब की बोतल लेकर।

चूहे ने जब विज्ञापन की थीम बतायी तो मनु ने भी 'हाँ' कर दी और यह विज्ञापन साल का सबसे अच्छा विज्ञापन चुना गया था। आधा वाक्य मन ने लिखा था।

कैमिस्ट की दुकान के अन्दर जाती किरण। बाँछें फाड़कर पूछता कैमिस्ट–''क्या चाहिए बहिन जी?''

अपने उभरे पेट की तरफ़ देखकर मुस्कराती किरण–मुझे बच्चा पैदा करना अच्छा लगता है वाली मुस्कान।

आँखें मटकाकर बोलता कैमिस्ट–''ओ...ग्राइपवॉटर।''

टी.वी., सिनेमाघर और पत्रिकाओं में आज भी इस इश्तहार का बोलबाला है।

कोई बाहर बालकनी में आया है। उसके पास आकर रुका है। बेटी रानी है : दोनों हाथ पीछे किये हुए।

''अन्दर चलो, पापा!''

''अभी आया। अन्दर गर्मी है।''

''चलो न, पापा! सब बोर कर रहे हैं।''

''यह हाथ क्यों पीछे कर रखे हैं?''

रानी हाथ आगे करती है। शराब से अधभरा गिलास है–

''खट–से पी लो, पपा! मम्मी को पता नहीं चलने दिया। चुपचाप खिसका लायी।''

आजकल मनु और रानी की टीम बनी हुई है। किरण के ख़िलाफ़ बेटी बाप का साथ देती है। बाप की राज़दार है–

"खट–से पी लो। मैं ख़ाली गिलास रख दूँगी। यहाँ पड़ा रहेगा तो ममा को पता लग जायेगा।"

मनु लम्बी साँस अन्दर खींचता है। शायद आह रोकने के लिए, रानी को अन्दर जाने के लिए कहता है।

"आप क्यों नहीं चलते? बहुत तो नहीं हो गयी।" चिन्ता–भरा सवाल।

वह रानी के साथ अन्दर आ जाता है। आवाज़ों और रोशनियों के जंगल में।

समरजीत पार्टी में अभी–अभी पहुँचा है। मनु डपटता है–

"ओए चूहे! देर से क्यों आया है? किस माँ के पास बैठा था?"

चूहा चायवाले मॉडल की ओर इशारा करता है–

"इस कंजर को लेने गया था। प्लेन एक घण्टा लेट था।"

बैरा चूहे के पास शराब के गिलासोंवाला ट्रे लाता है। वह गिलास उठाता है, देखता है, फिर दूसरा गिलास उठाकर उसकी शराब पहले में डाल देता है। मनु की शराब ख़त्म तो नहीं हो चली, के जवाब में कहता है–

"देर से आया हूँ हेमिंग्वे की औलाद! जल्दी पिऊँगा तो तुम लोगों के साथ पहुँचूँगा।"

सुबह पाँच किलोमीटर की दौड़ लगाने के कारण, फ़ौज़ी दोस्तों के साथ ट्रैकिंग पर ज़ाने के कारण, घण्टों क्लब में टेनिस खेलने के कारण, शिकार पर जाने के कारण और फिर लिखने के कारण चूहा मनु को हमेशा 'हेमिंग्वे की औलाद' कहता है।

नीति उसकी मेज़ पर आ गयी है। चूहे को जानती है। वह उसके 'हैलो' के जवाब में 'नमस्ते बहिन जी' कहता है। एक्ट्रेसों और मॉडलों को चूहा सदा बहिन जी कहकर बुलाता है।

"जैक बड़ा विप मॉडल है, भाई! समरजीत को एयरपोर्ट लेने जाना पड़ा।" वह वी.आई.पी. को 'विप' बोलती है, जैसे आजकल यहाँ कनाट प्लेस को सी.पी. बोलते हैं।

हाँ, 'चायवाला' मॉडल जैक–किंग सचमुच आजकल 'विप' है। वैसे असली नाम सेवकराम शर्मा है, गोरा–चिट्टा है, इसलिए 'जैक–किंग' नाम

उस पर फबता है। भला सेवकराम शर्मा नाम हो तो क्या कोई मॉडल या एक्टर बन सकता है। किंग और किरण का चायवाला विज्ञापन पिछले चार सालों से टी.वी. और सिनेमाघरों में रोज़ दिखाया जाता है। जैक सो रहा है। किरण चाय का प्याला लिये पास आती है। जैक आँखें खोलता है। किरन मुस्कराती है–रात की थकानवाली मीठी मुस्कान। जैक चाय का प्याला होंठों को लगाता है। अगला शॉट–माथे पर टेनिस के खिलाड़ी बोर्ग की तरह पट्टी बाँधे टेनिस खेलता हुआ जैक–किंग।

सिनेमाघरों में यार लोग हमेशा फ़बती कसते हैं–साला नामर्द।

चाय का प्याला पकड़ता है। हम होते तो नशीली मुस्कानवाली को...

नीति मनु से पूछती है–

''किंग आपसे रूठा हुआ है क्या? न हैलो, न राम–राम।''

जवाब चूहा देता है–

''माँ दा यार। चाय पीकर पहलवान बनता है। एक दिन मनु के हाथों मरते–मरते बचा।'' चूहे को जल्दी चढ़ जाती है। आठ गिलासों की शराब चार गिलासों में डालकर पी चुका है।

''क्यों क्या हुआ था? मारना था बास्टर्ड को। 'चायवाली' एड के बाद जो भी औरत इसे चाय पेश करती है, उसे अपनी बीवी समझता है, ब्लडी सिस्सी।''

मनु को अगर दूसरों का अपमान करने में मज़ा आता है तो वो बातें सुनाने में मज़ा आता है जो ख़ुद उसके लिए अपमानजनक हैं। अपनी कई बार हुई पिटाई की बातें वो अक्सर मज़े ले–लेकर सुनाता है।

हाँ, किंग उसके हाथों पिटते–पिटते बचा था। वह नीति को उस घटना के बारे में बता रहा है जो शायद तीन साल पहले हुई थी। कुछ और लोग भी उसकी मेज़ पर आ गये हैं। यहाँ के दोस्त जानते हैं, शराब में वो मज़ा नहीं जो मनु की बातों में। दोस्तो ने उसे पदवी दे रखी है–बातों का बादशाह।

मनु बताता है कि तीन साल पहले एक शाम चूहे ने कहा था–

''मनु, एक बात कहूँ?''

''बोल।''

''तू बुरा तो नहीं मानेगा?''

''बुरा माननेवाली बात है तो मत कह।''

लेकिन शराब पीकर चूहा ताक़तवर हो गया था–

''मनु, किरण से मॉडलिंग का काम बन्द करवा दे।''

''क्यों बन्द करवा दूँ? यह बात तू कहता है? याद नहीं, शुरू भी तूने करवाया था।''

चूहा शराब का गिलास उठाने लगता है। मनु उसका हाथ पकड़ लेता है–''पहले बात कर, फिर पीना।''

चूहा असहाय उसकी ओर देखता है। उसे मनु के ताक़तवर ग़ुस्से का पता है।

''बोल! कुछ नहीं कहूँगा।''

''वह चायवाला मॉडल है न! पिछले चार दिन से ओबेराय में ठहरा है।''

''तो फिर?''

''किरण सारा दिन उसके पास रहती है।''

''तुझे कैसे पता?''

''कुछ फ़िल्म एक्टर भी वहाँ ठहरे हैं। उनके फ़ोटो खींचने गया था। ख़ुद अपनी आँखों से किरण को उसके साथ अन्दर जाते देखा था।''

''तुझे कैसे पता रोज़ वहाँ जाती है?''

''असिस्टेंट मैनेजर मेरा दोस्त है। उससे पूछा था। उसने कहा–चार दिन से यह औरत किंग के पास आती है। तुम्हें पता है, 'दोनों के चेहरे फ़ेमस हैं। उसने पहचान लिया।''

यह बात सुनने के बाद मनु मुस्कराया था तो चूहा और डर गया था।

''सुन समरजीत, तू उसको जानता है?'' मनु उसका असली नाम ले रहा है,''–चूहे, पता है कुछ–न–कुछ होकर रहेगा।''

''हाँ क्यों?''

''उसे कल शाम यहाँ इंवाइट कर लें।''

''देख मनु, कोई ऐसी–वैसी बात मत करना। घर में महाभारत हो जायेगी।''

''सुन! अपने बाप को लैक्चर मत दिया कर। उसे कल शाम यहाँ ले आना। साथ तू भी आना।''

अगली शाम किंग आया था। किरण ने जींस के साथ काला पुलोवर

डाल रखा था। उसका तराशा जिस्म म्यान में रखी तलवार की तरह कपड़ों में कस गया था। किरण दो बच्चे की माँ है, लेकिन जिस्म अब भी कसा–कसाया है, किसी बाँझ औरत के जिस्म जैसा। मनु ने बड़ी गर्मजोशी से किंग को रिसीव किया। पहला अपमान चूहे ने किया था–

''यह सेवकराम शर्मा है–''चायवाला' मॉडल।''

किरण ने बचाव किया, तीखी मुस्कान के साथ–

''तमीज़ से बोला कर। इनका नाम जैकी किंग है।''

मनु ने देखा, लड़का गोरा–चिट्टा है, नर्म–नाजुक हाथ, पतले नैन–नक़्श, लगभग कन्धों तक लम्बे बाल! इधर की ज़ुबान में 'कुड़ियों जैसा मुण्डा'–लड़कियों–जैसा लड़का।

मनु को लगातार मुस्कराते देख किंग को विश्वास हो गया कि इससे डरने की कोई बात नहीं। चाहे इसे पता भी चले कि किरण के साथ उसका अफ़ेयर चल रहा है। बम्बईवालों की तरह डबल लार्ज पी रहा है, आन द राक्स–बिना पानी मिलाये; अपनी मर्दानगी की धौंस जमाने के लिए। बेचारे को पता नहीं फ़ौजी रम ऐसे नहीं पी जाती, आदमी जल्दी घोड़े पर चढ़ जाता है।

''किरण की मुस्कान बहुत अच्छी है''–उसने मनु को ख़ुश करना चाहा था।

''उसकी दूसरी और चीज़ें भी बहुत अच्छी हैं।'' मनु ने मुस्कराकर जवाब दिया था।

''तुम वल्गर हो रहे हो।'' किरण की समझाने वाली मुस्कान।

''वल्गैरटी शब्दों में नहीं होती, काम में होती है।''

''मनु साहब, आप करते क्या हैं?'' किंग की बीच–बचाववाली आवाज़।

''करता क्या हूँ? कुछ नहीं। मज़े करता हूँ।''

''नहीं। मनु झूठ बोलता है। बहुत बड़ा राइटर है।'' किरण की गर्वीली मुस्कान।

''देखो किरण, तुम्हें आख़िरी बात बता रहा हूँ। मेरा लेखक कहकर परिचय मत दिया करो।'' मनु की मुस्कान बन्द। वह किरण को पहले भी ताक़ीद कर चुका है कि अपने दोस्तों को सिर्फ़ उसका नाम बताया करे। लेखक होने की बात कहने की कोई ज़रूरत नहीं। इससे बड़ा अपमान किसी लेखक का क्या हो सकता है कि उसका नाम बताने के

बाद यह भी बताना पड़े कि वह लेखक है। यह तो वही बात हुई न कि दिलीपकुमार का परिचय देने के बाद बताना पड़े कि वह एक्टर है। चूहे ने किंग को सलाह दी–

"प्यारे, रम हौले–हौले पिया कर। चढ़ जायेगी।" किंग को शराब अब अतिरिक्त ताक़त दे चुकी है।

चूहे के पाँच फुट से कम क़द को घूरकर देखा, जवाब दिया,

"यह छोकरियों की तरह छोटे पैग तुम पिया करो। हम मर्द हैं, मर्द! मर्दोंवाले पैग पीते हैं।"

"जानते हो तुम जैसे मर्दों को हमारे पंजाब में क्या कहते हैं?"

"क्या?" किंग ने गिलास मेज़ पर रखकर पूछा।

"लड़के का लड़का, माशूक की माशूक। दो–दो मज़े।"

किंग का गोरा–चिट्टा चेहरा तमतमाया था। चूहे को मारने के लिए उसका हाथ आगे लपका। बीच में ही मनु ने उसका हाथ पकड़ा और मुट्ठी में बन्द कर लिया। किंग ने हाथ छुड़ाने की कोशिश की। मनु ने मुट्ठी और ज़ोर–से बन्द की। कहाँ लड़कियो–जैसा हाथ और कहाँ घण्टों टेनिस और स्क्वाश खेलने वाला हाथ। अब किंग ने हाथ छुड़ाने की कोशिश बन्द कर दी है। होंठों को दाँतों से दबाकर चीख़ रोकने की कोशिश कर रहा है। किरण के सामने कैसे चीख़े, मर्दानगी खुल न जायेगी?

"मनु, इसका हाथ छोड़ दो।" चिंगारियोंवाली मुस्कान।

"स्वीट–हार्ट, मैं तो कुछ नहीं कह रहा। तुम्हारे यार से हाथ मिला रहा हूँ।" अब मनु अपनी कोहनी को छोटा–सा झटका देगा और किंग की उँगलियाँ टूट जायेंगी। चूहा मनु की बाँह पकड़कर चीख़ा था।

"छड्डु दे, मनु! हथ्थ टुट जायेगा।"

"परे हट, तू वी कुछ लैणा है।"

हाथ टूटने से पहले किंग की चीख़ निकल गयी। मनु ने उसके हाथ को छोड़कर कहा था–

"जब यह तुम्हारी माँ बम्बई आये तो जहाँ मर्ज़ी ले जाया कर। इस शहर में याद रख, मैं रहता हूँ।"

किंग आधा बेहोश है। मनु उसके हाथ पर शराब डालता है। धीरे–धीरे मलता है। किंग 'थैंक्यू–थैंक्यू' कहे जा रहा है। मनु ने फिर

मुस्कराना शुरू कर दिया है। चूहे को सुनाकर कहता है–"बेचारे को पता नहीं कि सात घर तो डायन भी छोड़ देती है।"

और जब मनु बात ख़त्म करते हुए बताता है कि किंग आज तीन साल के बाद दिल्ली आया है तो चूहा किंग की ओर देखकर गिलास ऊपर उठाता है, 'चीयर्स' कहता है और चढ़ा जाता है।

"आपको तो एक्टर होना चाहिए था।" नीति।

"एक्टिंग ही तो करता हूँ।" मनु की उदास आवाज़।

किरण और किंग उसकी मेज़ के पास आते हैं। पीछे टायरों की बहुत बड़ी कम्पनी का मालिक है। मनु से कहता है–

"मनु साहब, सारे मज़े ख़ुद ही लूटे जा रहे हो। भाई, मेहमानों का भी ख़याल करो। दो बातें हम भी नीति जी से कर लें।" उसके चेहरे पर रौनक–ही–रौनक है, शराब की।

नीति उसका हाथ पकड़कर साथवाली कुर्सी पर बिठाती है, "बस! दो बातें? सरदार साहिब, जी भरकर बातें करिए न। हम बम्बई से आये किसलिए हैं?" वह उसके हाथ में गिलास पकड़ाती है।

"देखो जी, हम नया टायर मार्केट कर रहे हैं। लाखों का बजट है, एड के लिए किरण जी अभी चैक ले लें, पर शर्त है एक।"

"बोलो बादशाहो!" हौसला बढ़ाती किरण की मुस्कान।

"बस किरण और नीति जी कल खाना हमारे साथ खायें और टायर की मॉडल भी दोनों हों।"

"यह भी कोई शर्त है। आप कहें तो रोज़ खाना आपके पास खायें।" किरण की मुस्कान–'मैं प्राप्य हूँ' वाली।

"तो हो जाये इस बात पर एक फ़ोटो। कल की अख़बार में आ जायेगा।" चूहे ने अपना कैमरा सँभालते हुए कहा।

टायर कम्पनी के मालिक के एक ओर किरण है, एक ओर नीति। ख़ुशी से उसका मोटा पेट और मोटा हो गया है। मनु फ़ोटो का शीर्षक दिल–ही–दिल में सोचता है–'बाघिनों के बीच मुस्कराती भेड़,' और उसे हँसी आ जाती है! फ़ोटो खिंचवाने के बाद वह जाने के लिए कहता है। किरण उसे दरवाज़े के बाहर छोड़ने जाती है। वह टायरवाला किरण का हाथ दबाकर कांट्रैक्ट पक्का है, का विश्वास दिला रहा है।

किरण की मॉडल सहेलियाँ भी अब मनु और नीति की मेज़ के पास

कुर्सियाँ खींच लायी हैं। बड़े–बूढ़े पार्टी से जाना शुरू हो गये हैं। नीति देख रही है कि किरण की सहेलियों की आँखें मनु को सेंक रही हैं। उसे कोई नहीं देख रही। बुरा लगता है। पूछती मनु से है लेकिन सुना रही किरण की सहेलियों को है।

"क्यों मनु साहब? लड़कियाँ इतनी बेवकूफ़ क्यों होती हैं कि मैरिड मर्दों के पीछे भागती हैं?"

"बेवकूफ़ नहीं, अक़्लमन्द कहो। शादीशुदा के साथ वे बहुत सेफ़ महसूस करती है। किसी तरह का कोई ख़तरा नहीं। उन्हें पता होता है कि शादीशुदा मर्द अनुभवी मर्द होता है।"

किरण ने यह बात सुन ली है, टोकती है–

"मनु, कभी–कभी तुम कुछ ज़्यादा फूँक लेने लगते हो।" चैलेंज देती मुस्कान।

"अच्छा! झूठ बोल रहा हूँ। हाथ कंगन को आरसी क्या? अपनी सहेलियों से पूछ लो।"

जवाब में किरण की सहेलियाँ उसकी ओर देखती हैं और ज़ोर–से हँस देती हैं। किरण को पता है, जब वह मॉडलिंग के लिए शहर–बाहर जाती है तो कोई–न–कोई उसकी मॉडल सहेली घर में सारा दिन अड्डा जमाये रहती है। ऐसी बातें उसकी बेटी रानी नहीं बताती, क्योंकि वह बाप की पक्षधर है। किरण को पता है कि बाप–बेटी का उसके ख़िलाफ़ साझा मोर्चा है।

"देर हो रही है, उठना चाहिए।" नीति का कमरा फ़ाइव–स्टार में बुक है। रात वहीं रहेगी।

"नहीं, खाना खाकर जाना। मनु छोड़ आयेगा।"

नीति मनु को देखती है, नशे से लाल हो रहे उसके चेहरे को देखती है। किरण को देखती है।

"फ़िक्र न कर। मनु जितना पीता है, उतना ही होश में आ जाता है। टक्कर–वक्कर नहीं मारेगा।"

'यह तो रोज़ होता है वाली'–किरण की मुस्कान।

"मैं भी उसी होटल में ठहरा हूँ। आपको ड्रॉप कर दूँगा।" किंग नीति को ख़ुश करता है। आजकल फ़िल्मी दुनिया में घुसने के चक्कर में है। शायद नीति ब्रेक दिला दे।

"अगर मुझे तुम्हारे साथ जाना होता तो तुम्हें बोल देती।" नीति, किंग को उसकी 'सही जगह' का एहसास दिलाती है।

चूहा किंग को गिलास पकड़ाता है। किंग हिचक रहा है–चूहा हौसला देता है।

"पी ले, भापे। आज रम नहीं है विस्की है। कुछ नहीं कहती।" नीति, मनु और चूहा भेद–भरी मुस्कराहटों की अदला–बदली करते हैं। किंग को पता चल जाता है, उस दिनवाली घटना का सबको पता है। "मैं थक गया हूँ, अब चलूँगा", कहकर उठ खड़ा होता है। किरण उसे बाहर छोड़ने जा रही है। 'कल मिलेंगे' का वादा करती मुस्कान के साथ।

तभी साथवाले कमरे का दरवाज़ा धड़ाम से खुलता है। पाँच साल का बच्चा भागकर अन्दर आता है, पीछे–पीछे भागती एक लड़की। मनु नीति को बताता है कि उसका लड़का है, विक्रम। बच्चे का चेहरा दमक रहा है, गालों पर लाल गुलाब उगे हैं। उसकी उमर के हिसाब से लम्बा। मनु पर गया है।

"मुझे दो।" वह मनु के हाथ से गिलास लेता है, घूँट भरता है, थूक देता है।

"कड़वी है। कैम्पावाली दो।"

किरण पीछे भागकर आयी लड़की को डाँटती है।

"इसे अन्दर क्यों आने दिया?"

"मैं ज़रा टायलेट गयी थी..."

"तो क्या मुसीबत है, अगर बच्चा अन्दर आ गया है?"

नीति बीच में बात काटती है। विक्रम की पीठ पर हाथ रखकर अपने पास खींचना चाहती है। बच्चा डाँट देता है।

"परे हट, हाथ मत लगा।" नीति झटके से हाथ खींच लेती है। हैरान होकर किरण को देखती है। वह सफ़ाई पेश करती है।

"बाप ने बिगाड़ दिया है। कोई छुए तो इसे गुस्सा आता है। अजीब बच्चा है, प्यार करा कर राज़ी ही नहीं। बिल्कुल मनु का दूसरा रूप है।" लड़के को इन बातों में कोई दिलचस्पी नहीं। पिता को डाँटता है–

"मेरी कैम्पावाली दो," विक्रम हमेशा रम को कैम्पा समझता है, थोड़ी पी लेता है।

"ओए चूहे, जा अन्दर से रम ले आ। अब यह हमारा बाप छोड़ेगा

थोड़े।'' चूहा रम लाता है, थोड़ी–सी गिलास में डालता है, कैम्पा मिलाता है, विक्रम को देता है, वह घूँट भरता है, चूहा पूछता है, ''अब ठीक है, साहब जी?''

''हाँ, अच्छी है और दो।''

रानी छोटे भाई का हाथ पकड़कर उसे अन्दर ले जाना चाहती है।

''चल अन्दर, कहानी सुनाऊँगी। नयी वाली।''

''बक–बक मत कर, नहीं तो मारूँगा मुँह पर थप्पड़। हाथ छोड़।''

किरण नीति को बताती है कि जब वह घर पर नहीं होती तो मनु के फ़ौजी और पुलिस के दोस्तों का अड्डा जमता है। और मर्द जब बिना औरतों के बैठे हों तो गालियाँ देकर बात करते ही हैं। विक्रम को मनु के दोस्त रोज़ नयी गाली सिखाते हैं। पीने की आदत भी इन लोगों ने डाली है। इसलिए कोई पार्टी हो तो नौकरानी को हिदायत होती है कि विक्रम को कमरे में बन्द रखे। सबके सामने गालियाँ देता है तो कितनी इंसल्ट होती है।

विक्रम गिलास आगे बढ़ाता है। चूहा कहता है–

''बस साहब बहादुर, आपका कोटा पूरा हो गया।''

''रैट के बच्चे, बक–बक करता है? मारूँगा जूता, और दे।'' विक्रम का स्कूल जाना शुरू हो चुका है, चूहे को 'रैट' बुलाता है।

''सच्ची बहुत गालियाँ देता है।'' नीति की अवाज़ में डर। कहीं सबके सामने उसे गाली दे दी तो। जवाब चूहा देता है–''बाप लेखक और माँ मॉडल। गालियाँ नहीं देगा तो क्या 'रामायण' की चौपाइयाँ पढ़ेगा?''

मनु ने गिलास ज़ोर से नीचे रख दिया है। 'ठक' की आवाज़ हुई है। चूहे को पता है, उसे लेखकवाली बात नहीं करनी चाहिए थी, ''सॉरी मनु!''

नीति मनु को लगातार घूरकर देख रही है। दिमाग़ में बन्द यादों की फ़ाइल के पन्ने पलट रहे हैं।

''आप वही मनु हो!''

मनु रम की बोतल उठाता है, गिलास आधा भरता है, चूहा पानी डालता है, मनु लम्बा घूँट भरता है, गिलास ख़ाली कर देता है। विक्रम मनु को देखता है, सबके चुपचाप चेहरे देखता है। उसे पता है, जब पापा ग़ुस्से होते हैं तो सब चुप हो जाते हैं। डर जाता है, बहन से कहता है–

"दीदी बस, मुझे नींद आयी है।" रानी उसका हाथ पकड़कर उसे बेडरूम की तरफ़ ले जाती है।

नीति को इस बात का एहसास नहीं होता।

"हम कॉलिज में थे तो आपकी कहानियाँ पढ़ते थे। हमेशा बातें करते थे कि कितना छोटा नाम है 'मनु' और कितनी लम्बी कहानियाँ लिखता है?"

रानी बेडरूम से लौट आयी है, पूछती है–

"पापा, खाना लगवाऊँ? मुझे भूख लगी है।" उसने कमरे में फैल रहे ख़तरे को सूँघ लिया है।

"हाँ बेटा जी, लगवा दो।"

मनु चूहे के आगे ख़ाली गिलास सरकाता है। चूहा किरण की ओर देखता है, 'मैं क्या करूँ' वाली नज़रों से। "उस माँ की तरफ़ क्या देख रहा है? डाल शराब," मनु का सिर नीचे झुक गया है।

नीति अपनी बात जारी रखती है–

"मैंने आपको कई ख़त लिखे। आपने जवाब ही नहीं दिया।"

मनु रम के गिलास को घूर रहा है। नीति की ओर बिना देखे जवाब देता है–

"जैसे आप अपने फ़ैंज़ के ख़तों का जवाब नहीं देतीं, वैसे ही मैं अपने फ़ैंज़ के ख़तों का जवाब नहीं देता था।"

चूहा और किरण किचन की तरफ़ जाते हैं, खाना लाने के लिए। दोनों को पता है, आज मनु बस से बाहर हो गया है। कुछ–न–कुछ होगा। नीति बात बदलती है–

"किरण की मुस्कान सचमुच गोल्डन है। जानते हो, ज़ीनत जब मॉडल थी तो किरण के साथ ग्रुप मॉडलिंग में फ़ोटो नहीं खिंचवाती थी। इसकी मुस्कान से डरती थी।"

अब मनु नीति को कैसे समझाये कि किरण की मुस्कान के हज़ारों रूप लोगों के दिलों में घर किये बैठे हैं। मुस्कराती वह घर में भी है, पर पिछले कई सालों से लगातार एक ही अर्थवाली मुस्कान–'तुम हो क्या?'

नीति ने ज़माना देखा है, खायी–पीयी औरत है। स्थिति का सच उसकी समझ में आना शुरू हो चुका है। पहली बार उसकी आवाज़ में मनु के लिए कोई अनाम दर्द है–

''आप सचमुच बहुत ताक़तवर हैं। गॉड ब्लैस यू।''

खाना मेज़ पर लग गया है। सब लोग वहाँ बैठ गये हैं, मनु अपनी जगह पर बैठा पी रहा है। रानी उसकी बाँह छूकर कहती है, ''पापा, उठो न। खाना ठण्डा हो रहा है।''

''अच्छा बेटे। एक ट्रंककाल कर लूँ।''

किरण ऊँची आवाज़ में कहती है–

''मनु बिहेव यूअरसेल्फ़।''

''कॉल कर लेने दो, इसमें ग़ुस्सा होने की क्या बात है?'' नीति। अब किरण नीति को कैसे समझाये कि बहुत पी लेने के बाद आजकल मनु अक्सर यह ट्रंककाल करता है।

इससे पहले कि किरण जवाब दे, चूहा अपनी जगह से उठता है। मनु के पास आता है, उसका हाथ पकड़कर झटका देता है।

''मनु उठ, नहीं तो आज मैं मारूँगा।''

''नहीं, मुझे ट्रंककाल करना है।''

''मनु, चुप हो जाओ। नहीं तो आज कुछ होकर रहेगा।'' किरण की धमकी। ''मम्मी, शाउट मत करो। पापा को कॉल करने दो।''

बेटी की डपट के जवाब में किरण की मुस्कान–'मैं हार गयी' वाली।

रानी फ़ोन उठाती है, पापा के पास लाती है, मेज़ पर रखती है। मनु ट्रंककाल के लिए कोई नंबर घुमाता है। ऑपरेटर शायद नंबर पूछता है, मनु जवाब देता है–

''आइ डोंट नो द नंबर। बट गिव मी गॉडं।''

उधर से शायद हैरान ऑपरेटर 'क्या' कहता है।

''आपको अंग्रेज़ी समझ नहीं आती? मुझे भगवान का नंबर दो।''

कमरे में सन्नाटा छा गया है। बम फटने का पहले से पता होनेवाला सन्नाटा।

रानी मनु के हाथ से फ़ोन लेती है।

''पापा, आपने नंबर ग़लत मिलाया,'' वह बटन दबाकर कनैक्शन काट देती है।

''क्यों बेटे?''

''आपको इंटरनेशनल ट्रंक बुकिंग का नंबर घुमाना चाहिए था।''

"क्यों बेटे?"

"भगवान हिन्दुस्तान में थोड़े रहते हैं? मैं नंबर मिलाती हूँ।" फिर वह झूठ–मूठ का नंबर घुमाती है, फ़ोन पिता को पकड़ाती है।

"लो पापा, बात कर लो।"

मनु कई बार 'हैलो, हैलो' करता है, शिकायत–भरी आवाज़ में बेटी से कहता है–

"जवाब नहीं आ रहा है।"

"ज़रा ऊँचा बोलो न, पापा! बहुत दूर बात हो रही है।"

अब उसने अपने पिता के सिर पर हाथ रख दिया है। सबको पता नहीं ऐसा क्यों लगता है कि वह दस साल की बच्ची बड़ी–बूढ़ी हो गयी है, मनु की बेटी नहीं बिल्कुल माँ लग रही है।

और पता नहीं वह ताक़तवर आदमी, जिसका नाम मनु है, जिसका क़द पाँच फुट दस इंच है, जिसका वज़न एक सौ सत्तर पौंड है, गॉड से एक तरफा कौन–सी बातें कर रहा है? क्या पूछ रहा है?

सड़क आगे नहीं जाती

आवाज़ कार या टैक्सी की है। अभी यहाँ से दूर है, लेकिन इसके पहुँचने का पता पहले से चल गया है, क्योंकि पहाड़ियों की गूँज ने इस आवाज़ को फुटबॉल की छोटी–छोटी उछालों में आगे फेंका है। कार या टैक्सी होटल की तरफ़ ही आयी है, क्योंकि सड़क इस होटल पर आकर ख़त्म हो जाती है–द डैड एंड।

इस बीते गये मौसम में क्या कोई यहाँ ठहरने आ रहा है? इस बार का सीजन तो बिल्कुल बर्बाद रहा। गर्मियों का मौसम शुरू देर से हुआ और ख़त्म जल्दी हो गया। पहाड़ों के होटलों, दुकानदारों का सीजन तो सिर्फ़ चार महीने लगता है। इस बार वह भी नहीं लगा। मई तक तो मैदानों में बारिश होती रही, कोई यहाँ क्योंकर आयेगा? इस बार की अनहोनी ख़बर यह भी है कि मई में यहाँ बर्फ़ भी पड़ी। जून में लोग आना शुरू हुए तो दो हफ़्ते बाद यहाँ बारिशें टूट पड़ीं। लोग लौट गये। मौसम की इस साज़िश के ख़िलाफ़ अख़बारों में लेख आये; ख़ाली होटलों, दुकानों के फ़ोटो छपे, लेकिन मौसम क्या कभी अख़बारों से डरता है?

अब आवाज़ की फुटबॉल उछलकर होटल के बड़े दरवाज़े के अन्दर आ गयी। रिसेप्शन पर बैठे असिस्टेंट ने अपनी टाई ठीक की, जो पहले से ही ठीक है। मैनेजर होटल के सामने के बहुत बड़े मैदान में टहल रहा है–पेड़ों से गिरे पत्ते होटल के नौकरों से उठवाता हुआ। घास की हरी चादर पर एक पत्ता भी गिरा हुआ दिख जाये तो उसकी नाक चढ़ जाती है।

सफ़ाई उसका हठ, ऑब्सेशन है; क्योंकि रिटायर्ड सैनिक अफ़सर है, लेकिन न पेड़ उससे डरते हैं, न गिरते हुए पत्ते। वैसे इस बार मौसम से

पहले ही पत्ते गिरना शुरू हो गये हैं, वर्ना सितंबर में तो यहाँ रंग–बिरंगे फूलों के झुण्ड शरारती ख़ूबसूरत लड़कियों की तरह मटकते रहते हैं, लेकिन इस साल मौसम धोखा देने पर उतारू है।

टैक्सी है। होटल के पोर्च में रुकी। मैनेजर ने टैक्सी का नंबर देखा। इस प्रदेश की नहीं, दिल्ली की है। आमतौर पर लोग यहाँ तक बस में आते हैं, अड्डा कोई दो किलोमीटर दूर। वहाँ से टैक्सी लेते हैं; होटल तक आते हैं, और अपने रईस होने के भ्रम पर ख़ुश होते हैं। इतनी दूर से जो लोग टैक्सी पर आये हैं, लगता है, बहुत दिन ठहरेंगे।

पहले मर्द बाहिर निकला, फिर उसने हाथ बढ़ा अन्दर बैठी औरत का हाथ थामा, उसे बाहिर निकाला। उसका हाथ छोड़ा, कन्धे के पिछले हिस्से पर हाथ रखा, और उसे सहारा देकर बरामदे के अन्दर ले आया। मैनेजर भी टहलता हुआ अन्दर आ गया। औरत के चेहरे के उड़े हुए रंग को देखकर अंदाज़ा लगाया कि पहली बार पहाड़ आयी है, रास्ते में इसे ज़रूर उल्टियाँ आयी होंगी, तभी इसकी साँस फूली हुई। औरत सोफ़े पर आँखें बन्द किये लेट गयी।

जब से नया मैनेजर आया है, उसकी आज्ञा है कि सैलानी जब रिसेप्शन में पहुँचें तो पहले उन्हें गर्म–गर्म चाय दी जाये, दूसरे होटलों की तरह नाम–पतेवाला रजिस्टर उनके सामने न किया जाये। और वैसे भी यहाँ कितने सैलानी आते हैं? कोई शिमला तो है नहीं! न मॉल, न दुकानें, न चहल–पहल। सरकार ने दिवालिया हो गये महाराजा का महल ख़रीदा और उसे होटल में तब्दील कर दिया। जवान जोड़े तो शिमला जायेंगे। यहाँ आमतौर पर बड़ी–बड़ी कम्पनियोंवाले आते हैं, पूरा आराम करने के लिए।

बैरा चाय की ट्रे लेकर इन दोनों के सामने खड़ा हुआ। मर्द ने अपना प्याला उठाया, घूँट लेने के लिए ऊपर किया, साथ के सोफ़े पर आँखें मूँदकर लेटी औरत को देखा और प्याला नीचे कर लिया। उसने अपनी छोटी उँगली से उस औरत की मोटी नाक के सिरे को छुआ। औरत ने आँखें खोलीं, 'क्या है' वाली निगाह से उसे देखा। मर्द ने छेड़ने वाली आवाज़ में कहा–"चाय मेमसाहब", और प्याला उसकी ओर बढ़ा दिया। वह मुस्कुरायी। उसका थका हुआ चेहरा एकदम धुल गया। और दोनों चाय पीने लग पड़े।

अब मैनेजर उनके पास पहुँचा, अपना परिचय दिया। वह आदमी मैनेजर की हैंडलनुमा मूँछों को देखता है और थोड़ा–सा हैरान होता है क्योंकि बड़ी मूँछें रखने का रिवाज़ अब इस देश में लगभग ख़त्म हो गया है। फिर होटल–मैनेजर ने बताया कि वह पहले सेना में मेजर था। रिटायर होने से पहले होटल–मैनेजमेंट का कोर्स कर लिया और यह नौकरी मिल गयी। फिर सफ़ाई पेश की–"तीस साल हो गये इन मूँछों को पालते। अब साहब, नौकरी के पीछे मूँछें साफ़ कराना तो मुश्किल है न?"

दोनों चाय ख़त्म करते हैं। रिसेप्शनिस्ट उनके पास नाम–पता दर्ज करने वाला रजिस्टर लाया। उस आदमी के हाथ में पेन पकड़ाया। वह रजिस्टर पर 'वर्मा' लिखता है, वापिस पकड़ाता है। मैनेजर ने उसे देखा, साथ बैठी लड़की को देखा, रजिस्टर देखा। कहता कुछ नहीं। वह आदमी रजिस्टर फिर लेता है और एक वचन को बहुवचन में बदलता है; 'वर्माज' लिखकर रजिस्टर वापिस कर दिया। मैनेजर समझ गया कि साथवाली लड़की वर्मा की पत्नी नहीं। चाहे उसने वर्मा को वर्माज बना दिया है।

लड़की उठी। क़दम उठाती है, लड़खड़ाती है। इससे पहले कि नीचे गिरे वह आदमी झटके से उठा, उसे कन्धों ने पकड़ लिया–

"फिर आयी?"

"हाँ नवीन", वह आदमी उसे दरवाज़े से बाहर ले गया। कै करने की आवाज़ें अन्दर तक आ रही हैं।

दोनों अन्दर लौटे। वर्मा ने उसे लम्बे सोफ़े पर लिटा दिया। लड़की ज़ोर–ज़ोर से साँसें ले रही है। वह मैनेजर से पूछता है–

"डॉक्टर है?"

मैनेजर ने उसे बताया कि सीजन में होटल में डॉक्टर होता है, लेकिन आजकल नहीं।

"लेकिन आप चिन्ता न करें। मेरी बेटी आजकल यहीं है, डॉक्टर है", और उसने बैरे को अपनी डॉक्टर बेटी को बुलाने के लिए कहा।

दो मिनट में मैनेजर की लड़की डॉक्टरोंवाला बैग उठाये वहाँ आयी। पीछे तितलियों की तरह मटकती दो बच्चियाँ, उसकी लड़कियाँ। पिता बेटी से उस आदमी का परिचय कराता है। नवीन वर्मा। मेरी बेटी–कपिला ग्रेवाल।

लड़की वर्मा को देखती है। चेहरा लाल सुर्ख़ है, गालों पर जैसे दहकते अंगारे रखे हों। कनपटियों के बाल बिल्कुल सफ़ेद–उसकी उमर की चुगली करते हुए। ज़रूर पचास के आसपास है। कपिला ने नोट किया कि वर्मा के ऊपरवाले होंठ पर, नाक के आसपास पसीना चमक रहा है। उसकी नब्ज़ देखने के लिए हाथ आगे बढ़ाया।

"अरे यह नहीं। उधर", मैनेजर सोफ़े पर लेटी लड़की की ओर इशारा करता है। एक बच्ची ने माँ की ओर इशारा किया, दूसरी को कहा–"माँ बुद्धू!" दोनों की हँसी कमरे में तैरी, फिर बड़े दरवाज़े से बाहर निकल गयी।

डॉक्टर कपिला ने सोफ़े पर लेटी लड़की को देखा, वर्मा को देखा, और फिर उस लड़की का हाथ अपने हाथ में ले लिया। हाथ बिल्कुल ठण्डा। बैग खोलकर रक्तचाप देखने का सामान बाहर निकाला।

एक बच्ची कहती है–"कुर्ता मैं ऊपर करूँगी।"

दूसरी ने कहा–"बाँह मैं पकडूँगी", और दोनों अपना काम शुरू कर देती हैं।

"आपका नाम क्या है?"

"निम्मी!"

"बहुत बार बॉमिटिंग हुई है क्या?"

"कालका से पहले शुरू हो गयी थी। तीस–चालीस हो चुकी होंगी।"

कपिला ब्लडप्रेशर देखती है, उसकी पतली–सी नाक सिकुड़ी, सख़्त आवाज़ में वर्मा से पूछा–

"रास्ते में दवाई क्यों नहीं ली?"

वर्मा कोई जवाब नहीं देता। सिर नीचे झुका।

"आपको पता नहीं इसे कोई गर्म कपड़ा पहनने को देना था। कालका के बाद सर्दी नहीं लगी क्या?"

वर्मा अब भी कोई जवाब नहीं देता। दोनों बेटियाँ एक–दूसरे का हाथ पकड़े खड़ी हैं, माँ को डरी–डरी आँखों से देखतीं, उसके ग़ुस्से से वाक़िफ़।

कपिला ने अपनी शॉल उतारी। दोनों लड़कियाँ निम्मी के कन्धों के नीचे हाथ रख उसे थोड़ा–सा ऊपर उठाती हैं, माँ शॉल कसकर लपेट देती है।

“बहुत बीमार है क्या?” वर्मा की दबी आवाज़।

“हाँ, बहुत बीमार है”, कपिला की इल्जाम लगाती आवाज़, “ब्लडप्रेशर बिल्कुल नीचे आ गया है। ग्लूकोज चढ़ाना होगा।”

वर्मा उठकर सोफ़े के पास आया, निम्मी की आँखों को उँगली से बारी–बारी छूता है। उसने आँखें खोलीं। नवीन के ऊपरवाले हौंठ पर आये पसीने को उँगली से साफ़ किया–

“प्लीज नवीन! डोंट वरी।”

“मिस्टर नवीन, आप अपनी जगह बैठ जायें। डोंट डिस्टर्ब हर।” कपिला की आवाज़ कड़ी हो गयी। दोनों लड़कियाँ फिर एक–दूसरे का हाथ पकड़ लेती हैं, डरी–डरी आँखों से नवीन वर्मा को देखती हुईं। माँ इस पर बरसी कि बरसी!

वह पहली बार सिर उठाकर कपिला को देखता है। उसका चेहरा कस गया, उसके गले की दाँयीं ओर की नस फड़क रही है, एक साँस चढ़े परिन्दे के पेट की तरह। आँखें बन्द लेटी निम्मी को कमरे में फैल रहे ग़ुस्से की गन्ध आ गयी। उसने आँखें खोलीं, नवीन के गले की फड़कती नस को देखा, लेटे–लेटे हाथ लम्बा किया, नवीन की बाँह को छुआ और उसके गले की नस का फड़कना बन्द हो गया। ग़ुस्सा किसी डरे हुए जानवर की तरह कमरे से बाहिर निकल गया, लेकिन बाहर जाते–जाते कपिला को छू ज़रूर जाता है।

“कहाँ ठहरना पसन्द करेंगे? होटल में या बाहर बनी कॉटेज में!” मैनेजर।

इससे पहले कि नवीन जवाब दे, कपिला अपने पिता को कहती है, लेटी लड़की की ओर इशारा करते हुए–

“निम्मी को तो पापा आज अपनी कॉटेज में रखना होगा। शी नीड्ज़ कॉन्स्टैंट केयर।”

नवीन और मैनेजर को समझ आ गया कि डाक्टर ने अपने पेशेंट का चार्ज सँभाल लिया। मैनेजर नवीन को बताता है कि कॉटेज दो कमरों की है, किचन भी है, चाहें तो खाना ख़ुद पका सकते हैं। खाने की बात सुनकर लेटी लड़की बिना आँखें खोले बोली–

“मैं खाना–वाना नहीं पकाऊँगी।”

“खाना वग़ैरह होटल से भी मँगवा सकते हैं,” मैनेजर।

कपिला ने बाप को घूरा। डाँटा।

"डोंट बी सिली, पापा! आपको खाने की पड़ी है? इतनी समझ नहीं कि निम्मी से बिल्कुल बात नहीं करनी। शीज़ वेरी सिक।"

दादा को डाँट पड़ती देखकर दोनों बच्चियों ने एक–दूसरे का हाथ छोड़ दिया। हँसी की तितलियाँ फिर से उनके होंठों पर आ बैठती हैं। नवीन ने मैनेजर से पूछा–

"क्या आसपास कोई हॉस्पिटल है। अगर ज़रूरत पड़े..."

मैनेजर उसे बताता है कि पास ही मिल्ट्री स्कूल है। उनका अपना छोटा–सा हस्पताल है। ज़रूरत पड़ेगी तो वहाँ निम्मी को ले जा सकते हैं। फिर नवीन को हौसला देने के लिए कहा–

"कपिला एम.डी. है। मेडिकल अफ़सर है सिविल हास्पिटल में। शीज़ कैपेबल ऑफ हैंडलिंग दिस केस।"

"अच्छा, निम्मी को कॉटेज में ले चलो, पापा। मेरी तारीफ़ें फिर कभी कर लेना।"

नवीन ने निम्मी के कन्धे को छूकर उठने के लिए कहा। पूछा कि क्या डॉक्टर की कॉटेज तक चल लेगी। वह 'हाँ' में सिर हिलाती है।

"इन्हें चलना नहीं है, उठाकर ले चलिए। शीज़ वेरी वीक, गिर सकती हैं, फेंट हो सकती है," कपिला ने आज्ञा देने वाली आवाज़ में कहा।

नवीन झुकता है, एक बाँह उसके कन्धों के नीचे डालता है, निम्मी उसके दूसरे हाथ को पकड़कर कहती है–

"नहीं। तुम मत उठाओ।"

नवीन ने उसके कन्धों के नीचे से बाँह खींच ली।

इससे पहले कि बेटी फिर से फट पड़े, मेजर निम्मी को अपनी गोदी में उठा लेता है, इतनी आसानी से जैसे वह कोई गुड़िया हो। दोनों बच्चियों ने ताली बजायी।

"ग्रैंडपा इज़ सुपरमैन, सुपरमैन। सुपरमैन," और अपने दादा के पीछे–पीछे भाग लेती हैं।

कपिला ने नवीन को नीचे से ऊपर तक देखा। बिल्कुल स्वस्थ आदमी। कहीं पर भी रत्ती–भर फालतू माँस नहीं, जो अक्सर इस उमर के आदमियों पर चढ़ जाता है। गालों पर दहकते अंगारे भी उसकी अच्छी सेहत की चुगली खाते हुए। इतना दमकता चेहरा डॉ. कपिला ने कम ही

देखा है। फिर निम्मी ने उसे उठाने के लिए मना क्यों कर दिया? अपने के लिए इतना दर्द? इस लिजलिजे भावुक दर्द की बात मन में आते ही कपिला का चेहरा कठोर हो गया। नवीन ने उसके चेहरे पर के भावों से उसकी भावना को पढ़ लिया।

"डॉक्टर कपिला! आप उसकी बात का बुरा मत मानें। शीज़ अ सिली गर्ल।"

कपिला नवीन की कनपटी के सफ़ेद बालों को देखती है जैसे उसकी और निम्मी की आयु के अन्तर को बताने के लिए–

"येस। शीज़ अ सिली गर्ल।" और वह होटल के दरवाज़े से बाहर निकल गयी। अपनी कॉटेज की तरफ़। पीछे–पीछे नवीन।

मेज़र ने निम्मी को बेडरूम में लिटा दिया। लाल रंग का कम्बल उसने गले तक ओढ़ा हुआ। लाल कम्बल के कॉन्ट्रास्ट में निम्मी का चेहरा बिल्कुल सफ़ेद लग रहा है। नवीन के पैर दरवाज़े पर ही जम गये। कपिला ने उसके चेहरे पर बैठे भय को देखा। पहली बार हौसला देने वाली आवाज़ में कहा–

"आप फ़िक्र मत करें। मैंने इंजेक्शन दे दिया है। अब कुछ धण्टों तक सोयी रहेगी। कल शाम तक चलना–फिरना हो जायेगा।"

दोनों बच्चियाँ निम्मी के बिस्तर के पास रखे सोफ़े पर बैठीं। लगातार उसके सफ़ेद पड़ गये चेहरे को देख रही हैं। एक कहती है–

"मम्मी, बिल्कुल फ़ेयरी है।"

दूसरी बोली–"मम्मी, जल्दी ठीक हो जायेगी न?"

"बक–बक मत करो। बाहर जाकर खेलो। डोंट डिस्टर्ब हर!"

दोनों बच्चियाँ बाहर भाग गयीं।

मेज़र नवीन को चाय पीकर जाने के लिए कहता है। वहीं से अपनी बेटी को आवाज़ दी कि चाय के लिए उसका इन्तज़ार हो रहा है। कपिला ने पाँच मिनट में आने के लिए कहा।

"आपकी बेटी है ग़ुस्सेवाली।"

"नवीन साहब, सिर्फ़ फ़ौजी की बेटी नहीं, फ़ौजी की बीवी भी है। हुक्म चलाने की आदत इसे शुरू से है," आख़िरी बात करते हुए मेजर की आवाज़ कहीं दब–सी गयी। नवीन को लगा, कोई दुखदाई बात है या होने वाली है। मेज़र ने ख़ुद ही बात आगे बढ़ायी–

"कपिला का हस्बैंड एयरफ़ोर्स में विंग कमांडर है। डैकोरेटड अफ़सर। वह भी बहुत तेज़ नेचर का है, और..." उसकी बात पूरी करने से पहले कपिला चाय की ट्रे लेकर अन्दर आयी। पिता की बात बीच में ही छोड़ते उसने सुन लिया।

"क्यों पापा? फिर ले बैठे मेरा और उसका क़िस्सा। आपको हर किसी से..."

"नहीं बेटे! मैं तो कुछ नहीं कह रहा था। बस नवीन साहब को बता रहा था कि ग्रेवाल एयरफ़ोर्स में है।" नवीन ने भी उनकी बात ठीक होने की गवाही में सिर हिला दिया। कपिला ने चाय प्यालों में डाली।

"डॉक्टर कपिला! एक बात कहूँ? मर्दों की थोड़ी बहुत चापलूसी करनी चाहिए। चाहे ऊपर से ही। ए पैम्पर्ड हस्बैंड इज़ अ हैपी हस्बैण्ड।"

कपिला बताती है कि ग्रेवाल आदमी नहीं, ग्रेनेड है। पिन निकला–कि–निकला और फटा–कि–फटा। आज शाम आ रहा है। घर में एक साल से तनाव। शायद अब डाइवोर्स ही हो जाये।

"देखो डॉक्टर! आदमी कार चला रहा हो तो अपने को थोड़ा ऊँचा महसूस करता है। फिर आपका पति तो फाइटर–पायलेट है। सारे आसमान का मालिक होना कहीं तो हमें ऐरोगेंट बनायेगा ही। ऐसे मर्दों की थोड़ी–सी ख़ुशामद करके उन्हें ख़ुश रखते हैं। लैट हिम फ़ील सुपीरियर।"

इससे पहले कि कपिला बोले मेजर साहब ने जवाब दिया–

"इसमें और बच्चों में उसकी जान है, लेकिन बेटी है कि नाक पर मक्खी तक नहीं बैठने देती..."

"हाँ, आपको और गैरी को सारे क़सूर मुझमें ही दिखते हैं। और वह जब पीना शुरू करता है..."

नवीन ने उसे समझाया–"वैसे मेरा कोई हक़ तो नहीं आपको समझाने का, लेकिन सारे झगड़ों की जड़ बीवी की यह ज़िद होती है कि वह पति को पूरे–का–पूरा बदलकर रहेगी। कोई जैसा भी है, थोड़े बहुत तालमेल के साथ अगर उसे हम वैसा ही रहने दें तो दूसरे की ईगो हर्ट नहीं होती। वह ड्रिंक करता है न ? ठीक! आज आये तो अपने हाथ से पैग बनाकर देना। देखना पियेगा भी कम और कितना ख़ुश भी होगा।"

कपिला पहली बार मुस्करायी।

"आपका मतलब है कि सारे मर्द बेवकूफ़ होते हैं।"

"न भी हों तो उन्हें बेवकूफ़ बनाना आसान होता है।"

बच्चियाँ भागकर अन्दर आ गयीं। नवीन की कुर्सी के पास खड़ीं। एक–दूसरे की ओर देखते, पहले तुम पूछोवाले भाव से। एक ने दूसरी को कोहनी मारी।

"अंकल आप क्या करते हैं?"

"अंकल आपके पास कार है?"

"अंकल आपको प्लेन उड़ाना आता है?"

"अंकल आप टेनिस खेलते हैं?

कपिला डपटती है।

"स्टॉप इट। इतने सवाल एक बार ही नहीं पूछे जाते।"

नवीन उन्हें बताता है–

"नहीं बेटी, मुझे प्लेन उड़ाना नहीं आता।"

"ओ! माई पापा इज़ द बेस्ट फ़ाइटर पायलेट।"

"न बेटे! मुझे लड़ना भी नहीं आता। आई एम नो फ़ाइटर।" यह बात नवीन ने उदास–सी आवाज़ में कही। उठा।

मेज़र भी उठा–"चलिए, आपको कॉटेज दिखा दूँ।"

शाम को नवीन मेजर साहब की कॉटेज में आया। कपिला ने बताया है कि निम्मी की हालत जल्दी से सुधर रही है। थोड़ी–सी खिचड़ी दी थी, उसके पेट में टिक गयी। वॉमिटिंग नहीं हुई। कल तक चल–फिर लेगी। फिर वह उसे बेडरूम में ले गयी। निम्मी आँखें मूँदे लेटी है, सुबहवाला लाल कम्बल ओढ़े हुए। उसका चेहरा उतना सफ़ेद नहीं दिख रहा जितना सुबह था। नवीन ने उसकी आँखों को उँगली से छुआ। वह पहले मुस्करायी, फिर आँखें खोलीं। कपिला पहली बार नोट करती है कि निम्मी का एक निचला दाँत टेढ़ा है। निचले होंठ से बाहर निकलता हुआ। इससे पहले कि नवीन कुछ पूछे, निम्मी बोली–

"तुम बहुत परेशान मत होना। डॉक्टर कपिला कहती हैं, कल तक ठीक हो जाऊँगी।" इस एक वाक्य को बोलते हुए वह थक गयी। फिर से आँखें मूँद लीं। कपिला को फिर गुस्सा आ गया। कैसी लड़की है? बीमार खुद है और एक स्वस्थ आदमी को हौसला दे रही है। इन दोनों में क्या

सम्बन्ध है? पापा बता चुके हैं कि निम्मी नवीन की पत्नी नहीं। दोनों की आयु में बीस साल का अन्तर तो ज़रूर होगा। नवीन भी ऐयाश क़िस्म का मर्द नहीं लगता कि किसी ऐसी–वैसी लड़की को चन्द दिन मौज–मस्ती के लिए यहाँ लाया हो। तो क्या दोनों शादी की सोच रहे हैं? सवाल इतने सारे हैं, लेकिन जवाब तो नहीं पूछे जा सकते। फिर पापा ने बताया था कि इस तरह के 'जोड़े' अक्सर होटलों में आते रहते हैं। होटलवालों को कोई भी सवाल न पूछने की आदत हो जाती है।

कॉटेज के गेट के अन्दर कार दाख़िल होने की आवाज़ आयी। अन्दर का रास्ता सिर्फ़ पचास मीटर लम्बा। फिर बिल्कुल नब्बे के कोण पर दाँयें मुड़ता है, सिर्फ़ दस मीटर के लिए। इस कोण पर फिर दाँयें मुड़ता है, आगे पोर्च। गाड़ी खड़ी करने के लिए। नवीन जानता है कि पोर्च तक पहुँचने के लिए कार की गति कम–से–कम तीन बार कम होगी, तीन बार गियर बदलेंगे, तब कार पोर्च में दाख़िल होगी। गति टूटने के बजाय बढ़ने की आवाज़ आती है, इंजन किसी घायल जानवर की तरह दहाड़ता है। नवीन का शरीर कस गया। कार ज़रूर रास्ते के किनारे लगी बाढ़ को तोड़ती हुई नीचे खड्ड में गिरेगी। वह लगभग भागता हुआ बरामदे में पहुँचता है। कार ने एक तरफ़ के दो पहियों पर नब्बे के कोणवाला दूसरा मोड़ काटा, झटके के साथ पोर्च के नीचे पहुँचती है और इंजन एक लम्बी दहाड़ के साथ ख़ामोश हो गया। नवीन देखता है कि बच्चियों के चेहरे पर डर का नामोनिशान नहीं। इससे पहले कि उनका पिता कार के बाहिर निकले, वह दोनों कार का दरवाज़ा खोलकर अगली सीट पर कूद गयीं। पिता की गोद में पहले चढ़ने की होड़ लग गयी। ग्रेवाल दोनों बच्चियों को एक साथ उठाकर नीचे उतरा। वह उसकी बाँहों से लटक रही हैं। कपिला उसे एक ठण्डी–'हैल्लो' करती है, वह उतनी ही ठण्डी 'हैल्लो' जवाब में देता है।

"पापा, रास्ते में कितनी बार रुके?" एक बच्ची।

"दो बार।"

"क्यों?" दूसरी बच्ची।

"वंस फ़ार पी एंड वंस फ़ॉर टी।"

"थके तो नहीं?" दोनों बच्चियाँ।

"अब तुम चुप करोगी कि नहीं? आते ही अटैक कर दिया," कपिला की डाँट। ग्रेवाल नवीन की ओर देख रहा है। कपिला परिचय कराती है, सिर्फ़ नाम का–"नवीन वर्मा।" ग्रेवाल के चेहरे पर कुछ न समझने का भाव। यह नया आदमी कौन है? इस घर में क्योंकर? कपिला उसे मुँह धोने के लिए अन्दर आने को कहती है। नवीन जानता है वह ग्रेवाल को उसके बारे में, निम्मी के बारे में, जितना वह जानती है, उतना अन्दर जाकर बतायेगी, लेकिन कपिला उनके बारे में जानती ही कितना है? एक अधेड़ उम्र मर्द। और लड़की–सी दिखनेवाली बाईस साल की औरत!

ग्रेवाल मुँह धोकर बैठक में आ गया। अच्छी ख़ासी ठण्ड हो रही है लेकिन उसने सिर्फ़ सफ़ेद स्पोर्ट्स शर्ट डाल रखी है। उसकी गर्दन ऊपर की तरफ़ लगातार उठी रहती है, आँखें भी लगातार दाँयें–बाँयें घूमतीं। शत्रु की खोज करते वैमानिक की आँखें। मेजर साहब अन्दर आये। ग्रेवाल और वह जफ्फी डालकर मिले। नवीन को कहीं हैरानी–सी हुई कि दामाद और ससुर कैसे खुलकर मिल रहे हैं, दोस्तों की तरह। और पति–पत्नी की मुलाक़ात कितनी ठण्डी थी, अजनबियों की–सी।

"गैरी, तुम थक गये होंगे, इतनी लम्बी ड्राइव की है। मैं तुम्हारे लिए ड्रिंक लाती हूँ। आपके लिए भी बनाऊँ, पापा," कपिला यह कहकर अन्दर गयी, ड्रिंक बनाने के लिए। ग्रेवाल का चेहरा एकदम चौंका हुआ। फिर इस चौंकाहट की जगह मुस्कान ले लेती है।

"पापा, यह इस घर में रेव्युलेशन तो नहीं आ गयी?" जवाब में मेजर साहब नवीन की ओर देखकर हल्का हँसते हैं। कपिला ट्रे में गिलास और बोतल रखकर अन्दर आयी।

"पहले तुम्हारी पेशेंट से मिल लें, स्वीटहार्ट, फिर पियेंगे", ग्रेवाल अन्दर जाने के लिए उठा, सब लोग उसके साथ बेडरूम में आये। इतने सारे क़दमों की आवाज़ सुनकर निम्मी आँखें खोलती है, स्पोर्ट्स शर्ट पहने आदमी को देखा, समझ गयी कपिला का पति है। उसे भी पता है कि ग्रेवाल को आज आना था। आ गया।

"हैल्लो स्वीटहार्ट, मैं गैरी हूँ, तुम मरीज़ों की तरह लेटी क्यों हो? चलो उठो। सबके साथ ड्राइंग रूम में बैठो।"

"गैरी! यह सचमुच बीमार है। इसे लेटने दो। बी.पी. बहुत नीचे आ गया है। अभी चल नहीं सकती," कपिला ने उसे समझाया।

"वाट नानसेंस, चल नहीं सकती तो उठाकर ले चलते हैं," गैरी ने निम्मी को कम्बल समेत उठाया और बैठक में ले आया। बच्चियाँ ताली पीट रही हैं–"पापा सुपरमैन, पापा सुपरमैन!" कपिला सोफ़े के बाजू पर दो तकिये लगाती है, गैरी ने निम्मी को सोफ़े पर अधलेटा लेटाया। वह पहली बार निम्मी के सफ़ेद पड़ गये चेहरे को देखता है, बिल्कुल ढीले पड़ गये जिस्म को देखता है, और कपिला से कहता है–

"इसे हस्पताल दाख़िल करवा दो, एटवन्स। मैं फ़ोन करके शिमला के कमांड हास्पिटल से एम्बुलेंस मँगवाता हूँ। वहाँ का सी.ओ. मेरा दोस्त है। तुम भी साथ चलो। रास्ते में ज़रूरत न पड़ जाये।"

"रिलैक्स गैरी! क्यों भूल जाते हो कि मैं भी डाक्टर हूँ। निम्मी कल तक ठीक हो जायेगी।"

"नो। शीज़ वेरी सिक।" आवाज़ में तनाव।

"अच्छा बाबा! तुम शिमला फ़ोन मिला लो। मैं डॉक्टर को फ़ोन पर इसकी हालत समझा दूँगी। वह कहेंगे तो इसे वहाँ ले चलेंगे?" मनाने वाली आवाज़ में कपिला जवाब देती है। गैरी के चेहरे पर फिर से चौंकाहट। कपिला ने इतनी जल्दी बहस बन्द करनी कब से शुरू कर दी? वह गम्भीर हुआ। घर में सचमुच क्रान्ति आ गयी।

"आपके लिए भी ड्रिंक बनाऊँ, नवीन साहब," कपिला ने पूछा? नवीन निम्मी की तरफ़ देख रहा है। वह आँखें खोलती है, नवीन की सवालिया निगाह को देखा–

"लो, लेकिन बहुत कम लेना।"

"स्वीटहार्ट, तुम भी थोड़ी–सी ले लो। बी.पी के लिए रामबाण दवाई है।" निम्मी को छेड़ता है।

मेज़र साहब ने बेटी को कहा, "कपिला, मेरे लिए डबल लार्ज बनाना। यह कमाल के नखरे आजकल के फ़ौजियों को मुबारक।"

दोनों बच्चियाँ निम्मी के पास बैठी हैं। उसका माथा छूकर एक–दूसरे को बता रही हैं कि फ़ीवर तो है नहीं। फिर मम्मी इसे दवाई क्यों पिलाये जा रही है? गैरी के गिलास होंठों तक पहुँचने से पहले एक बच्ची बोली–

"पापा स्टैचू।" गैरी का हाथ वहीं थम गया। वह बिना हिले–डुले बैठा रहा।

"ममा से पूछ लिया।" दूसरी बच्ची। गैरी आँखें नीची करता है, 'हाँ' के जवाब में।

"ओपन," दोनों बच्चियों ने एक साथ बोला। मेजर साहब ने बताया–

"अरे भाई अब खेलना भी अंग्रेज़ी में हो गया। पता है हमारे वक़्त इस खेल को कैसे खेलते थे? 'मूर्ति' कहने पर रुक जाते थे और 'खुलजा' कहने पर हिलते थे।"

निम्मी ने तकियों से सिर उठाया, बैठना चाहती है। गैरी एक क़दम में उसके पास पहुँचा, सिर के नीचे हाथ रखकर तकिये निकाले और निम्मी का सिर सोफ़ा–बैक के साथ टिका दिया। नवीन हैरान! यह कैसा फ़ाइटर पायलेट है जो ज़रा–सी बीमारी से इतनी घबरा जाता है? इस आदमी का झगड़ा क्योंकर किसी भी औरत से हो सकता है? ख़ासकर अपनी बीवी से। उसका अन्दाज़ा ठीक था। हठ करने की आदत कपिला की है और 'न' सुनने की आदत गैरी की नहीं। यह 'हाँ' और 'न' एक शीतयुद्ध में बदल गया है।

"नवीन, अब ठीक हूँ। हम अपनी कॉटेज में चलेंगे।" निम्मी ने घर का नक़्शा देख लिया है। दो बेडरूम। और फिर ग्रेवाल इतने दिन बाद आया...

"डोंट टॉक नॉनसेंस, स्वीटहार्ट! तुम तब तक इसी कॉटेज में रहोगी जब तक कपिला इजाज़त नहीं देती। आल्वेज ओवे यूअर डॉक्टर एंड सी.ओ.।"

"आप लोगों को..."

"हमारा कोई हनीमून नहीं। दो बच्चियाँ हैं। हाँ, अगर तुम नवीन के बिना..." कपिला उसकी बात बीच में काटती है–

"उतर आये अपनी बदमाशियों पर! बच्चियों का ख़याल तो कर लिया करो।"

"मैंने तो कुछ नहीं कहा," हाथ उठाकर बचाव करता ग्रेवाल।

"हाँ, पापा ने तो कुछ नहीं कहा," हाथ उठाकर बचाव करती दोनों बच्चियाँ।

"एक–एक और हो जाये, गैरी!" मेजर साहब की सलाह।

"नो पापा। और नहीं। खाना खाते हैं। लैट निम्मी टेक रेस्ट।" ग्रेवाल का जवाब सुनकर अब कपिला के चेहरे पर चौंकाहट। बच्चियाँ पापा को कार में राउंड देने के लिए कहती हैं। ग्रेवाल उनके साथ बाहर निकला।

"नवीन साहब! आपने ठीक सलाह दी थी। थोड़ी–सी ख़ुशामद में गैरी कितना ख़ुश है। चार–पाँच पैग रोज़ पीता है, आज एक के बाद ही न कर दी। थैंक्स! यू हैव सेव्ड अवर मैरिज।"

जवाब निम्मी देती है–

"हाँ, नवीन को दूसरों को बचाना ख़ूब आता है", कपिला फ़ैसला नहीं कर पा रही कि निम्मी के इस वाक्य में व्यंग्य है या उदासी। इन दोनों के बीच कहीं कोई अदृश्य दीवार है ज़रूर। नवीन दुनिया–देखा मर्द है। फिर इस दीवार के पार छलाँग क्यों नहीं लगाता? निम्मी के पास क्यों नहीं पहुँच जाता?

निम्मी अब ठीक हो गयी है। दो दिन से अपनी कॉटेज में। नवीन के पास। बच्चियाँ सारा दिन अब उनकी कॉटेज में भटकती रहती हैं, क्योंकि निम्मी उन्हें फ़ेयरी लगती है। कपिला ने गैरी से पूछा ज़रूर है कि इतनी कम उम्र की लड़की इतनी बड़ी उम्र के आदमी से क्योंकर जुड़ गयी है। गैरी क्या बतायें? प्रेम एक रहस्य है। एक मिस्ट्री! क्या इस रहस्य को कभी कोई बूझ पाया है? जो सब कुछ होता है, उस सब कुछ का कार्य–कारण सम्बन्ध हमें हमेशा पता लग जाता है क्या? एक आत्मा से दो लम्बे हाथ बाहिर निकलते हैं और दूसरी आत्मा के बाहिर निकल आये हाथों को पकड़ लेते हैं। क्या यही प्रेम–रहस्य होता है? हाँ शायद! यह भी नहीं?

शाम को कपिला, गैरी और बच्चियाँ उनकी कॉटेज में आयीं। निम्मी ने जीन्स के साथ खादी का गेरुआ कुर्ता पहन रखा है। कानों में जो टॉप्स हैं, उन पर लगे पत्थर भी इसी रंग के। चेहरे की सफ़ेदी अब पीले मोतियों की पीली आभा में बदल गयी है। उसे देखकर कपिला के मन में जो पहला शब्द आया, वह है 'जोगन'।

बैठक की खिड़की बाहिर की तरफ़ खुली है। कपिला को लगा, यह लड़की, जिसका नाम निम्मी है, कभी भी किसी क्षण भी, इस खिड़की से बाहिर निकल जायेगी। फिर वापिस नहीं आयेगी। वह आगे बढ़कर खिड़की बन्द कर देती है।

"खिड़की क्यों बन्द कर दी, ममा," एक बच्ची।

"हवा तो है नहीं," दूसरी बच्ची।

"नहीं। निम्मी अभी कमज़ोर है। ठण्ड लग जायेगी," कपिला ने झूठी वजह बतायी।

गैरी ने नवीन के दहकते अंगारे जैसे सुर्ख़ चेहरे को देखा, निम्मी के मोतिया रंग को देखा।

"नवीन साहब! थोड़ी–सी लाली बेचारी निम्मी को भी दे दें। लगता है आप सारा ख़याल सिर्फ़ अपनी सेहत का रखते हैं," उसकी बात सुनकर दोनों मुस्कराये, लेकिन निम्मी की मुस्कान उसके चेहरे की तरह ही पीली। गैरी को हैरानी हुई कि अपने किसी की तारीफ़ सुनकर भी यह लड़की चमकीली हँसी क्यों नहीं हँसती? होटल फ़ोन करके चाय मँगवाई गयी। नवीन हर बार अपनी नाक के निचले हिस्से को तर्जनी से छूता है। यह उसकी आदत है। दोनों बच्चियाँ अब इन्तज़ार में हैं कि वह नाक का निचला हिस्सा छुये। उसकी उँगली नाक के पास पहुँची। दोनों ने साथ–साथ कहा, "स्टैचू।" नवीन की उँगली नाक पर थम गयी।

"क्या नाक पर फोड़ा है?" एक बच्ची।

"क्या नाक पर खुजली होती है?" दूसरी बच्ची।

नवीन 'न' की मुद्रा में आँखें हिलाता है।

"तो 'ओपन'। अंकल अब फिर नाक को उँगली लगाओगे तो हम स्टैचू कर देंगे," एक बच्ची।

"हाँ, बुरी आदत होती है," दूसरी बच्ची।

चाय पीने के बाद सब बाहिर निकले टहलने के लिए। कपिला निम्मी को शॉल ओढ़ने के लिए कहती है। अभी वह कमज़ोर है। ध्यान रखना चाहिए। होटल का लॉन फिर सूखे पत्तों से ढँक गया। हालाँकि मेजर साहब दिन में दो बार लॉन साफ़ करवाते हैं, लेकिन सूखे पत्ते नीचे गिरने से बाज़ नहीं आते, क्योंकि वह मेजर साहब से डरते नहीं। बच्चियाँ पत्तों पर दौड़ रही हैं चर्र–चर्र की आवाज़ के पीछे भागती हुईं।

"नवीन साहब! आप काम क्या करते हैं," बातचीत शुरू करने के लिए कपिला ने पूछा।

"यह कुछ नहीं करते," जवाब निम्मी देती है। बातचीत फिर बन्द। नवीन ज़रा तेज़ चल रहा है। निम्मी ने उसकी बाँह को उँगली से छूकर कहा–

"आहिस्ता चला करो। थक जाओगे।"

कपिला को फिर निम्मी पर ग़ुस्सा आ गया। यह लड़की ख़ुद बीमार है और हर वक़्त चिन्ता इसे नवीन की लगी रहती है। प्रेम क्या हमें दूसरे का ग़ुलाम बना देता है? हमारा अपना कुछ भी नहीं रहता, जो कुछ रह जाता है सिर्फ़ दूसरे का? लॉन के किनारे पर दो बेंच। एक पर गैरी और कपिला बैठ गये, एक पर नवीन और निम्मी। कपिला ने बताया कि लॉन के इस किनारे को 'टू बेंचिज़' कहते हैं।

"क्यों?" निम्मी पूछती है।

"पता नहीं, सच है कि कहानी, लेकिन यहाँ के लोग कहते हैं कि सच है। उन दिनों यह होटल नहीं था, महाराजा का पैलेस था। देखभाल के लिए महाराजा ने एक अंग्रेज़ रखा हुआ था। उसकी एक लड़की थी–वायला। पास की छावनी है न। अंग्रेज़ों ने हर पहाड़ी जगह पर छोटी–छोटी छावनियाँ बनायी थीं ताकि गर्मियों में वहाँ रहा जा सके। 1940 की गर्मियों में एक रेजिमेंट यहाँ आयी। वायला की एक अफ़सर से दोस्ती हुई जो प्यार में बदल गयी। दोनों रोज़ शाम यहाँ बेंचों पर बैठते थे। रेजमेंट युद्ध में हिस्सा लेने के लिए अफ़्रीका चली गयी। महीने बाद तार आया कि वायला का दोस्त मिसिंग है। या मारा गया होगा, या युद्ध बन्दी बन गया होगा। वायला ने रेडकॉसवालों को ख़त लिखे। जवाब आया कि किसी भी जर्मन जेल में यह बन्दी नहीं। ज़रूर युद्ध में मारा गया होगा।"

"फिर?"

"लेकिन वायला नहीं मानी। उसे पक्का था कि वह मरा नहीं। वार ख़त्म हो गयी। युद्धबन्दी लौट आये। वह नहीं आया।"

"फिर?"

"हम आज़ाद हो गये। वायला का पिता इंग्लैण्ड चला गया। लेकिन वह नहीं गयी। रोज़ शाम को बेंच पर बैठकर उसके लौटने का इन्तज़ार करती थी। महाराजा ने उसके रहने के लिए कॉटेज दे दी थी। आज़ादी के बीस साल बाद तक ज़िन्दा रही। सर्दियों की एक शाम बेंच पर ज्यों बैठी तो फिर उठी नहीं। सुबह तक उसका शरीर पूरा–का–पूरा बर्फ़ में दब गया था। यहीं पास ही उसकी क़ब्र है। तब से इस जगह का नाम टू बेंचिज़ पड़ गया।"

निम्मी ने कसकर नवीन का हाथ पकड़ लिया। नवीन उसके कन्धे को थपथपा रहा है। हौसला दे रहा है क्या? निम्मी का चेहरा फिर से सफ़ेद पड़ना शुरू हो गया। कपिला ने उसकी नब्ज़ देखी। माथा छुआ। ठीक है। फिर यूँ एकदम इस लड़की का रंग क्यों उड़ जाता है? इसे कहीं कोई और बड़ी बीमारी तो नहीं?

"आप लोग कुछ दिन और क्यों नहीं ठहरते? अभी तो मौसम ठीक चल रहा है। फिर नीचे तो अच्छी–ख़ासी गर्मी पड़ रही है," ग्रेवाल ने उन्हें सलाह दी।

"नहीं। जाना ज़रूर है," निम्मी ने नवीन की तरफ़ देखकर कहा।

"क्यों? ऐसी कौन सी बात है कि जाना ज़रूरी है," ग्रेवाल ने ज़िद की।

"हमारी शादी है। दस दिन बाद।" यह बात भी निम्मी ने नवीन की तरफ़ देखकर कही।

"देट कॉलज़ फॉर ए सेलिब्रेशन। आज नवीन साहब पिलायेंगे।"

कपिला को अब भी कहीं कोई हैरानी ज़रूर है कि दस दिन बाद की शादी की ख़बर देते हुए इस लड़की की आवाज़ में कहीं कोई ख़ुशी नहीं थी। क्या कोई मजबूरी है? फिर उसने सिर झटकाकर इस फ़िज़ूल बात को बाहिर फेंक दिया। नवीन क्या ऐसा मर्द दिखता है जो किसी को मजबूर करे?

हवा ने छोटी–सी चुटकी काटी। सब अन्दर जाने के लिए उठ खड़े हुए। बच्चियाँ दौड़ती हुई उनके पास आ रही हैं, सूखे पत्तों की चर्र–चर्र की आवाज़ उनके पीछे दौड़ रही है। वह रुकती हैं। आवाज़ भी रुक जाती है।

"सुनो, इनकी दस दिन बाद शादी है," ग्रेवाल बच्चियों को ख़बर देता है।

"ग्रेट। वी वांट ए पार्टी, पार्टी, पार्टी!" दोनों एक साथ बोलती हैं। एक साथ उछलती हैं। फिर वह निम्मी को सिर नीचे झुकाने के लिए कहती हैं। वह नीचे होती है। एक गाल पर बच्ची चूमती है और दूसरे पर दूसरी। वह सिर ऊपर करती है, छेड़खानी करता हवा का झोंका उसके बालों को बिखराकर, सीटी बजाते हुए आगे भाग जाता है। नवीन हाथ लम्बा करता है। उसके बिखरे बालों को उसके कानों के पीछे खोंसता है। निम्मी का

निचला होंठ शिशु–पक्षी–सा फड़फड़ाया, निचला दाँत चमका। उसने मुँह पर हाथ रखा। अब गले की हड्डी ज़ोर–ज़ोर से हिल रही है। नवीन इस हिलती हड्डी को उँगली से छूता है, इसका हिलना रोकने के लिए। निम्मी उसका हाथ परे झटक देती है। एक लम्बी...'ओ...ओ...' की आवाज़ उसके होंठों की क़ैद से बाहिर निकल भागी। हवा के कन्धों पर बैठ पेड़ों पर चढ़ गयी। निम्मी के कन्धे ज़ोर–ज़ोर से हिल रहे हैं। आवाज़ रोकने के लिए मुँह पर दोनों हाथ रख लेती है। और वहीं पत्तों पर बैठ जाती है। अब वह फूट–फूटकर रो रही है। बच्चियाँ डरकर वहाँ से भाग गयीं। कपिला इन्तज़ार कर रही है कि नवीन निम्मी को चुप करायेगा, लेकिन नहीं। वह अपनी जगह बिना हिले–डुले खड़ा है। उसने सिगरेट सुलगा ली। कपिला निम्मी के पास पत्तों पर बैठी, उसका सिर सहला रही है। कन्धों का हिलना कम हो रहा है। अब बन्द हो गया। उसने सिर ऊपर उठाया। आँसुओं से चेहरा धुल गया। कपिला साड़ी के पल्लू से उसका चेहरा पोंछती है। वह ग्रेवाल की तरफ़ देखती है। उसका शरीर तना हुआ है। थोड़ा आगे को झुक गया, किसी माँस–भक्षी पक्षी की तरह, झपट्टा मारने के लिए तैयार। वह काँप गयी। कुछ–न–कुछ होकर रहेगा। वह गैरी के ग़ुस्से को जानती है, लेकिन नवीन तो नहीं जानता।

"क्या बात है? निम्मी रो क्यों रही है?" गोली दाग़ती ग्रेवाल की आवाज़।

नवीन अब भी नीचे देख रहा है।

"मैं पूछता हूँ, बात क्या है? वाई डोंट यू स्पीक? कोई डर है क्या?"

नवीन चुप। कपिला ने डरी हुई आवाज़ में कहा–

"छोड़ो, गैरी!"

"छोड़ूँ। क्यों छोड़ूँ, यह मुझे कुछ बताते क्यों नहीं? किसी ने डराया है क्या? लैट मी नो। आइल फ़िक्स दैट बास्टर्ड!"

नवीन अब भी चुप। कपिला जानती है कि इसके बाद ग़ैरी का हाथ उठ जायेगा। ग़ुस्से में हमेशा अन्धा हो जाता है। निम्मी उठी। गैरी के पास गयी, उसका हाथ पकड़कर कहा–

"हमें कुछ नहीं हुआ? पता नहीं क्यों रोना आ गया?" वह अब भी ग्रेवाल का हाथ पकड़े हुए है। उसका नीचे झुका शरीर सीधा हो गया। बाँहे ढीली हो गयीं। अब वह झपट्टा मारने की मुद्रा में नहीं, डाइव बीच

में ही तोड़कर अपने आप में लौट आया है। गैरी और निम्मी ने धीरे–धीरे चलना शुरू कर दिया। कपिला देखती है कि अब भी निम्मी ने गैरी का हाथ पकड़ रखा है। एक क्षण के लिए यह सोचकर उदास हो जाती है कि निम्मी को गैरी जैसा सशक्त पुरुष मिलना चाहिए था, और मिला तो नवीन...

नवीन अब भी अपनी जगह खड़ा है। अंधेरा नीचे उतरना शुरू हो गया। इस उतरते अँधेरे में उसका चेहरा अंगारों की तरह दहक रहा है।

"चलें," कपिला ने हौले से कहा।

"हाँ, चलें," वह उसकी ओर बिना देखे जवाब देता है।

ग्रेवाल और निम्मी कॉटेज के बाहर खड़े उनका इन्तज़ार कर रहे हैं। दोनों पास आये तो निम्मी ने कहा–

"हम आज रात इन्हें पार्टी दें?"

"हाँ, ठीक है। ग्रेवाल साहब से पूछ लो।"

"डोंट बी फ़ार्मल, नवीन! यह साहब कहाँ से आ गया? इसका मतलब मेरा ऊँचा बोलना बुरा लगा। प्लीज़ डोंट माइंड। शाउट करना मेरी हॉबी है। कपिला से पूछ लो।" निम्मी मुस्कराती है, उसका निचला नोकीला दाँत चमकता है। कपिला हँसकर कहती है–

"गैरी को शाउट करने की ही तनख़्वाह मिलती है।"

"मेजर साहब और बच्चियों को भी हमारी तरफ़ से बुला लें। होटल में पार्टी करेंगे, क्यों नवीन?"

"हाँ, ठीक है।"

लेकिन कपिला को लगता है, यह लोग पार्टी देने की बात पर ख़ुश नहीं।

बच्चियाँ निम्मी के दाँयें–बाँयें बैठी हैं। कपिला ने उन्हें रोका भी कि नवीन को वहाँ बैठने दें। लेकिन नहीं। उनकी ज़िद थी कि बैठेंगी तो निम्मी के पास ही।

"हाय पापा! फ़ेयरी लग रही है न," एक बच्ची।

"फ़ेयरी नहीं। मरमेड," दूसरी बच्ची।

निम्मी ने जार्जेट की पीली साड़ी पहनी है, माथे पर सिन्दूर की बड़ी–सी दहकती बिन्दिया। कन्धे तक के बालों को उसने कसकर कँघी

की है, गालों के दोनों ओर हिलते पानी की काली झालर। थोड़ा–सा सिर हिलाती है तो पानी की काली झालर हिलती है, सिर रुकता है तो झालर भी रुक जाती है। शामवाली रुलायी ने उसकी आत्मा को धो दिया। अन्दर का धुला होना चेहरे को भी कहीं धो गया। ग्रेवाल ने उसे छेड़ा–

"स्वीटहार्ट! अगर नवीन से तुम्हारी बात पक्की न होती तो मैं तुम्हें भगा ले जाता!"

"नवीन तो मुझे भगा नहीं रहा। आपको किसने रोका है," आज निम्मी छेड़छाड़ में हिस्सा ले रही है।

"पापा, आपके साथ क्यों भागेगी? नवीन अंकल तो आपसे हैण्डसम लग रहे हैं," एक बच्ची।

"हाँ लग रहे हैं। बिल्कुल मारलेन ब्रैडो लग रहे हैं", दूसरी बच्ची।

नवीन ने डबल ब्रेस्ट ब्लेजर पहना हुआ है, लाल पोल्का डॉट्स की टाई के साथ। नीले ब्लेजर के कॉन्ट्रास्ट में उसके गालों के अंगारे पूरे जोबन पर दहक रहे हैं। काँच की खिड़की खड़की। निम्मी पूछती है कि क्या कोई बाहिर खड़ा है खिड़की के पास? कपिला कहती है–

"नहीं। कोई नहीं। हवा है। अन्दर आना चाहती है।"

"क्यों?" निम्मी जब क्यों कहती है तो उसकी एक आँख दूसरी आँख से बड़ी दिखने लगती है।

"क्योंकि बाहर उसे सर्दी लग रही है, स्वीटहार्ट," ग्रेवाल ने उसे फिर छेड़ा। हवा फिर खिड़की खटखटाती है। मेजर साहब गिलास उठाते हैं, बच्चियाँ भी अपना–अपना स्वीट–वाइनवाला गिलास उठाती हैं। कपिला कहती है–

"फ़ॉर अ वेरी–वेरी हैप्पी लाइफ़ आव निम्मी एंड नवीन।" यह सुनकर निम्मी हल्के–से सिर झटकती है। एक तरफ़ की गाल पलभर के लिए चमक मारती है, फिर बाल वहाँ लम्बे लेट जाते हैं।

ब्रास–स्टैण्ड में लगी मोमबत्तियों की रोशनी हिली। रोशनी का छोटा–सा टुकड़ा छलाँग लगाकर निम्मी की नाक के सिरे पर जा बैठा। रोशनी हिलना बन्द होती है। नाक पर बैठा रोशनी का टुकड़ा छोटी–सी छलाँग लगाता है और अपने घर वापिस आ जाता है। निम्मी नाक के सिरे को उँगली से छूती है, उसे वहाँ पर रोशनी बैठने का पता चल गया।

"नवीन साहब, आप बिल्कुल चुप हैं," ग्रेवाल।

"निम्मी पर से इनकी आँखें हिलें तो हम से बात करें," कपिला छेड़ती है।

रिकॉर्ड–प्लेयर पर सरोद की धुन बज रही है। आवाज़ उन सबको छूती है और फिर खिड़कियों की तरफ़ बढ़ जाती है, लेकिन खिड़कियाँ तो बन्द हैं। हौले से दीवारों पर चढ़ती है और अधखुले रोशनदानों से बाहर निकल जाती है।

"आंटी, शादी के बाद कहाँ जायेंगे," एक बच्ची।

"कश्मीर जायेंगे न," दूसरी बच्ची।

निम्मी नवीन के चेहरे पर निगाह टिकाती है। आँखें ऊपर उठाकर उसे भरपूर निगाहों से देखा। एक आँख दूसरी आँख से फिर बड़ी हो गयी।

"हम अमेरिका जायेंगे।" कपिला को भ्रम होता है कि यह जवाब कुछ अतिरिक्त कठोर आवाज़ में निम्मी ने दिया। बच्चियों की बात का बुरा मान गयी है क्या?

वेटर ख़ाली गिलास उठाता है। मेजर साहब उसे इशारे से और लाने के लिए कहते हैं। नवीन ने दूसरा गिलास उठाया, निम्मी ने टोका–

"तुम और मत लो।"

"स्वीटहार्ट डोंट बी मीन। लैट हिम एंजॉय। शादी के बाद रोकने–टोकने का काम करना चाहिए। क्यों कपिला?"

"अच्छा तुम पियो। आज यह बक–बक नहीं चलेगी।"

"हाँ नहीं चलेगी," एक बच्ची।

"बिल्कुल नहीं चलेगी," दूसरी बच्ची।

"हाँ। आज मुझे मत रोको," नवीन एक ही घूँट में गिलास ख़ाली करता है, मेज़ पर रख देता है। ग्रेवाल और मेजर के भरे गिलासों की तरफ़ सवालिया आँखों से देखता है कि इन्हें ख़त्म क्यों नहीं करते?

"आंटी को प्रेजेंट नहीं देंगे," एक बच्ची।

"हाँ, पापा ने मम्मी को दिया था," दूसरी बच्ची।

"मैं तो भूल ही गया था। अभी लाया," नवीन ने बाहर निकलते हुए जवाब दिया।

निम्मी अब सिर नीचे झुकाये बैठी है। रोशनी का टुकड़ा उसके होंठों पर जा बैठा। निचला होंठ हिलता है, नोकीला दाँत चमकता है। कपिला

को डर लगता है, कहीं फिर तो रोने नहीं लगी?

नवीन लौटा। उसके हाथ में मखमल का छोटा–सा डिब्बा। निम्मी के पास रखा।

बच्चियाँ डिब्बा खोलने के लिए कहती हैं। निम्मी उँगली से डिब्बे का ढक्कन ऊपर उठाती है। नेकलेस है। टॉप्स हैं, अँगूठी है। लश्कारा पड़ता है। मोमबत्तियों की चमक मद्धम पड़ गयी।

"पर्ल हैं," एक बच्ची।

"नहीं डायमेंड," दूसरी बच्ची।

"पन्ना है," कपिला उन्हें बताती है।

"अंकल, आप इन्हें पहना दो," दोनों बच्चियाँ।

"नहीं। ख़ुद डाल लेगी।" नवीन तीसरा गिलास उठाता है।

"पहनाना तो आपको ही चाहिए, नवीन साहब," कपिला उसे समझाती है।

"छोड़ो! मैं ख़ुद डाल लूँगी," निम्मी हार डालती है, अँगूठी डालती है, लेकिन टॉप्स डालने में उसे मुश्किल हो रही है।

"हेल्प हर अँकल," दोनों बच्चियाँ। नवीन निम्मी के पास आया। उसके कान से बाल परे किये, टॉप्स डाले।

"तुम्हारे कान तो बहुत छोटे हैं।"

"यह बात तुम्हें दो साल बाद आज पता लगी," निम्मी का निचला होंठ फिर फड़का, दाँत फिर चमका। इससे पहले कि नवीन कुछ कहे, एक बच्ची–

"अंकल, गिव हर अ किस!"

"हाँ! पापा जब भी मम्मी को गिफ़्ट देते हैं तो किस करते हैं।"

नवीन अपने होंठ निम्मी के माथे को छुआता है। 'स्टैचू', एक बच्ची ताली पीटकर कहती है। निम्मी के मेज़ पर रखे हाथ हौले से ऊपर उठते हैं, उन्हें नवीन के सिर के पिछले सिरे पर रखती है, सिर को ज़ोर से अपने माथे पर दबाती है। "ओपन," दूसरी बच्ची ताली पीटती है। निम्मी की आत्मा के दरवाज़े खुलते हैं, एक लम्बी साँस बाहिर निकलती है। हाथ फिर से मेज़ पर रख देती है। नवीन अपनी कुर्सी पर लौटता है, गिलास उठाता है।

"बस! और नहीं लेनी," निम्मी अपनी नाक से रोशनी को परे झटकाकर कहती है।

"प्लीज़ डोंट स्टॉप मी," नवीन की आवाज़ सख़्त। कपिला धीरे–से ग्रेवाल को बताती है कि नवीन ड्रंक हो रहा है। उसकी आँखें अब झपक नहीं रहीं। ग्रेवाल को पीने का अभ्यास है। नवीन के तने हुए चेहरे को देखता है। उसे भी पता चल जाता है कि नवीन ड्रंक हो रहा है। नशे की पहली स्टेज में शरीर कस जाता है, आक्रमण की मुद्रा में। आख़िरी स्टेज में ढीला पड़ जाता है पराजय की मुद्रा में। मेजर साहब वेटर को खाना लगाने के लिए कहते हैं। नवीन उन्हें घूरकर देखता है–

"नहीं! मैं नहीं खाऊँगा, और लूँगा।"

"ठीक है। इन सबको तो खाने दो। हम दोनों और ले लेंगे," ग्रेवाल जानता है कि जब कोई नशे में हो तो उसकी बात मान लेनी चाहिए।

निम्मी अब नवीन को घूरकर देख रही है। उसकी एक आँख दूसरी से बड़ी लग रही है। वह दबी लेकिन सख़्त आवाज़ में सबको बताती है–

"हम कल वापिस जायेंगे।" नवीन खट से मेज़ पर गिलास रखता है।

जवाब कपिला देती है, "क्यों? आप लोग तो सात दिन के लिए आये थे। जल्दी क्या पड़ गयी?"

"नहीं, हम कल जायेंगे!"

"अंकल, आप रोको न," एक बच्ची।

"अंकल, आप कहो न," दूसरी बच्ची।

"नहीं! निम्मी जो बात कह दे, उसे ज़रूर पूरी करती है।"

"स्वीटहार्ट, ग़ुस्सा किस बात का है। अभी तो हमारी दोस्ती शुरू ही हुई है," ग्रेवाल कमरे में ठहर गये तनाव को बाहिर धकेलने की कोशिश करता है।

"नहीं, हम कल जायेंगे। शादी की तैयारी भी तो करनी है," ग्रेवाल की बात का जवाब देते हुए निम्मी की आवाज़ सख़्त नहीं है। नवीन, मेजर को कहता है, "मेजर साहब, आप फ़ोन करके सुबह टैक्सी बुलवा लें, दिल्ली तक के लिए।" मेजर साहब हाँ में सिर हिलाते हैं। कपिला सोचती है कि नवीन, जिसने उसकी शादी टूटने से बचा ली हैं सिर्फ़ छोटी–सी सलाह देकर, ख़ुद क्योंकर निम्मी के साथ तालमेल से नहीं रह पा रहा। उसे पक्का है, निम्मी नवीन के पीने को लेकर नाराज़ हो गयी है।

खाना खाते वक़्त नवीन बिल्कुल चुप है। निम्मी अपनी कुर्सी से उठी, उसके पास जाकर बैठ गयी। उसके हाथ से गिलास लेकर मेज़ पर रखा।

टमाटर का टुकड़ा उठाकर उसके होंठों के पास ले गयी–

"चलो! मुँह खोलो," नवीन मुँह खोलता है। निम्मी उसे टमाटर का टुकड़ा खिलाकर कहती है–"गुड ब्वॉय," नवीन की हँसी निकल जाती है। कमरे में बैठा तनाव बड़े दरवाज़े से बाहर निकल गया।

"सीज फ़ायर," एक बच्ची।

"लड़ाई–लड़ाई बन्द करो...,'' दूसरी बच्ची।

ग्रेवाल निम्मी को छेड़ता है–

"स्वीटहार्ट, अमेरिका से हनीमून मनाकर जब वापिस आओ तो मिलना ज़रूर।"

सब उठते हैं। नवीन के पाँव लड़खड़ाते हैं। मेजर अपनी बाँह के घेरे में उसके कन्धों को लपेटता है, सहारा देता है। दोनों बच्चियाँ निम्मी का एक–एक हाथ पकड़े हुए हैं। सब बाहर निकले। मेजर और नवीन सबसे पीछे। कपिला को नवीन की आवाज़ साफ़ सुनायी दे रही है। पापा को कुछ बता रहा है, लेकिन शब्द सुनायी नहीं दे रहे? हवा उन्हें उड़ाये लिये जा रही है।

सुबह के दस बजे हैं। टैक्सी होटल के पोर्च में खड़ी है। नवीन और निम्मी अपनी कॉटेज से वहाँ आ रहे हैं। बच्चियाँ उनके साथ हैं। निम्मी ने फिर से जींस और गेरुआ कुर्ता पहन लिया है। नवीन ने शेव नहीं की। कपिला को लगता है कि रात के नशे की वजह से नवीन के गालों के अँगारे और सुर्ख़ हो गये हैं। वह टैक्सी का पिछला दरवाज़ा खोलता है। निम्मी अन्दर बैठी। वह दरवाज़ा बन्द कर लेता है। कपिला ने सोचा, अभी दोनों के बीच ग़ुस्से का प्रेत बैठा हुआ है। तभी नवीन उसके साथ नहीं बैठा, अगली सीट पर बैठेगा। निम्मी शीशा नीचे करती है, ग्रेवाल की ओर हाथ बढ़ाती है। मिलाती है।

"शॉल ले लो," कपिला ने निम्मी को समझाया। कपिला पहली बार नोट करती है कि पापा टैक्सी से थोड़ी दूर खड़े हैं। अब इन्हें क्या हो गया? क्या इन लोगों को अलविदा नहीं कहेंगे?

नवीन कार के दरवाज़े पर हाथ रखता है, निम्मी से पूछा–"ख़त लिखोगी"।

निम्मी का निचला होंठ फड़कता है, दाँत चमकता है–"नहीं," और वह खिड़की का शीशा ऊपर चढ़ा लेती है। नवीन ने ड्राइवर को पैसे दिये और टैक्सी होटल के दरवाज़े से बाहर निकल गयी।

कपिला डर के मारे ग्रेवाल का हाथ पकड़ लेती है। फटी आँखों से पास खड़े नवीन को देख रही है। मेजर साहब पास आये, ग्रेवाल के हाथ से उसका हाथ छुड़ाते हैं–

"चलो बेटे! नवीन साहब को आराम करने दो।"

नवीन के क़दम अपनी कॉटेज की ओर उठते हैं। दोनों बच्चियाँ पूछती हैं–

"अंकल हम साथ चलें?" वह 'हाँ' में सिर हिलाता है। दोनों उसका एक–एक हाथ पकड़ लेती हैं। उसके साथ उसकी कॉटेज की तरफ़ जाती हैं।

मेज़र साहब कपिला और गेवाल को बताते हैं कि निम्मी की शादी नवीन से नहीं हो रही। जिससे हो रही है, वह अमेरिका में डॉक्टर है। नवीन ने रात को उन्हें सब कुछ बता दिया था। नवीन की पत्नी है, निम्मी जितनी उम्र की एक बेटी भी है, लेकिन फिर? कपिला के दिल में सवाल उठता है। पर वह पूछती नहीं। क्या सब सवालों का जवाब होता है? निम्मी तो कहती थी, दस दिन बाद हमारी शादी है। कपिला को अब याद आया कि निम्मी हमेशा हम बोलती है। मैं नहीं। सूखे पत्तों की चर्र–चर्र की आवाज़ आ रही है। दोनों बच्चियाँ नवीन की कॉटेज से अपनी कॉटेज की तरफ़ लौट रही हैं। वह हमेशा भागती हैं, चलती नहीं। दरवाज़े पर खड़ी हैं। हाँफ रही हैं।

"अंकल नाराज़ हो गये," एक बच्ची।

"स्टैचू नहीं खेलते," दूसरी बच्ची।

कपिला खड़ी हो गयी। चीख़कर पूछा–

"हुआ क्या? ठीक से बताओ!"

"अंकल ने छाती पर हाथ रखा। मैंने स्टैचू कहा।" एक बच्ची।

"मैंने ओपन कहा, लेकिन वह हाथ उठा नहीं रहे।"

कपिला नवीन की कॉटेज की ओर भाग रही है। छोटे–छोटे दृश्य उसके चारों ओर उसके साथ भागते हुए। पहले दिन जब नवीन ने निम्मी को उठाना चाहा था तो निम्मी ने रोक क्यों दिया था? नवीन के चेहरे पर

अंगारे क्यों दहकते थे? उसके ऊपरवाले होंठ पर हमेशा पसीना क्यों आया रहता था? निम्मी उसे धीरे चलने को क्यों कहती थी? साथ भागते दृश्यों में पहले पढ़ी टैनिसन की कविता की एक लाइन क्यों शामिल हो गयी है? लाल सुर्ख़ गालों को देखकर लिखी टैनिसन की लाइन—मौत के भयावह गुलाब...नवीन को हार्ट अटैक ...उसके अन्दर का डॉक्टर बताता है।

वह कमरे में पहुँचती है। सारे छोटे—छोटे दृश्य आपस में जुड़ गये और सोफ़े के पास गिरे नवीन के पास बैठ गये। ग्रेवाल उसका डॉक्टरी बैग उठाये वहाँ पहुँच गया। बैग कपिला की तरफ़ बढ़ाया।

"नहीं, नवीन मर चुका है।"

"मैं कहता हूँ चेक करो। बको मत।" ग्रेवाल दहाड़ता है। मेजर साहब अन्दर आते हैं। ग्रेवाल की बाँह पकड़कर कहते हैं—

"ही इज़ डेड।"

नवीन की मुट्ठी में काग़ज़ का टुकड़ा। कपिला एक—एक करके उसकी कसी मुट्ठी की भरी हुई उँगलियाँ खोलती है, काग़ज़ का टुकड़ा बाहिर निकालती है, पढ़ती है—

"मेरी बेटी को बुला लें..." इस वाक्य के आगे दिल्ली का टेलीफ़ोन नम्बर लिखा हुआ है।

कौन से पापा?

मुझे औरतों और पुलिस, दोनों से डर लगता है।

जब मैंने अपनी पत्नी को छोड़ा तो रजतपुरीवाला मकान भी छोड़ दिया और शहर भी। पड़ोसियों, कुछ दोस्तों का ख़याल है कि मेरी पत्नी ने मुझे छोड़ा है। पति–पत्नी के अलग होने पर लोग अक्सर ख़्याली घोड़े दौड़ाते हैं–इसकी वजह हमदर्दी नहीं–सिर्फ़ मज़े लेना है। जब मैंने मोनिका को छोड़ा तो मुझे अपनी पाँच साल की बच्ची भी छोड़नी पड़ गयी। बड़े पक्के इरादे की औरत है, उसे जो कुछ लेना हो लेती है, चाहे सीधे हाथ, नहीं तो उल्टे हाथ।

इस सच का पता लगने में, समझने में, मुझे सालोंसाल लग गये कि वह उन औरतों में से है जिन्हें मर्दमार औरतें कहते हैं। आख़िरी लड़ाई जिस दिन हुई थी, उस दिन वह सुबह की निकली हुई देर रात से घर लौटी थी। बच्ची सारा दिन मेरे पास रही, क्योंकि उस दिन मैं टुअर पर नहीं गया था। जब वह घर लौटी तो बच्ची सो चुकी थी।

"सारा दिन कहाँ रही?"

"तुम्हारे क्वाँरे दोस्त कपूर के घर।"

"क्यों? क्या करती रही वहाँ?"

उसे जब ग़ुस्सा आता है तब उसकी आँखें गोल हो जाती हैं। नज़र का चश्मा लगाती है। पुतलियाँ काँच–कंचों की तरह छोटी–छोटी छलाँगें लगाना शुरू कर देती हैं। ऐसे ग़ुस्सेवाले वक़्त उसके पक्के–काले रंगवाले चेहरे पर लाल लपटें उठती हैं। बच्ची सो चुकी है, मैं झगड़ा बढ़ाना नहीं चाहता, हालाँकि ग़ुस्सा आने पर मैं भी उसकी तरह कमीनगी पर उतर आता हूँ। वह मेरे सवाल का जवाब नहीं देती। 'जो करना हो कर लो' वाली मुद्रा में मेरी तरफ़ देख रही है।

"लोग क्या कहेंगे? अपनी नहीं तो मेरी इज़्ज़त का ख़याल रख लिया करो!"

वह हमेशा मेरे सामने कपड़े बदलती है। उसने उल्टे खींचकर अपनी कमीज़ उतारी, ब्रा का एक स्ट्रैप टूटा हुआ है। जिस्म के वह हिस्से जो मर्दों को अक्सर पसन्द आते हैं, काटने-मसलने के लिए, रगड़ खाये हैं। उसे पता है, मैं उसके जवाब का इन्तज़ार कर रहा हूँ, लेकिन वह हमेशा सामरिक चालों से लड़ाई करती है, व्यूह-रचना के साथ। इसलिए जीत हमेशा उसकी होती है। मर्द मूर्ख होता है, एकदम भड़क-बरस जाता है, इसलिए एकदम झाग की तरह बैठ जाता है। उसकी कंचा आँखें छलाँगती हैं।

"एक जवान औरत सारा दिन एक जवान मर्द के घर क्या करेगी? तुम्हारा क्या ख़याल है? हम दोनों दिन भर रामायण पढ़ते रहे क्या? हैं! हो गये सवाल पूरे! कुछ और पूछना है क्या?"

"मोना," मैं लगभग चीख़ा हूँ। बच्ची का क्रिकेट खेलने वाला बैट हाथ में अपने आप आ गया है, जैसे साँप देखते ही लाठी हमारे हाथ में आ जाती है।

अब उसने ब्रा भी उतार दी है, बिस्तर पर लेट गयी है। चादर कन्धों तक तनी है, इसके हिलते हिस्सों से साफ़ पता चल रहा है कि सलवार उतार रही है। वह हमेशा नंगी लेटती है। बैट पकड़े मेरा अधउठा हाथ वह लगातार घूर रही है।

"मारोगे? है हिम्मत! शर्मा जी, मुझे मारना है तो पहले ताक़त के टीके लगवा लो!"

मेरा हाथ काँप रहा है, गुस्से के कारण। उसे पता चल जाता है कि आज ज़रूर मारूँगा, पहली बार।

"मारो! रुक क्यों गये हो? तुम और कर भी क्या सकते हो। नामर्द आदमी हमेशा हिंसक होते हैं। मारो। सोच क्या रहे हो? अभी, इसी वक़्त नंगी-की-नंगी थाने न चली जाऊँ तो माँ की नहीं।"

मुझे औरतों और पुलिस, दोनों से डर लगता है। बैट हाथ से छूट जाता है। उस कमरे से बाहर निकलने के लिए मुड़ता हूँ। वह मुँह पर चादर ओढ़ने से पहले कहती है-

"सुनो! लाइट बुझा दो। मुझसे तो हिला तक नहीं जा रहा। सारी–की–सारी दुख रही हूँ!" यह दुखने वाली बात कहते हुए उसकी आवाज़ में मज़ेदार दर्द का नशा है।

बिस्तरे पर, बच्ची के पास लेट जाता हूँ। ख़ुद से लड़ाई जारी हो जाती है। जो लोग दूसरों से नहीं लड़ सकते, वे हमेशा अपने आप–से लड़ते हैं–एक नपुंसक लड़ाई। छोटी–छोटी लड़ाइयाँ तो मोनिका से अक्सर होती ही रहती हैं। एक बार लड़ाई के बाद उसने पूछा था।

"शर्मा जी, मैं इतनी ही बुरी हूँ तो शादी क्यों की थी? पूरा एक साल पीछे–पीछे घूमते क्यों रहे थे?" यह उसकी एक और सामरिक चाल है, लड़ते वक़्त मुझे 'शर्मा जी' पुकारना–

शादी क्यों की थी? यह सवाल मेरी माँ ने भी पूछा था। यह सवाल अब भी मेरे बहुत नज़दीकी दोस्त पूछते हैं। यह सवाल अक्सर मैं ख़ुद से भी पूछता हूँ, लेकिन क्या यह ज़रूरी है कि हर सवाल का सही जवाब मिल जाये? माँ को मेरी ज़िद का पता था। जो चाहिए लेकर छोड़ता हूँ। मोना को उससे मिलाया था, शादी से पहले। उसके जाने के बाद माँ और बाऊ जी के सामने घोषणा की थी कि मोनिका से शादी कर रहा हूँ। बाऊ जी ने जी–भर बहस की थी, माँ ने उन्हें चुप कराया था। माँ के पास प्रत्येक स्थिति के लिए एक मुहावरा होता है। मुझे हिकारत से देखा था, बाऊ जी की तरफ़ समझाने वाली आँखों से देखा था और मुहावरा बोला था–

"स्याना कव्वा हमेशा गू पर बैठता है!"

मेरी जब मोनिका से शादी हुई थी तब क्या उम्र थी? तेईस? चौबीस? इस उम्र में लड़के पेड़ों और सिरहानों से लिपटकर भी एक ख़ास सुख पाते हैं। जीवन का सच सिर्फ़ ज़िस्म तक सीमित हो जाता है–जिस्म से जुड़ा होता है। किसी पार्क का कोई कोना, सिनेमा हॉल में आख़िरी लाइन में बैठना, एक–दूसरे के जिस्म के हिस्सों को छूकर खोजना, अँधेरी रोशनी वाले होटलों में कॉफ़ी पीना, बस। ज़िन्दगी का सारा–का–सारा सच दो जिस्मों के बीच की दूरी को कम करने में सिमट जाता है। और बकौल माँ के, इस स्याने कव्वे ने मोनिका उर्फ़ मोना से शादी करनी थी, कर ली।

उसने हिन्दी में एम.ए. की है। प्रत्येक हिन्दी एम.ए. की तरह उसे भी लेखक, कवि, नहीं तो आलोचक होने की छूत की बीमारी लग गयी

है। शुरू–शुरू में मुझे उसकी यह छूत की बीमारी अच्छी लगती थी। मैं सेल्समैन हूँ। हफ़्ते में चार दिन घर और शहर से बाहर रहता हूँ। वह बहुत सारे उभरते लेखकों, कवियों की 'भाभी' है। जैसी कविताएँ लिखती है मुझे तो सिर, पैर कुछ भी पता नहीं चलता, लेकिन जब दूसरे, 'हाय भाभी, क्या मारक पंक्ति है' कहते हैं, और उसे भूख–भरी प्रशंसा से देखते हैं, सोचता हूँ शायद मेरी समझ में कोई क़सूर है। अड्डेबाजी में वह अखाड़े की उस्ताद है और मैं चुप–चुप श्रोता। यार लोग उसकी कविताएँ छोटी पत्रिकाओं में छपवा भी देते हैं। शायद उस बार दिल्ली से उसका कोई कवि दोस्त आया था। चिकना–चुपड़ा। बिल्कुल डालडे का डिब्बा। मोनिका ने कविता सुनायी थी। एक अजीब–सी लाइन मुझे आज भी याद है, 'मैं दिन–रात तपते सूरज को अपनी जाँघों के बीच क़ैद रखना चाहती हूँ।' डालडे के डिब्बे ने अपने बाल नोच लिये थे–"हाय भाभी! क्या बिम्ब है! तपता सूरज और जाँघें। भाभी, जिंसबर्ग तुम्हारे आगे पानी भरेगा!" उसका हाथ अंग्रेज़ी तंग है, गिंसबर्ग को जिंसबर्ग कहता है।

उस दिन मेरी समझ में नहीं आया था कि तपते सूरज को जाँघों के बीच कैसे रखा जा सकता है? जाँघें जल नहीं जायेंगी क्या? फिर सूरज न हुआ, अंडरवियर हो गया! बाज़ार से ख़रीदा और जाँघों के बीच क़ैद कर लिया। रात को उससे इस लाइन का मतलब पूछा था।

"यार, तुम दवाइयाँ बेचा करो। कविता से क्या लेना–देना है!" जब उसे लाड आता है तो मुझे यार कहती है।

"बता दो ना। हिन्दी तो मुझे भी आती है। जब दूसरे तारीफ़ करते हैं तो मुझे शर्म आती है।"

"अभी समझाती हूँ," उसने करवट बदली थी। उसकी टाँगें मेरी टाँगों से मोटी हैं। घुटने से मेरी जुड़ी हुई टाँगों को खोला था, अपनी एक टाँग मेरी टाँगों के बीच रखी थी, मेरी पीठ के नीचे दोनों हाथ रखकर झटके से अपने साथ लगाया था। मैं उसकी दोनों टाँगों के बीच क़ैद था।

"आया समझ! हो गया तपता सूरज टाँगों के बीच कैद!" मेरे चेहरे पर न समझ आने वाला मूर्ख–भाव उसने देखा, खीझ गयी, "यार, तुमने बी.ए. तक हिन्दी पढ़ी है–बीन भी हूँ, तुम्हारी रागनी भी हूँ वानी हिन्दी! यह अकविता है, अकविता। तुम अपनी दवाइयाँ बेचा करो!" मैं बिना हिले–डुले

उसकी बात सुन रहा हूँ, उसे छोटा–सा ग़ुस्सा आ गया है, "शर्मा जी, हिलो न! मुर्दों की तरह क्यों लेटे हो!"

उस रात उसकी अकविता का अर्थ मुझे समझ आया, जो उसके कवि दोस्तों को शायद बहुत पहले समझ आ चुका था।

उसे एक बार टोका था कि घर में हर रोज़ इतना भीड़–भड़ाका देखकर पड़ोसी क्या कहेंगे, क्योंकि मैं इतने दिन बाहर टूर पर रहता हूँ।

"देखो, शादीशुदा औरत पर कोई शक नहीं करता। उसके पास एक लाइसेंस होता है, जिसे पति कहते हैं। आयी समझ। और फिर पड़ोसियों का नाम लेकर अपने चोर दिल की बात मत किया करो। तुम्हें बुरा लगता है तो सीधे कहो। हमेशा आड़ लेकर क्यों जीते हो। हैं?"

औरतें आत्मा की जासूस होती हैं। मर्द की किसी भी कमज़ोरी को सूँघकर या सिर्फ़ एक बार साथ सोकर पहचान लेती हैं और फिर इसे हथियार बना लेती हैं। मोनिका को पता है, मैं हमेशा आड़ लेकर जीता हूँ। बहुत छोटा था तो माँ की आड़ थी, क्योंकि मैं चार बहनों के बाद पैदा हुआ था, पीर–फ़क़ीर मनाने पर। स्कूल जाना शुरू किया तो चार बड़ी बहनों की आड़ थी। किसी ने मुझे स्कूल में छुआ–छेड़ा और आधी छुट्टी में पूरी चार दुर्गाओं से घिरा। कॉलेज में, ताक़तवर, दादा क़िस्म के लड़कों को चाय–पानी पिलाता था, उनका समझा जाता था। और अब मैं अपनी पत्नी की आड़ लिये जी रहा हूँ।

आज पहली बार इस सच को स्वीकार किया है कि मैं इस औरत के साथ नहीं रह सकता, जो मुझे सिर्फ़ एक लाइसेंस की तरह इस्तेमाल करती है–मेरे दोस्तों के साथ मौज–मस्ती मारने का लाइसेंस। वे लोग जो बात हमेशा टालते रहते हैं, कमज़ोर लोग होते हैं; किसी के सलाह–सम्बल के बिना एक क़दम भी नहीं उठा सकते।

घड़ी देखी। अभी तो दस भी नहीं बजे। बंसल साहब से सलाह ली जाये। पड़ोसी हैं, उनसे खुलकर बातें करने में मुझे शर्म नहीं लगती। दुनिया देखे हुए हैं, हमेशा झगड़े या बहस की नब्ज़ पकड़ लेते हैं। अंग्रेज़ी दैनिक में सहायक सम्पादक हैं, लेकिन रसिया उर्दू के हैं। रोने के लिए मुझे उनका कन्धा अच्छा और सुरक्षित लगता है। अभी तो 'बैठे' होंगे। बात करते हुए हमेशा चश्मा उतारते–लगाते रहते हैं। सवाल पूछेंगे तो लगा लेंगे, जवाब सुनेंगे तो उतार लेंगे। शुरू–शुरू में ग़लती लग जाती है कि

हर बात को मज़ाक़ में उड़ाते हैं, लेकिन बाद में समझ आता है कि सच बोल रहे हैं, बिना किसी घुमाव के।

दरवाज़ा खटखटाया। उनकी पत्नी ने खोला। 'मैं समझ गयी' वाली मुस्कान से मेरी नमस्ते का जवाब दिया और बताया कि बंसल साहब बैठे हैं। मतलब कि पी रहे हैं।

"आओ। शराब तो तुम पीते नहीं," फिर ऐनक उतारकर पत्नी को आवाज़ दी, "अरे सुनो। बबुआ आये हैं। दुध ले आओ। इसकी क़िस्मत में खाना–पीना तो लिखा नहीं!"

"नही बंसल साहब! रहने दें। खाना खाकर आया हूँ।"

"चेहरा तो चुगली खा रहा है कि भूखे हो। थोड़ी पी लो, यार! मेरा साथ देने के लिए ही सही," मैंने जोर से 'न' में सिर हिलाया। उन्होंने ऐनक डाली, चेहरा एक छोटी–सी शरारत में बदल गया, "दूध पी लो, बबुआ! मलाई तो तुम्हारे दोस्त खा जाते हैं। क्यों?" वह फक् से हँसे, साथ ही खाँसे। जब उन्हें हँसी आती है तो खाँसी भी साथ ही आ जाती है। दूध लेकर कमरे में आती उनकी पत्नी ने यह बात सुन ली है। उन्हें प्यार–भरी डाँट मारी–"शर्म करो। आपको छेड़–छाड़ सूझ रही है। शर्मा जी पहले ही दुखी लगते हैं। ऊपर से..." उन्होंने ऐनक डाली, पत्नी को देखा, दोनों के बीच एक साज़िशी मुस्कान उछली– "देखो जानेमन! शर्म तो मुझे आती नहीं। तभी आठ बच्चे पैदा किये हैं। नहीं तो 'दो के बाद कभी नहीं' का गायत्री मन्त्र सुनते–सुनते ब्रेक न लगा लेता। जाओ 'लेटो' लेकिन अभी सोना मत। फिर कहोगी जगा दिया!" बीवी का चेहरा इस उम्र में भी रसीला हो जाता है, मैं इन्तज़ार करूँगी का खामोश निमन्त्रण देता चेहरा।

उन्होंने गिलास आधा भरा। सिप लिया 'कड़वी है' कहकर थोड़ी–सी और डाली, 'हाँ, अब ठीक है' कहकर गिलास मेज़ पर रखा। मेरी तरफ़ सवालिया निगाहों से देखा।

"बंसल साहब! ऐसी–वैसी औरतों का पता लोगों को कैसे चल जाता है?"

"देखो बबुआ, तुम सेल्समैन लोग सीधी ज़बान इस्तेमाल क्यों नहीं करते। अब यह 'ऐसी–वैसी' क्या हुआ? सीधे कहो बदमाश औरतें। क्यों, ठीक है न?" फक् से हँसे–खाँसे, सिगरेट लगा ली। ऐनक उतारकर मुझे

देख रहे हैं, अपनी एक्सरे नज़रों से। उनके सामने होता हूँ तो लगता है मेरे सारे कपड़े उतर गये हैं, बिल्कुल नंगा महसूस करता हूँ। उन्हें पता है, जवाब का इन्तज़ार कर रहा हूँ। ऐनक डालते हैं, घूँट भरते हैं, अपने गंजे सिर पर हाथ फेरते हैं और मेरा कन्धा उँगली से छूकर कहते हैं–

"जब कुत्ती गहरमाई होती है, हीट में होती है तो मुहल्ले–भर के कुत्तों को कैसे पता चल जाता है? बदमाश औरत हमेशा गरमाई हुई कुतिया होती है। मर्दों को सूँघकर उसका अता–पता मालूम पड़ जाता है, लेकिन तुम्हारे जैसे मर्दों को नहीं। हाँ, खाते–पीते को।" फिर हँसे–खाँसे। मैं सिर झुकाये बैठा हूँ। बात कहने, करने में शर्म लग रही है। वह हमेशा बात आगे बढ़ाने के लिए छोटा–सा दरवाज़ा खोल देते हैं।

"सुना नहीं, जब बीवी धोखा दे रही हो तो सारे शहर को पता होता है, सिवाय उसके पति के। क्यों? ठीक कह रहा हूँ न! घरवाले के दोस्त उसे बताते नहीं कि बेचारे को तकलीफ़ होगी। दूसरों को ऐसी बातों में सिर्फ़ मज़े लेने होते हैं। पुअर हस्बैंड!"

उन्हें पता है, जब देर–सवेर उनके घर आता हूँ तो मोना का रोना इसकी वजह होती है। दबी आवाज़ में कहता हूँ–"बंसल साहब! आज तो हद हो गयी। लिमिट क्रास कर गयी। सारा दिन मेरे दोस्त कपूर के घर रही। मेरे पूछने पर कि वहाँ क्या करती रही, जानते हो क्या जवाब दिया–तुम्हारा क्या ख़याल है? रामायण पढ़ती रही?" मेरा सिर झुक गया है।

"बहुत ख़ूब! भाई शायरा ठहरी। क्या जवाब है!" वह हँसे, ख़ाँसे। लम्बा घूँट भरा, ऐनक डाली–"तुम्हें एक नया लतीफ़ा सुनाऊँ? प्लेब्वय में आज ही पढ़ा है," मैं हाँ में सिर हिलाता हूँ।

"एक सेल्समैन है। तुम्हारी तरह नहीं! नयी–नयी शादी हुई है। दो दिन के लिए टूअर पर गया। तीसरे दिन टेलीग्राम देता है–अभी नहीं लौट सकता। सामान बेच रहा हूँ। फिर तार आता है–अभी भी बेच रहा हूँ। बीवी उसे तार से जवाब देती है–तुम जो कुछ वहाँ बेच रहे हो, मैं यहाँ ख़रीद रही हूँ। सेल्समैन उल्टे–पैर लौट आता है", वह ठहाका लगाकर हँसते हैं, लम्बा खाँसते हैं, लम्बा घूँट भरते हैं। मुझे घूरते हैं, सख़्त आवाज़ में बोलते हैं–

"तुम कैसे मर्द हो? न तुम्हें हँसी आती है न ग़ुस्सा। उसे छोड़ दो। लीव हर। नहीं तो तुम्हें खा जायेगी। कच्चा। समझे।"

"लेकिन छोटी बच्ची...", उन्होंने मेरी बात बीच में काट दी, "यह लेकिन लफ़्ज़ है न, तुम्हारी ऐसी–तैसी कर देगा। इस लेकिन की माला बना लो। रात–दिन फेरा करो। समझे," उनका चेहरा तमतमा गया है। मुट्ठी भींचकर सिगरेट का कश खींचते हैं, ग़ुस्से पर क़ाबू पा लेते हैं।

"देखो, रवीन्द्र कुमार शर्मा! यह औरत या कोई भी दूसरी औरत तुम्हारे बस की नहीं, क्योंकि तुम औरत पर ज़ुल्म नहीं कर सकते। न ज़बान से न जिस्म से। हर औरत थोड़ा–बहुत ज़ुल्म, टॉर्चर चाहती है। समझे? तुम्हारी बीवी जैसी औरतों का सिर्फ़ एक इलाज है। उन्हें हमेशा हामला रखो। ऑल्वेज़ प्रैगनेंट। समझे!"

"लेकिन बंसल साहब! मेरा उसके साथ सोने को दिल नहीं करता।"

"दिल नहीं करता! क्यों नहीं करता?" वह हैरान हैं।

"उसके शरीर से, उसके बिस्तरे से बू आती है!"

"बू आती है? कैसी बू? नहाती नहीं क्या?"

"वह बू नहीं। दूसरी वाली। जो बू जू में बन्द शेरनी के पिंजरे से आती है। मांसखोर बू!"

वह सिर झुकाये बैठे हैं, बिना हँसे–खाँसे। इस बार ऐनक नहीं लगाते। ऊपर नहीं देखते–"देखो शर्मा! तुम इस औरत को छोड़ दो नहीं तो यह तुम्हें खा जायेगी या मरवा देगी। समझे? अब तुम्हारी कोई दफ़्तर जाने वाली नौकरी तो नहीं है। नहीं है न? बस। बच गये। किसी और शहर में रहकर भी यह नौकरी कर सकते हो।" मेरे चेहरे पर वह 'लेकिन' वाला भाव देख लेते हैं, "सुनो, औरत जब नंगी हो जाये तो एक मर्द की क्या सारे मुल्क की माँ की...बस तुम यह शहर छोड़ दो।" मैं उठते हुए उनसे पूछता हूँ–"बंसल साहब, आप मुझे बबुआ कहकर क्यों बुलाते हैं?"

"तुम्हें बबुआ का मतलब पता नहीं? इसीलिए कहता हूँ, उसे छोड़ दो। यह शहर छोड़ दो मेरे, बबुआ!" वह हँसे, खाँसे।

और मैंने घर तथा शहर दोनों छोड़ दिये। मोनिका ने इस बारे में कुछ बात नहीं की। जानता था, एक दबका मारेगी और मेरा इरादा बदल देगी।

फिर से पुलिस की धमकी दी तो? और मैं पुलिस और औरतों, दोनों से डरता हूँ।

शास्त्री विहार में मकान मिल गया है, बहुत कम किराये पर। अभी नयी–नयी कॉलोनी बनी है। पूरी लाइन में मुश्किल से दो–तीन किरायेदार आये हैं। बिना निवासियों का नगर। अब मेरी नौकरी ऐसी तो है नहीं कि रोज़ दफ़्तर जाना पड़े और वह भी टाइम पर। हफ़्ते में चार दिन टूअर पर। बाहर खाना, बाहर सोना लेकिन यहाँ पर खाने की बहुत दिक़्क़त रही। अभी लोग यहाँ बसे नहीं। दुकान और ढाबे का क्या काम? लोग नहीं तो भाइयाँ, धोबी–दर्जी भी नहीं। और अपना यह हाल है कि आज तक चाय नहीं बनायी। यहाँ के एक कैमिस्ट ने ही यह मकान दिलवाया है। उससे खाने–पीने की प्रॉब्लम बतायी।

"शर्मा जी, सबसे पहला काम यह करो कि एक फ्रिज ले लो।"

"फ्रिज! उससे क्या होगा? यार, मेरी प्रॉब्लम का मज़ाक़ मत उड़ाओ। भूख लगे तो चार किलोमीटर चलकर यहाँ शहर तक आना पड़ता है। यह सोचकर ही भूख मर जाती है।"

"अरे शर्मा जी! मैं मज़ाक़ कहाँ कर रहा हूँ। फ्रिज आधी बीवी है, हाफ वाइफ़!"

मैं उसकी बेतुकी बात पर हैरान हूँ। वह एक आँख दबाकर हँसता है–"देखो। बीवी रोटी देती है। ठीक है न!" मैं हाँ में सिर हिलाता हूँ।

"फ्रिज में सब्ज़ी रख लो, ब्रैड रख लो, दूध रख लो। कुछ दिन तो खाने को मिलेगा न। भाई बनी–बनायी सब्ज़ी ख़रीदकर फ्रिज में रख लो।"

मैं समझ आने वाली मुद्रा में सिर हिलाता हूँ।

"तो फिर फ्रिज आधी बीवी हुआ कि नहीं? आपको खाना देता है। बीवी की तरह, लेकिन आप फ्रिज के साथ सो नहीं सकते। इसीलिए फ्रिज को हाफ़–वाइफ़ कहते हैं!"

कहता तो ठीक है। और फिर मुझे बाक़ी की आधी बीवी, जो साथ सोती है, उसकी ज़रूरत नहीं।

"शर्मा जी! आप पैसों की फ़िक्र मत करें। यहाँ का डीलर मेरा दोस्त है। आराम से किश्तों में पैसे दे देना। आज ही फ्रिज ख़रीद डालते हैं!"

और बस, उस शाम मेरा मकान आधा घर बन गया। बाज़ार से पकी–पकायी सब्ज़ियाँ ख़रीद लेता हूँ। ब्रेड के साथ चल जाता है। साइकिल पर ट्रंक रखे अण्डे–डबलरोटीवालाकॉलोनी में आने लग पड़ा है। लाइन के पहले मकान के सामने खड़ा होकर पों–पों बजाता है। लोग वहीं जाकर ख़रीद लेते हैं।

सामनेवाला मकान थोड़े दिनों से बस गया है। कोई स्कूटरवाला आया है। आज रविवार है। पों–पों वाला थोड़ी देर से आया है। आवाज़ सुनते ही बाहर आता हूँ। अण्डे और ब्रेड ले लूँ। सामनेवाला भी बाहिर निकलता है। तीन–चार साल की गुड़िया जैसी बच्ची ने उसकी उँगली पकड़ रखी है। एकदम उदास हो जाता हूँ। अपनी बच्ची की याद आ जाती है।

छोटे बच्चे राजदूत होते हैं, अजनबियों के बीच जान–पहचान करवाने वाले राजदूत। भुने हुए सफ़ेद चनों का पैकेट ख़रीदती है, मेरी ओर देखती है। मुस्कराती है। ख़बर देती है, "अंकल, आप भी ले लो। बहुत स्वादी हैं। मिर्ची नहीं। मैं तो सारे पैकेट खा जाती हूँ। सारा।" मैं उसके सिर पर हाथ फेरता हूँ। उसके पिता परिचय देते हैं–"मैं नारंग हूँ।"

"जी, कितने किराये पर मकान मिला?'' किराये पर नहीं। अपना है। अपना," उनका सीना कुछ इंच फूल जाता है।

नारंग की उम्र तीस के आसपास होगी। अफ़सर तो दिखता नहीं, क्योंकि उसके पास से बू नहीं आ रही। फिर अपना मकान।

"बड़ी हिम्मत की, नारंग साहब! इतनी उम्र में अपना मकान।"

"अजी, मेरी कैसी हिम्मत? सारा क्रेडिट तो मेरी वाइफ़ को है। पैसा–पैसा बचाया है उसने। फिर मैं बैंक में हूँ। लोन मिल जाता है। आप अकेले हैं क्या?" मेरे कोई जवाब देने से पहले वह फिर बोलता है–"शर्मा जी, नो लाइफ़ विदाऊट वाइफ़। खाने–पीने का कैसे किया? यहाँ तो अभी ढाबा–वाबा खुला नहीं।" मैं ब्रेड की तरफ़ इशारा करता हूँ। उनकी बच्ची मुझे फिर याद दिलाती है, "अंकल, चने ले लो न। बहुत स्वादी। नो मिर्ची।"

"बड़ी बक–बक करती है। शकुन है। एल.के.जी. में फ़र्स्ट आयी है। सारा क्रेडिट मेरी वाइफ़ को है। वही घर में पढ़ाती है।"

मुझे नारंग से रश्क होता है। बीवी हो तो ऐसी। मकान बनवाने का क्रेडिट पत्नी को, बच्ची के फ़र्स्ट आने का क्रेडिट पत्नी को। और मैं? घर छोड़ आया हूँ, क्रेडिट पत्नी को। बच्ची छोड़ आया हूँ, क्रेडिट पत्नी को। कुछ लोग होते ही क़िस्मत के धनी हैं। जैसे यह नारंग।

"शर्मा जी, आप दोपहर का खाना हमारे पास खाइये टी.वी. पर क्रिकेट मैच भी देखेंगे। क्यों," तो इनके पास टी.पवी. भी है। मैं, आपको परेशानी होगी। वग़ैरह बहाने बनाता हूँ।

"कैसी परेशानी? अरे भाई, छुट्टीवाले दिन तो घर का खाना खाना चाहिए। आप आ जायें। बस। न–नुकूर नहीं चलेगी!"

"अंकल। मैं लेने आऊँगी। हाँ, कप्पल देव को देखेंगे। बड़ा मज्जा आता है," वह हाथ ऊपर उठाती है, ख़ाली हाथ से ख़ाली बॉल फेंकती है। टेस्ट–मैच चल रहे हैं। बड़े–छोटों को क्रिकेट का बुख़ार चढ़ा हुआ है। वह मुझसे प्रॉमिस ले लेती है।

इतने महीनों से ब्रेड खा रहा हूँ, लेकिन आज बेस्वाद लग रही है। घर का खाना मिलने की कल्पना ने ही ब्रेड का स्वाद बिगाड़ दिया है।

शकुन मुझे लेने आ गयी है। उसे पाँच बॉल–प्वायंट पेन देता हूँ। हमारी कम्पनी के हैं। राइटिंगपैड भी देता हूँ। हमारी कम्पनी के हैं। उसके चेहरे पर चमक आ गयी है–"लिख लूँ।" 'हाँ' में सिर हिलाता हूँ। वह एक–एक पैन की टोपी उतारती है, लिखकर देखती है, और अच्छा कहकर चार पेन बन्द कर देती है।

"अंकल! आपको कैट बनाना आती है? कैसे बनाते हैं?"

मैं उसे बहलाने की कोशिश करता हूँ। हालाँकि मुझे कुछ भी बनाना नहीं आता। कुछ लाइनें खींचकर कहता हूँ कि कैट बन गयी।

"नो, यह कैट नहीं। इसकी पूँछ कहाँ है?"

"पूँछ तो चूहों ने काट ली, जब कैट सो रही थी।"

"सच्ची! मुझे पूरी स्टोरी सुनाओगे। हाँ, मम्मी तो बस पढ़ो शकुन कहती है। स्टोरी नहीं सुनाती।" वह रोने को हो आयी है।

"पहले चाय पी लें। थोड़ी–थोड़ी।"

"हाँ! मैं भी साथ बनाऊँगी।" वह पूँछ–कटी कैट को भूल गयी है।

रसोई देखती है। अण्डों के छिलके देखती है। काग़ज़ के टुकड़े देखती है–"छी अँकल! गन्दी किचन। झाड़ू दो। साफ़ करेंगे।" वह मेरे

न–न करने पर भी छोटे–छोटे हाथों में झाडू पकड़ लेती है, सफ़ाई करती है। गीले कपड़े से प्याले पोंछती है। पुराना अख़बार बिछाती है। उस पर सामान रखती है। मैं स्टोव को पम्प करता हूँ।

"ठहरो अंकल! पहले पोंछ दूँ," वह स्टोव साफ़ करती है, ख़ुश होती है–"कैसे चमक गया। हाँ, मैं रोज़ आऊँगी। अंकल! मेरी यहाँ कोई फ्रेण्ड नहीं। आपके पास आऊँ?" मुझे फिर अपनी बच्ची की याद आ गयी है–बिल्कुल शकुन की तरह है बक–बक। क़मीज़ की बाँह से भर आयी आँखें पोंछता हूँ। बच्चों की ज्ञानेन्द्रियाँ बहुत तेज़ होती हैं, झट से सच समझ लेते हैं। चाहे बता न सकते हों।

"आप रोते क्यों हैं, अंकल?"

"नहीं बेटे! आँखों में धुआँ लग गया था।"

"बुद्धू! स्टोव से धुआँ थोड़े निकलता है। हाँ, रोते नहीं। मम्मी कहती है, अच्छे बच्चे कभी नहीं रोते!"

हम दोनों चाय पीते हैं। वह घूँट लेती है, अपनी छोटी–सी नाक सिकोड़ती है–"ठीक नहीं बनी। कड़वी है।" मैं उसे बताता हूँ कि मुझे चाय बनानी नहीं आती।

"बुद्धू! मेरे पापा तो रोटी बना लेते हैं। सब्ज़ी भी। दाल भी। हाँ!"

प्याले धोने की ज़िद वह करती है। फिर हाथ पोंछकर आज्ञा देती है–"अब चलें! देरी हो गयी। रोटी का टाइम।"

शकुन के पिता बैठक में हैं, देखते ही उठकर मुझे बाँह से पकड़ते हैं, अन्दर बिठाते हैं। जैसे उनका शरीर भरा–पूरा है, वैसे ही बैठक भी। चमचम करते टी.वी. और फ्रिज। जैसे अभी–अभी नहाये हों। नारंग साहब के पूरे–के–पूरे चेहरे को अगर मुस्कान कहा जाये तो ग़लत न होगा। माथा मुस्काता, आँखें मुस्काती, होंठ मुस्काते और शब्द भी मुस्काते हुए। ज़रा लटकाकर शब्द बोलते हैं, बिल्कुल नशीली आवाज़ में। जाने क्यों उनके सामने बैठकर लगता है कि बिजली का हज़ार वॉट्स का बल्ब जल रहा है। वहीं से पत्नी को आवाज़ देते हैं–"अरे भाई! अब आ भी जाओ। शर्मा जी आ गये हैं। कुछ चाय–वाय हो जाये।"

वह बैठक में आती है। साथ–साथ छोटी–सी ख़ुशबू भी। बहुत धीरे पैर रखती है, लेकिन दोनों कानों के पास ढीले छोड़े गये बाल फिर हिलते

हैं। जिस्म हल्का भारी है, लेकिन मस्ताया हुआ। मामूली सूती साड़ी पहनी है, लेकिन उसके शरीर पर एकदम क़ीमती लग रही है। मेरे पास, सोफ़े पर बैठती है। छोटी–सी ख़ुशबू भी वहीं बैठ जाती है। पति छेड़ता है–"क्यों भाई, क्या शर्मा जी हम से अच्छे हो गये? खाने से पहले दिल जलाने की क्या तुक बनी। हमारे पास बैठो न!"

वह उसे मीठी डाँटती आँखों में देखती है। थोड़ा और क़रीब सरक आती है–"क्यों? बड़ी जल्दी जल गये। शर्मा जी के पास कौन औरत बैठकर ख़ुश न होगी!" उसकी आवाज़ संगीतमय है, प्रत्येक शब्द सुर में बोलती है। मुझे ऊपर से नीचे देखती है। जाने मुझे क्यों यह वाहियात एहसास होता है कि जिस्म के जिस–जिस हिस्से पर उसकी निगाह पड़ती है, वह हिस्सा मीठा हो गया है।

"शर्मा जी, आपको तो आर्टिस्ट होना चाहिए था। यह कोई काम हुआ, दवाइयाँ बेचना। यू आर सच अ हैंडसम मैन। आपको तो फ़िल्मों में होना चाहिए था।"

"क्यों बेचारे की दोनों टाँगें खींच रही हो। शर्मा जी का चेहरा तो देखो। ब्लश कर रहे हैं। इनको बाद में छेड़ लेना। खाने का क्या चक्कर है। गिल साहब भी आयेंगे। सलाद काट लो। ढेर सारा। तुम्हें पता है न कितना खाते हैं!"

"सब कुछ तैयार है। आप चिन्ता न करें। दुबले हो जायेंगे," फिर मुझे बताती है–"नारंग साहब का सर्किल बहुत बड़ा है, गिल साहब यहाँ के इंकमटैक्स ऑफ़िसर हैं। बहुत मज़ेदार आदमी हैं। हमेशा हँसते–हँसाते।" वह अन्दर जाती है। कंघी करती हुई बैठक में लौटती है। जब उसका कँघीवाला हाथ ऊपर उठता है तो शरीर का उस तरफ़वाला हिस्सा भी ऊपर उठता है। बग़ल एकदम गोरी है, जैसी बाँह। एक सुखद–सुगन्ध का छोटा–सा झोंका पहले मेरी नाक को छूता है, फिर मेरे पास, बिल्कुल पास बैठ जाता है। मुझे अपनी पत्नी की बग़लें याद आती हैं। जिस्म में खुलने वाली काली स्याह खिड़कियाँ और काँटों जैसे छोटे–छोटे खुरदरे बाल। उसकी बग़ल मेरी नाक के पास होती थी तो साँस बन्द कर लिया करता था।

अब वह दोनों हाथ कन्धों के पीछे करती है, बालों को गाँठ लगाने के लिए। ज़िस्म के दोनों तरफ़ के उभार और उभरते हैं, और उसके स्तनों

में हल्का कम्पन होता है, जैसे उड़ान भरने से पहले किसी परिन्दे का पेट काँपता है। मेज़पोश पर बना परिन्दा भी हिलता है। मेरे सारे शरीर में छोटी–छोटी लहरें उठती हैं, वही वाली। अपने पैरों की तरफ़ देखना शुरू कर देता हूँ। नारंग क्या सोचेगा? क्या मैं ऐसा–वैसा आदमी हूँ, लेकिन उसने ऐसा कुछ नहीं सोचा। उसे फिर छेड़ा–"बहुत अच्छी लग रही हो। क्यों बालों के पीछे पड़ी हो!"

"कहो तो आपके पीछे पड़ जाऊँ," उसने जवाबी हमला किया। दोनों में एक नशीली मुस्कान का आदान–प्रदान होता है। दोनों हँसते हैं। बिल्कुल मेड फ़ॉर ईच–अदर तस्वीरोंवाले जोड़ों की तरह। मैं उदास हो जाता हूँ। इस जुड़े हुए घर ने मुझे अपने टूटे हुए घर की याद दिला दी है।

"अरे भाई, अभी शादी–वादी नहीं की क्या," नारंग के यह सवाल पूछने पर मैं सोच में पड़ गया हूँ। सच बताऊँ कि झूठ? फिर जो सच है, बता देता हूँ। अब यहाँ रहना है, मिलना–जुलना होता रहेगा, एक–न–एक दिन तो इन लोगों को बात का पता चलना ही है। लम्बी बात को थोड़े शब्दों में बताना हम सेल्समैन अच्छी तरह जानते हैं। डॉक्टरों के पास कहाँ इतना समय होता है कि हर दवाई का पूरा इतिहास और गुण सुनें।

"लेकिन आपको कोई कैसे छोड़ सकता है! यू आर सच ए नाइस मैन, " वह मुझे ऊपर से नीचे देखती है। फ़ैसला सुनाती है।

"उसने नहीं छोड़ा। मैंने छोड़ा है। उसे तो यह भी पता नहीं कि मैं इस शहर में हूँ!"

"देखो शर्मा जी! एक बात कहूँ। बुरा मत मानना। छोटी–मोटी चूँ–चाँ तो हर घर में चलती रहती है, इतनी छोटी बातों पर अलग होना कोई वाइज़ बात नहीं। भाई, पत्नी होम मिनिस्टर होती है। अब इन्हें देखो। इतना दबाकर रखती हैं कि अब तक मुझे बीस बार छोड़ देना चाहिए था।"

"अच्छा जी, तो फिर छोड़ते क्यों नहीं!" आवाज़ में तुनक।

"अरे भाई, अब शर्मा जी के सामने सारे पर्दे मत खुलवाओ। तुम जैसी तो क़िस्मतवालों को मिलती है। कहो तो खड़ा होकर तुम्हारी शान में जन–गण–मण सुना दूँ।"

"उतर आये अब मक्खन लगाने पर," आवाज़ में गरमायश।

"तुम तो ख़ुद मक्खन हो। और मक्खन लगाने की ज़रूरत है क्या?"

वह उठती है, पति की मोटी नाक चुटकी में पकड़ती है और मुझे ख़बर देती है—"मोटी नाकवाले हमेशा बदमाश होते हैं।" नारंग हाथ आगे करता है, पकड़ने के लिए। वह पीछे छिटकती है—"खाना लगा लेने दो। फिर आराम से हाथ पकड़ लेना।" मुझे सफल विवाहित जीवन का रहस्य पहली बार पता चलता है—छोटी—छोटी बातों में रस लेना। पति—पत्नी को हर वक़्त आक्रमण की मुद्रा में नहीं जीना चाहिए। मोना के साथ बीते वक़्त के कड़वे टुकड़े याद आ रहे हैं। इन दोनों को देखकर, इनकी बातें सुनकर सोचता हूँ कि सारा क़सूर मेरा है। अगर उसकी कविताएँ मेरे पल्ले नहीं पड़तीं तो तारीफ़ तो की जा सकती थी। दोस्त उससे छेड़छाड़ करते थे तो मेरा मुँह क्यों सूज जाता था। नारंग मुझे सोच में डूबा देखकर समझाता है, दिलासा देने वाली आवाज़ में—"शर्मा जी! क़सूर कभी एकतरफ़ा नहीं होता। अरे भाई! थोड़ी—सी अंडरस्टैंडिंग होनी चाहिए। एक ऊँचा बोले तो दूसरा चुप हो जाये। बस, मैं तो कहूँगा आपको भाभी को मना लेना चाहिए। अब हमें देखें! बैंक में कितनी पे मिलती है। अपना मकान बनवा लिया है। इस मकान की हरेक ईंट में मेरी वाइफ़ का हिस्सा है। बच्चों को संगीत सिखाती है, ट्यूशन पढ़ाती है। मैं दफ़्तर के बाद एकाध जगह हिसाब—किताब का काम कर लेता हूँ। तभी सब ठीक—ठाक चल रहा है। वर्ना अमीर घर की है। क्या मजाल कभी कोई शिकायत की हो। बस, परफ़ेक्ट अंडरस्टैंडिंग है।"

तभी अन्दर से आवाज़ आती है, "शर्मा जी किचन में आ जायें। आज आपको चावल बनाना सिखाऊँगी।"

मैं किचन में आता हूँ। उसके पास खड़ा होता हूँ। एक छोटी—सी ख़ुशबू मेरे कन्धों के आसपास मँडराती है—जहाँ तक उसका सिर पहुँचता है। वह बताती है कि चावल कम—से—कम तीन बार धोने चाहिए। अब वह मुझे कुकर बन्द करना सिखाती है; बार—बार कोशिश करता हूँ, ढक्कन बन्द ही नहीं होता। वह मेरी कलाई पकड़ती है—"यह तीर का निशान है न!" मैं 'हाँ' में सिर हिलाता हूँ—"बस, ढक्कन को इस निशान पर रखें," रखता हूँ। उसने मेरी कलाई को हल्का—सा मोड़ा और ढक्कन बन्द हो गया। उसने अब भी मेरी कलाई पकड़ी है। हम दोनों साथ—साथ हँसते

हैं, वह अपनी लयबद्ध आवाज़ में कहती है–"देख लीजिए, कुकरवालों ने भी तीर का निशान बनाया है, इसे कहते हैं तीर निशाने पर बैठना।" मुझे उसका कलाई पकड़ना, हँसना, छोटी–छोटी दोहरे अर्थों वाली बातें करना अच्छा लगता है। फिर शर्म आ जाती है। हाथ अलग कर लेता हूँ। वह फिर मुस्कराती है। ख़ुशबू मेरे कन्धों से उतरकर कमर पर आ गयी है क्योंकि वह नीचे झुककर कुछ उठा रही है। उसके किचन में हर चीज़ नहायी–धोयी है। मुझे अपने घर का किचन याद आ जाता है–जंग का मैदान।

"आपने हर चीज़ कैसे ढंग से रखी है। मेरे घर तो एक चीज़ चाहिए हो तो दस डिब्बे खोलने पड़ते थे।"

"क़रीने–क़ायदे से जीना अच्छा होता है। घर में छोटे–मोटे झगड़े हमेशा रसोई के कारण होते हैं। अब देखिए, इस कील पर यह काग़ज़ लटका है। पेंसिल धागे से बाँधकर यहीं लटका दी है। घर का जो भी सामान चाहिए हो, इस काग़ज़ पर लिख देती हूँ। बस, यह बाहर आते–जाते ख़रीद लेते हैं। परफ़ेक्ट अंडरस्टैंडिंग है हम दोनों में।"

नारंग दरवाज़े पर खड़ा हमारी बातें सुन रहा है। सलाह देता है, "सुनो भाई। वह पुराने वाला कुकर शर्मा जी को दे दो। रोज़ बेचारे को ब्रेड खानी पड़ती है। अब चावल तो बना लिया करेगा।"

"नहीं। रहने दें। मैं ख़रीद लूँगा।"

"अरे भाई! कुकर और औरत इस्तेमाल करने से कभी नहीं घिसते,–"उन्होंने हमें छेड़ा।

"आ गये, टाँग खींचने पर," मीठी झिड़की।

"कहो तो दूसरा टाँग भी खींच दूँ," दोनों में फिर से उस नशीली मुस्कान का आदान–प्रदान। परफ़ेक्ट अंडरस्टैंडिंग!

दरवाज़े के पार कार रुकने की आवाज़ आती है।

"गिल साहब आ गये," नारंग बाहर जाता है। कुकर की सीटी बजती है। वह मेरी कलाई पकड़कर ढक्कन खोलना सिखाती है। मुझे फिर अच्छा लगता है। फिर शर्म आती है। हम दोनों बैठक में आते हैं।

गिल साहब लम्बे–चौड़े आदमी हैं। उन्हें देखकर पहला एहसास यह होता है कि कमरे में छोटा–सा पहाड़ बैठा है। मुझसे बड़ी गर्मजोशी से

मिलते हैं–तौलती हुई निगाहों से देखते हैं। मेज़ पर बीयर की बोतलें रखी हैं। गिल साहब लाये हैं।

"इनकी क्या ज़रूरत थी," नारंग की आवाज़ में उछाह।

"ज़रूरत है, प्यारे! संडे और बीयर के बिना बीत जाये। एक 'मुर्ग़ा' घर पेटी पहुँचा गया था।"

वह मेज़ पर चार लम्बे गिलास रखती है। मैं ख़बर देता हूँ कि पीता नहीं। गिल साहब मज़ा लेते हैं–"अरे शर्मा जी! नीट मत पियो। थोड़ा पानी मिला देते हैं।" मैं ज़ोर से 'न' में सिर हिलाता हूँ।

"आपसे तो हमारी भाभी अच्छी है। एक गिलास का साथ तो देती है।"

वह कलाई में पहने कड़े से बीयर की बोतल खोलते हैं।

"थोड़ी ले लो। कुछ नहीं होता। गिल साहब के साथ एक गिलास तो मैं भी पी लेती हूँ।"

"न। मुझे कड़वी लगती है।"

"भाभी! शर्मा जी को थोड़ी चीनी मिलाकर पिला दो।"

"गिल साहब! आपको तो बस हर बात पर मज़ाक़ सूझता है।"

तभी शकुन बैठक में आती है। गिल साहब उसे अपनी गोद में खींचते हैं। दोनों गालों पर 'चुम्मा' लेते हैं–पटाख़े की आवाज़ वाला चुम्मा।

"अच्छा बताओ! हम शकुन बेटे के लिए क्या लाये हैं?"

"चॉकलेट," वह न करते हैं–"पेंसिल बॉक्स" वह न करते हैं–"तो बताओ जल्दी, क्या लाये हैं?"

"आँखें बन्द करो," वह करती है। गिल साहब बाहर जाते हैं, लौटते हैं। हाथ में बड़ी–सी गुड़िया है, शकुन जितनी लम्बी। गुड़िया उसके पास खड़ी करते हैं–"अब खोलो आँखें। तुम्हारी छोटी बहन आयी है।" शकुन गुड़िया देखती है–"इत्ती बड़ी," हैरान आँखें–"सच्ची? कितनी बड़ी है! बोलती है!"

"यह सिली गुड़िया नहीं कि बस बोलती रहे। गाना गाती है, गाना–"वह पीठ पर लगी चाबी घुमाते हैं। कमरे में किसी अंग्रेज़ी धुन का कटा हुआ टुकड़ा तैरता है और फिर दरवाज़े से बाहर निकल जाता है। शकुन गुड़िया उठाकर अपने कमरे में भाग जाती है।

गिल साहब टिककर पीते हैं और टिककर खाते हैं। सलाद की चार प्लेटें ख़त्म कर चुके हैं, दो बोतलें भी।

"भाभी! सर्दियाँ आ गयीं, एक स्वेटर बुन दो न हमारे लिए।"

"स्वेटर? आपके लिए तो पैंट बुनना पड़ेगा," वह उनके मोटे पेट की तरफ़ इशारा करती है, हँसती है।

"गिल साहब! आज तो मेरी बीवी ने आपको चित्त कर दिया।"

"अरे नारंग! भाभी से चित्त होने में बड़ा मज़ा आता है," उन तीनों के बीच नशीली मुस्कान उछलती है। मुझे अपने ऊपर शर्म आ रही है। मेरा कोई दोस्त मोना को छेड़ता था तो कैसे जल–भुन जाया करता था। कितना छोटा और कमीना दिल है मेरा। फ़ैसला करता हूँ कि आज ही मोना को ख़त लिखूँगा। अपनी पत्नी और बच्ची के पास लौट जाऊँगा। हो सकता है, वह दोस्त के पास सारा दिन रहने वाली बात उसने सिर्फ़ मुझे जलाने के लिए कही हो।

बीयर भी ख़त्म और खाना भी। गिल साहब की आँखें बन्द हो रही हैं। मैं उठता हूँ। अब चलना चाहिए। वह पुराना कुकर थैले में डालती है, मुझे देती है।

"ठहरो शर्मा जी! मैं भी बाहर निकलता हूँ। बाज़ार से कुछ चीज़ें लानी हैं। गिल साहब तो अब शाम तक कुम्भकर्ण की नींद सोयेंगे।"

"सुनो! शकुन को भी थोड़ा घुमा लाओ। होमवर्क तो मैंने सवेरे करा दिया था।"

"मैं, नारंग और शकुन बाहर निकलते हैं। वह दरवाज़े पर आती है, मैं बाय और थैंक्स करता हूँ। अन्दर जाती है। ख़ुशबू भी उसके साथ अन्दर लौट जाती है।"

"पापा! आप बाज़ार जाओ। मैं तो अकल से स्टोरी सुनूँगी।"

"आपको तंग तो नहीं करेगी!"

"नहीं। मैंने भी घर में बैठकर क्या करना है।"

"तो ठीक है। मैं घण्टे–भर में लौट आऊँगा।" नारंग अपना स्कूटर स्टार्ट कर लेता है।

शकुन और मैं थैले से कुकर निकालते हैं। वह इसे गीले कपड़े से पोंछती है, स्टोव पर सज़ा देती है। बिस्तरे में बैठती है। उसे सिण्ड्रेला की कहानी सुनाना शुरू करता हूँ। अभी परी उसे नये कपड़े दे ही रही होती है कि शकुन सो जाती है। उस पर चादर डालता हूँ। जब तक वह सो रही है, मोना को ख़त लिख लूँ! अब उससे झगड़ा नहीं करूँगा।

इन लोगों के पास काटी सिर्फ़ एक दोपहर ने मुझे बदल दिया है। भरे पेटवाली नींद का नशा हो रहा है। ख़त रात को लिख लूँगा। स्टूल पास खींचता हूँ, पैर इस पर रखता हूँ। सोने से पहले कलाई को छूता हूँ, जो उसने पकड़ी थी, अच्छा लगता है।

नंगी बाँहों पर शुरू नवंबर की ठण्ड ने चिकोटी काटी है। एकदम जाग जाता हूँ। जाते हुए सूरत की मरियल रोशनी फ़र्श से उठकर खिड़की पर बैठ गयी है। घड़ी देखता हूँ। पाँच से ऊपर टाइम है। नारंग को तो घण्टे–भर में लौटना था। तीन घण्टे हो गये। स्कूटर पर गया है। कहीं...चाय बनाता हूँ। शकुन के कप में थोड़ी–सी डालता हूँ। उनके कान के पीछे माचिस की तीली छुआता हूँ। जागती है।

"मेमसाहब, चाय," उसके छोटे हाथों में कप पकड़ाता हूँ। उसका चेहरा बिल्कुल धुला–धुला लग रहा है। बाहिर निकलता हूँ। नारंग के घर के बाहिर गिल की कार खड़ी है। वाक़ई कुम्भकर्ण है। थोड़ी देर और नारंग को देखता हूँ, नहीं तो ख़ुद शकुन को घर छोड़ दूँगा।

उसने चाय ख़त्म कर दी है। मेरा और अपना प्याला रसोई में रखती है। उसका शरीर सिकुड़ रहा है। ठण्ड लग रही होगी। उसे बड़ा तौलिया ओढ़ा देता हूँ। अभी तो घर में कम्बल–वम्बल नहीं है। अब ख़रीदेगा भी नहीं। मोना ज्यों ही मेरे ख़त का जवाब देगी, अपने शहर, अपने घर लौट जाऊँगा। मेरा घर। मेरी बच्ची।

"शकुन बेटे! तुम्हारे पापा अभी तक नहीं लौटे। बहुत देर कर दी।"

वह मेरी तरफ़ यूँ देख रही है जैसे उसे मेरी बात समझ नहीं आयी। वह ख़ाली आँखों से मुझे देखे जा रही है। मुझे एकदम यह मूर्खतापूर्ण अहसास होता है कि शकुन कुछ मिनटों में बड़ी हो गयी है, इससे पहले कि मैं अपना सवाल फिर पूछूँ, वह जवाबी सवाल पूछती है–

"कौन से पापा?"

मुझे जैसे बिजली का झटका लगता है। क्या कह रही है? क्या अभी अधजगी है, एकदम खड़ी क्यों हो गयी है।

"तुम्हारे पापा, शकुन!"

"अंकल! मेरे तो चार पापा हैं। तीन कारवाले। एक स्कूटरवाला।"

मेरी साँस गले में अटक गयी है। परफ़ेक्ट अंडरस्टैंडिंग का अर्थ मेरी समझ में अब आता है। अगले ही क्षण जाने क्यों मोना की लिखी कविता

की एक लाइन याद आती है–"घर सिर्फ़ दो तरह से बनता है। ऊपर की कमायी से या नीचे की कमायी से।" तब उसके दोस्तों ने इस लाइन पर हाय–हाय मचा दी थी, तब मुझे इसका अर्थ समझ नहीं आया था। अब आ गया है।

कार स्टार्ट होने की आवाज़ आती है।

"अंकल! मुझे घर छोड़ दो। गिल पापा गये," उसका गोरा चेहरा काला हो गया है या अँधेरे के कारण मुझे काला लग रहा है?

दो निर्णय लेता हूँ। मोना को ख़त नहीं लिखूँगा। कल यह शहर छोड़ दूँगा।

उसकी उँगली पकड़ता हूँ। घर छोड़ आऊँ।

बाहर उतना ही काला अँधेरा है, जितना मेरे अन्दर उग आया है, शकुन के अन्दर उग आया है।

बाल भगवान

लड़का पेड़ के नीचे बैठा है कि धूप से बच जाये, लेकिन पेड़ की टहनियाँ बिल्कुल नंगी, न पत्ते, और न ही कोंपलें। हालाँकि मौसम बरसात का था और बरसात इस साल भी नहीं हुई जैसे पिछले साल भी नहीं हुई थी। लम्बी टहनियों के साये भी थोड़ी दूर तक पड़ रहे थे, मोटी–मोटी लकीरों की शक्ल में, लेकिन लड़का तो पेड़ के तने के साथ पीठ लगाकर बैठा है। गर्म पेड़ उसकी नंगी पीठ को सेंक रहा है, जला देने की हद तक। ज़मीन गर्म, पेड़ गर्म। लड़का खिसककर तने के दूसरी ओर हो जाता है। धूप की जंगली बिल्ली पैन्तरा बदलती है और छलाँग लगाकर उसके चेहरे पर जा चढ़ती है। तेज़, तीखे और चमकीले पंजे उसके कन्धों पर गड़ जाते हैं। लड़का समझ गया कि फिर से दूसरी तरफ़ खिसकना बेकार है, धूप से न बचा जा सकता है, न जीता जा सकता है, लड़का आँखें उठाता है। यह पेड़ के तने से काली लकीर क्या निकल रही है? काली स्याही है? उसने गाँव के दूसरे बच्चों के हाथों में काली स्याही की दवातें देखी हैं, क्या हुआ अगर वह स्कूल नहीं जाता। उसके ज़िद करने पर दूसरे बच्चे कई बार स्याही की दवातें खोलकर उसे दिखाते हैं। वह सवालिया निगाहों से देखता है तो बच्चे उसे बताते हैं–स्याही। लिखते हैं। बच्चों को भी पता है कि लड़का दो–तीन वाक्य समझ लेता है। लम्बे फिकरे उसके दिमाग़ को उलझा देते हैं।

लड़के का सिर जितना बड़ा है, दिमाग़ उतना ही छोटा है। वह जन्म से ही ऐसा है। आयु बढ़ी, शरीर बढ़ा लेकिन दिमाग़ एक छोटे–से ताले की तरह हमेशा से बन्द है। वह पागल नहीं, सीधा भी नहीं, इधर की भाषा में सिद्धड़ है। सयाने दिमाग़ और पागल दिमाग़ के बीच के दिमाग़वाला।

लोग उसे बुलाते सिद्धड़ नाम से ही हैं। वह आँखों को हाथों से मलता है, क्योंकि धूप की बिल्ली के अन्दर की तरफ़ मुड़े तीखे नाख़ून अब उसकी आँखों में चुभ रहे हैं। पेड़ के तने से काली लकीर अब भी बाहिर बह रही है, ज़मीन तक पहुँच गयी है। स्याही नहीं। लड़का बुदबुदाता है। ज़मीन पर देखता है। काली लकीर छोटे–छोटे काले टुकड़ों में बँट गयी है। लम्बी पतली काली टाँगें और मोटा सिर। लड़के का बन्द दिमाग़ ज़ोर–ज़ोर से शब्द संकेत दे रहा है। वह सिर हिला–हिलाकर शब्द को होंठों में पकड़ने की कोशिश कर रहा है। वह बुदबुदाता है–मकोड़े...और हँस पड़ता है। दिमाग़ अपना पूरा कर्म करने के बाद हिलना बन्द हो जाता है। उसका सिर भी थम जाता है।

वह ज़मीन पर गिरी सूखी टहनी का टुकड़ा उठाता है और एक मकोड़े की पतली कमर को इसके सिरे से दबा देता है। उसके टहनी परे करते ही मकोड़ा उल्टा हो जाता है और उसके महीन धागे जैसे हाथ–पैर हवा में छटपटाने लगते हैं। लड़का ख़ून निकलने–देखने का इन्तज़ार कर रहा है। उसने कई बार आस–पड़ोस में मुर्ग़े कटते देखे हैं। सिर छटकने के बाद ख़ून के छींटे उछला करते हैं। वह बुदबुदाता है–'मुर्गा नहीं, मकोड़ा, ख़ून नहीं।' पीछे आ रहे मकोड़े अपने घायल साथी के पास थमते हैं। धागे जैसे नाक के बाल से उसे सूँघते हैं और आगे बढ़ जाते हैं। उल्टे गिरे मकोड़े की महीन टाँगें या हाथ अब भी हवा में हिल रहे हैं, लेकिन इनके हिलने की गति पहले से कम है। लड़का फिर से टहनी का टुकड़ा उठाता है। पतली कमर पर दबाता है और मकोड़ा दो टुकड़ों में कट–बँट जाता है, दोनों कटे–बँटे हिस्से काँपते हैं, फिर हिलना बन्द हो जाता है। ज़मीन पर एक तिल भर छोटा काला धब्बा दिखता है। लड़के के बन्द दिमाग़ का दरवाज़ा थोड़ा–सा खुलता है और दो शब्द बाहर धकेलता है–काला ख़ून।

अब लड़के की सीमित कल्पना से एक छिपकली बाहर निकली है; चाकू की तरह पतली नुकीली, तेज़ और ललचायी जीभ! जीभ के चाकू का लपकना, दीवार पर चलते कीड़े पर इस चाकू को घोंपना और फिर इस जीभ–चाकू से कीड़ा निगल जाना! लड़के की कल्पना एक और दृश्य उसे दिखाती है। पहले छिपकली का गला मोटा होता है, फिर वह कीड़े को पेट की तरफ़ धकेलती है। चाकू लपकते रहते हैं और धीरे–धीरे पेट

मोटा होता जाता है जैसे हर साल उसकी माँ का पेट मोटा हो जाता है। वह फिर से सिर हिलाना शुरू कर देता है। छिपकली के मोटे पेट और माँ के मोटे पेट के दृश्यों की बात उसको समझ नहीं आ रही। इतनी बात तो उसका तालाबन्द दिमाग़ समझता है कि छिपकली और माँ दोनों अलग–अलग चीज़ें हैं।

वह अपने पेट पर हाथ फेर रहा है। रोटी! नहीं खायी। कब से? दिमाग़ बताता नहीं। उसके हिस्से की एक रोटी माँ दूसरे बच्चे को दे दिया करती है। वह माँ की ओर देखता रहता है। माँ हमेशा एक ही वाक्य कहा करती है–"बाहिर मर! रोटी नहीं है। हे भगवान! इस सिद्ध ड़ को सँभाल ले।" कभी–कभी वह उसे एक रोटी देती ज़रूर है। उसके भाई–बहन किसी छिपकली की तरह दाँव लगाकर उसकी रोटी को देखते रहते हैं। माँ की आँखें पलभर कहीं मुड़ी नहीं, कि छिपकली की तरह तेज़ अचानक हमला और उसकी रोटी ग़ायब।

अब लड़के के दिलो–दिमाग़ पर छिपकली का क़ब्ज़ा हो गया है। चाकू–जीभ लगातार उसके दिमाग़ में कौंध रही है। वह पेट पर हाथ फेरता है। रोटी! कब से नहीं! अन्दर बैठी छिपकली उसे बताती है कि उल्टे लेट जाओ! वह ज़मीन पर पेट के बल लेटा है। बिना हिले–डुले, शरीर समेटे, छिपकली की तरह दाँव लगाये। उसकी जीभ बाहिर लपकती है। नोक से दो हिस्सों में कटे–बँटे कीड़े को उठाती है और मुँह के अन्दर कर लेती है। वह मुँह बन्द कर लेता है। कीड़े के टुकड़े जीभ पर हैं। अचानक भूखा पेट हाथ फैलाता है और जीभ पर रखे मकोड़े के टुकड़े अन्दर खींच लेता है। बन्द दिमाग़ हल्ला किये जा रहा है–और, और! भूखा पेट लगातार जीभ की तरफ़ हाथ फैला रहा है–और, और! लड़के का हाथ एक मशीनी हरकत से टहनी का टुकड़ा पकड़ लेता है। वह मकोड़ों की सरकती क़तार के पास खिसक आया है। वह फटाफट सूखी टहनी का वार कर रहा है। मकोड़े चोट लगते ही उल्टे होकर हाथ–पैर पटक रहे हैं। उसकी जीभ लपलपा रही है और भूखे पेट से निकले हाथ झटपट जीभ पर रखे मकोड़ों को अन्दर खींचे जा रहे हैं।

गड़गड़ की आवाज़ उसके कान तो सुनते हैं, लेकिन छिपकली में बदल गया उसका मन–मस्तिष्क इसे ग्रहण नहीं करता। आवाज़ उसके बिल्कुल क़रीब पहुँचती है और हल्की–सी ठक–ठक के साथ बन्द हो

जाती है। वह आँखें ऊपर उठाता है। बन्द दिमाग़ शब्द बाहिर फेंकता है–ट्रैक्टर! वह फिर अपनी जीभ ज़मीन के पास ले जाता है और छिपकली में बदल जाता है। ट्रैक्टर पर बैठा आदमी नीचे कूदता है। उसकी गर्दन को पंजे से जकड़कर उसे एक ही झटके में खड़ा कर देता है–"फिट्टे मुँह। बाम्ण का बेटा और मकोड़े खा रहा है। दूर फिट्टे मुँह!" उस आदमी का थप्पड़ मारने के लिए उठा हाथ हवा में ही थम गया है। ब्राह्मण पर हाथ उठाना इधर के इलाक़े में अब भी पाप समझा जाता है। फिर अभी–अभी यह आदमी अपनी घरवाली को पाँचवीं बार हस्पताल पहुँचाकर आया है। पिछली चार बारियों में चार बेटियाँ हुई हैं। उसकी माँ का पक्का ख़याल है कि इस बार भी लड़की ही होगी। बहू के लक्षण यही बताते हैं। सारा दिन लेटी रहती है। सुस्त और मरी हुई। लड़का होना हो तो औरतें भागती फिरती हैं।

वह आदमी छोटी–सी पोटली खोलता है, एक पराँठा उठाता है और लड़के की ओर बढ़ा देता है। रोटी साथ हस्पताल ले गया था। शायद रात रहना पड़े, लेकिन डॉक्टर कहती है, बच्चा कल होगा। लड़का उस आदमी का हवा में उठा हाथ देख चुका है, गर्दन पर पड़ी उसकी उँगलियों का तीखा सेंक अब भी महसूस कर रहा है। सिर दायें–बायें हिलाता है। नहीं खाऊँगा की मुद्रा में।

"ओये कंजर दे फल। रोटी नहीं खाँणी तो क्या लड्डू खायेगा?"

लड़का गाँव के हलवाई की दुकान के आगे से दिन में कई बार गुज़रता है। गोल–गोल मिठाई के भरे हुए थाल रोज़ देखता है। लोगों को कहते हुए सुन चुका है–लाला लड्डू दे एक किलो। बच्चों को चार आने आगे बढ़ाकर कहते सुन चुका है–लाला एक लड्डू। उसके दिमाग़ में लड्डू एक छोटा–सा घर बना चुके हैं क्योंकि उसने आज तक लड्डू नहीं खाये। सिर ऊपर–नीचे हिलाता है। हाँ की मुद्रा में। उस आदमी को फिर ग़ुस्सा चढ़ जाता है।

"ओये हराम के बीज, मेरे लड़का हुआ है जो लड्डू माँग रहा है? दूँ एक लप्पड़?"

लड़के के दिमाग़ से लड्डू खिसकर अब तक उसकी जीभ पर आ चुका है। मुँह खोलता है।

"लड़का! लड्डू!"

"फिर से बोल।"

"लड़का! लड्डू! लड़का! लड्डू! लड़का! लड्डू!", वह यह दो शब्द लगातार ऐसे बोल रहा है जैसे लड़के स्कूल में पहाड़े रटकर बोलते हैं, बिना सोचे, बिना समझे।

शायद माँ ने एक बार कहा था कि साधुओं और पागलों की जीभ पर भगवान का वास होता है। गुस्से में जो भी बोल दें, सच होता है। लड़का पूरा पागल तो नहीं, सिद्धड़ तो है। फिर ब्राह्मण का बच्चा है। शायद इसकी जीभ पर सच चढ़ आया हो। हारे हुए आदमी को अन्धविश्वास सच दिखने लगता है, सुनने लगता है।

"लड़का! लड्डू! लड़का! लड्डू! लड़का! लड्डू..." रट जारी है। वह उसे उठाकर ट्रैक्टर पर बिठाता है। चार लड्डू खिलाने में कौन सा ख़ज़ाना लग जायेगा। शायद इसकी बात सच निकल आये। बीस किल्ले अपनी ज़मीन और चार लड़कियाँ। सारी साले जवाँई ले जायेंगे। चिता में आग देने के लिए एक लड़का भी नहीं। पक्का मकान है, साले जवाँई रहेंगे, मौज मारेंगे, ख़ानदान का नाम आगे बढ़ाने के लिए एक लड़का भी नहीं। शायद इस सिद्धड़ की बात सच निकल जाये। वह ट्रैक्टर हलवाई की दुकान के आगे पीपल के पेड़ के नीचे रोकता है। तीन–चार चारपाइयों पर अधलेटे लोग उठ बैठते हैं। बारिश अभी पड़ी नहीं। खेतों में कोई काम नहीं, इसलिए लोगों की दोपहर अक्सर यहाँ कटती है। फिर दुनिया भर की बातों का पता हलवाई से लगता रहता है। उसकी दुकान जी.टी. रोड़ के एकदम किनारे है। कारवाले कई बार पानी पीने के लिए रुकते हैं। चाय भी पी लेते हैं, उनकी बातें हलवाई सुनता रहता है। फिर जितनी अकल कारवालों को होती है, क्या पैदल लोगों को हो सकती है? हलवाई दुकान पर बैठे–बैठे पूछता है–

"लौट आये? क्या हुआ?" उसे पता है चौधरी बीवी को लेकर सुबह हस्पताल गया था।

"चार लड्डू दे।"

"ओये लड़का हो गया क्या। जाट और कंजूस? बोतल मँगवा बोतल।"

"बक–बक करे ही जाओगे के दूँ हाथ। तेरी माँ को अभी कुछ नहीं हुआ। डाक्टर कहती है कल होगा। सिद्धड़ को चार लड्डू दे। लड़का भुक्खा है।"

लड़का ट्रैक्टर पर बैठे–बैठे रट लगाना शुरू कर देता है, "लड़का! लड्डू! लड़का! लड्डू..." लाला कागज़ पर चार लड्डू रखकर दुकान से नीचे उतरकर पीपल के पास आ जाता है। चौधरी के साथ गाँव के स्कूल में आठ जमातें पढ़ा है, दोस्त है, इसलिए तू–तड़ाक में बोलता है, कागज़ पर रखे लड्डू लड़के की ओर बढ़ाकर कहता है–

"रत्ने, तू घास तो नहीं खा गया। सिद्धड़ ने कहा और तू मान गया कि लड़का होगा। यह साला हिमालय से आया है जो सच बोलेगा।"

लाले का वाक्य पूरा होते–होते लड़का चारों लड्डू खा गया है। रत्ने बाक़ी लोगों को बता रहा है कि लड़का कैसे मकोड़े खा रहा था। लड़के के पड़ोस में रह रहा आदमी बताता है कि घरवाले सिद्धड़ को खाने के लिए नहीं देते! घरों से बाहिर फेंकी जूठन खाता है– गली के कुत्तों की तरह, दूसरा आदमी एतराज़ उठाता है कि इतना बुरा हाल तो इसके घर का नहीं। गाँव में जन्म–मरण, शादी–ब्याह होते रहते हैं। पण्डित के पास ज़मीन नहीं, न सही। कमाई तो होती ही रहती है। तीसरी आवाज़ बताती है कि पण्डित की कमाई तो सीधी ठेके की दुकान पर पहुँचती है, घर नहीं। कोई मरे तो बोतल, कोई जन्मे तो बोतल। साला शराबी ब्राह्मण है। शराबी! स्कूल के मास्टर जी हमेशा ऊँची आवाज़ में बोलते हैं जैसे क्लास में बैठे हों।

"अरे क्या बड़–बड़ किये जा रहे हो। इधर का ब्राह्मण नहीं, पाकिस्तानवाले पंजाब से आकर यहाँ बसा है। एक दिन मैंने समझाया था कि रोज़ बोतल न चढ़ाया करे तो जानते हो क्या बोला था? ब्राह्मण का पूत, कोई जिन्न कोई भूत, कोई बिरला सपूत।" लाला मज़े ले रहा है, मास्टर जी को छेड़ता है।

"साला ब्राम्ण कविता करता है। मास्टार जी इसे फ़िल्मों में भेज दो। मनोज कुमार की फ़िल्म में फ़िट बैठेगा," फिर लाले ने दोनों हाथ ऊपर उठाकर तान कसी, "मेरे देश की धरती..."

लड़का वहाँ से खिसककर दुकान के पास, ठीक लड्डू के थाल के पास जा ठहरा है, रट लगाता है।

"लड़का! लड्डू! लड़का लड्डू..." रत्न चौधरी लाले को उसे और लड्डू देने को कहता है, मास्टर जी रत्न से पूछते हैं कि क्या हस्पताल

में देखभाल के लिए किसी को छोड़ आया है? रत्न बताता है कि माँ भी वहीं है।

"तेरा दिमाग़ तो नहीं फिर गया, रत्ने। अरे कोई मर्द भी है या नहीं कोई ज़रूरत पड़ गयी तो।" रत्न उन्हें बताता है कि उसके खेतों में काम करने वाला 'भैया' भी वहीं है। उत्तर प्रदेश और बिहार से जो ग़रीब मज़दूर इधर काम करने आते हैं, उन सबको 'भैया' कहकर बुलाया जाता है।

लाला काग़ज़ पर चार लड्डू रखकर हाथ आगे बढ़ाता है। लड़के का हाथ काग़ज़ पकड़ने के लिए आगे बढ़ता है तो शरारती लाला अपना हाथ खींच लेता है। लड़का जोर–से चीख़ता है, "लड़का! लड्डू..."

रत्न डाँटता है–"ओये हराम के तुख्म। क्यों तंग करता है बाप को।"

"मैं तो दे रहा हूँ, यह सिद्धड़ पकड़ता ही नहीं", लाला लड्डू आगे करता है, लड़के के दोनों हाथ लपकते हैं, लाला लड्डूवाला कागज़ अपनी पीठ पीछे कर लेता है। लड़के के पेट में बैठा भूख का दानव छलाँग लगाकर बाहिर निकलता है, झपटकर मिठाई काटने वाला लम्बा चाक़ू उठा लेता है और छलाँग मारकर दुकान पर चढ़ जाता है। 'बचाओ' की लम्बी चीख़ के साथ लाला नीचे कूदता है और पीपल के पेड़ के नीचे भाग आता है। लोग खड़े हो गये हैं। लड़का दोनों हाथों में लम्बा चाक़ू उठाये उधर आ रहा है। धूप में लिश्कारे मारता चाक़ू। रत्न लड़के की दोनों बाँहें कसकर पकड़ लेता है, फिर उसके हाथों से चाकू छुड़ाकर परे फेंकता है। उसे दुकान के पास ले जाता है, काग़ज़ पर लड्डू रखकर उसके सामने धर देता है। लड़का खाना शुरू कर देता है। लाला अब भी डर से थरथरा रहा है। कल्पना सच से हमेशा एक क़दम आगे चलती है। वह यह सोचकर काँपे जा रहा है कि अगर इतना लम्बा चाक़ू उसके शरीर में...! मास्टर जी उसे समझा रहे हैं।

"देख लाले! तुझे कितनी बार समझाया है कि हर वक़्त शरारतें न किया कर। कभी कोई तेरी ऐसी–तैसी कर देगा। रत्न न पकड़ता तो आज सिद्धड़ ने तेरा हिसाब कर देना था। कम–से–कम ब्राह्मणों को न छेड़ा कर। सुना नहीं। ब्राह्मण के हाथ में छुरा, वह क़साई से भी बुरा।"

लड़का अब अपने आप थाल में से लड्डू उठाकर खाये जा रहा है।

लाले की रोनी सूरत देखकर रत्न उसे हौसला देता है कि वह सारे पैसे चुका देगा।

"मास्टर जी बारिश नहीं हो रही। जीरी बीजने का मौसम तो बीता जा रहा है।"

"हाँ भाई। चावल तो पानी–ही–पानी माँगता है। बीजो तो पानी। पकाओ तो पानी। खाओ तो पानी।"

लड़का पीपल के पास लौट आया है। चिपका पेट उभर गया है। उसकी आँखें मुँदी जा रही हैं। चारपाई पर बैठे लोग उसके लेटने के लिए जगह छोड़ते हैं। थोड़ी देर पहले का विकराल लड़का, उन्हें अभी तक भय है। लड़का लेट गया है। पेट पर हाथ फेर रहा है। लाला अपनी हरकत से बाज़ नहीं आता–

"साले का पेट तो देखो। कीड़े खाये छिपकली के पेट की तरह फूल गया है।" लड़का उसकी बातों से बेख़बर अब तक सो चुका है। तभी मास्टर जी की निगाह सड़क पर जाती है। कोई आदमी बड़ी तेज़–तेज़ साइकिल चलाता हुआ इधर ही आ रहा है। उसकी पगड़ी की पूँछ हवा में फड़फड़ा रही है। अब साइकिल सड़क से नीचे उतर आयी है, पीपल की ओर अन्धड़ गति से दौड़ती हुई। सब लोग खड़े हो गये हैं। भैया है। हस्पताल से आ रहा है। ज़रूर कोई बुरी ख़बर है। तभी अन्धाधुन्ध साइकिल दौड़ा रहा है। भैया साइकिल को ब्रेक मारकर रोकता है। एकदम गति टूटने पर साइकिल उल्टी–कि–उल्टी। लेकिन रत्न झपाटे से साइकिल का हैंडल अपने पंजे में कस लेता है। भैया नीचे ज़मीन पर लेट गया है। मुँह फाड़कर साँसें ले रहा है।

"क्या हुआ", रत्न पूछता है। भैया मुँह खोलता है, लेकिन चमड़े की तरह सूख गयी जीभ हिलती तक नहीं। लाला भागकर पानी का गिलास लाता है, भैया के सिर के नीचे हाथ रखकर ऊपर करता है, उसे पानी पिलाता है। सूखे चमड़े की–सी ज़बान तर होती है, शब्द फूटता है, "लड़का!"

रत्न चीख़कर कहता है, "ओये माँ दे यार। पूरा बक। क्या हुआ?"

"चौधरी साहब, लड़का हुआ है, लड़का। बीवी जी बिल्कुल ठीक है। माता जी ने आपको हस्पताल बुलाया है।"

"जी ओये मेरे शेर! तेरे मुँह में घी–शक्कर।" और रत्न अपनी मजबूत बाँहों में भैया को हवा में उठाता है, अपने कन्धों पर बिठा लेता है। लाला नारा मारता है–"जै माता शेरांवली दी" और नाचना शुरू कर देता है। वह मुँह से ढोलकी की आवाज़ें निकाल रहा है; ठड़क–ठड़क। एक आवाज़–"सबको मिठाई खिलाओ, रत्ने।" लाला मुँह–ढोलक बजाना बन्द करके गर्जता है–"मिठाई की माँ की! बोतल पियेंगे, बोतल।" रत्न उसे प्यार से डपटता है।

"ओये लाले दे पुत्तर। एक बोतल क्या सारे ठेका ख़रीद ले। आज सारे गाँववालों को पिलाऊँगा। लड़का हुआ, हाँ लड़का।" रत्न का क़द एकदम कुछ इंच बढ़ गया है।

"यार रत्ने! सिद्धड़ की बात सच निकली।" लाला की बात को बीच में काटकर मास्टर जी डपटते हैं।

"ओये आकाशवाणी! तेरे मुँह में कीड़े पड़ेंगे, कीड़े। ख़बरदार अगर कभी सिद्धड़ कहा, बाल भगवान है, बाल भगवान!"

मास्टर जी ने लाले का नाम आकाशवाणी रखा हुआ है, सारी सच्ची–झूठी ख़बरों का केन्द्र हमेशा वह और उसकी दुकान होती है।

उस शाम रत्न ने सिद्धड़ के बाप की ऐसी–तैसी कर दी। लोग जब लड़के को कन्धे पर उठाकर वहाँ लाये थे तो अन्दर बैठे बाप और माँ के दिल में यह सुखदायक आशा जागी थी कि लड़का ज़रूर जी.टी. रोड पर किसी मोटर के नीचे आ गया होगा, मर गया। सुख की साँस ली थी, लेकिन बाहिर निकले तो माजरा और ही था। लड़का रत्न चौधरी के कन्धों पर था और लाला ढोलक की थाप पर भंगड़ा डाल रहा था। बाप डर गया। भगवान ख़ैर करे। लाले ने तहमद में खोंसी बोतल जो अब तक आधी हो चुकी थी, उसको देते हुए कहा था–ओये पण्डता। तेरे घर भगवान पैदा हुआ है, भगवान। मास्टर जी ने उसे सारी बात बतायी–लड़के की ज़बान पर सरस्वती का वास है। जो कहता है, ठीक निकलता है। रत्न ने लड़के को कन्धे से नीचे उतारकर चारपाई पर बिठाया, पण्डित को भभकी मारी–ओये पण्डत–इस बाप को दोनों टैम रोटी दिया कर। आज से इसके लिए रोटी मेरे घर से आयेगी। और कान खोल कर सुन्न! मुझे जानता है न! बीस किल्ले ज़मीन है। साले तेरी दोनों टागें तोड़ दूँ तो थाने में रपट भी दर्ज न होगी–! फिर उसने लड़के के

दोनों पैरों पर माथा टेका था–जय हो बाल भगवान की! मास्टर जी ने रत्न के कान में कुछ कहा। उसने सौ का नोट निकालकर लड़के की माँ की ओर बढ़ाया–"इसके लिए कपड़े बनवा लो। जिस दिन मुझे नंगा दिख गया तुम्हारे घर को फूँक दूँगा। हाँ, मेरी बीस किल्ले ज़मीन है।" सौ का नोट हाथ में पकड़ते ही माँ के दिल में बारह बरस से जब गयी ममता जैसे सारे बाँध तोड़कर बाढ़ की–सी बाहिर बह आयी। चारपाई पर लड़के के पास बैठकर उसका सिर गोद में खींच लिया था। लगातार चूमे जा रही है। पण्डित लाले की दी हुई आधी बोतल गटक चुका है। शराबी है तो क्या? जमानाख़ास है। दुनिया देखी है। सबके सामने बीवी पर गरजा–"ओये जानवर की औलाद! भगवान के बराबर बैठती है। उसे चूमती है। तुझे तो नरक में भी जगह हीं मिलेगी।" फिर सबके सामने उसका हाथ पकड़कर चारपाई से नीचे घसीटा था, लड़के के पाँव के पास पटक दिया था–"यह है तेरी जगह। बाल भगवान के पैरों में।" लोग सन्नाए हुए यह नाटक देख रहे हैं। पण्डित वैसे भी ग़ुस्सेवाला आदमी है, फिर आज पहली बार इतने आदमियों पर अपना जादू चलता देख वह आपे से बाहिर हो गया। उछलकर उसने दरवाज़े के पास पड़ी लकड़ी काटने की कुल्हाड़ी उठा ली, बीवी की ओर लपका–"तू कुत्ती दी। भगवान के पास बैठेगी? उसे चूमेगी? मैं तेरे टोटे–टोटे न कर दूँ तो असली बाप का नहीं।" रत्न और लाले ने उसके हाथ से कुल्हाड़ी छीनी। मास्टर जी ने समझाया–"पण्डित जी आपको ग़ुस्सा शोभा नहीं देता। औरतें बेवकूफ़ होती हैं। फिर माँ है। प्यार तो उमड़ ही आता है न।" लड़का सिद्धड़ से बाल भगवान हो गया तो बाप–'ओये पण्डता' से पण्डित जी! घरवाली को आज न उसकी गालियाँ बुरी लग रही हैं न शराब, सौ रुपये के नोट की ओट में उसे यह सब कुछ सहन करने में तिल भर तकलीफ़ नहीं हो रही। मास्टर जी ने लाले से पूछा–"ओये आकाशवाणी! कुछ खाने का हीला भी किया है कि खाली पेट पिलाकर मारने का इरादा है।" लाले ने आँखें मटकाकर जवाब दिया–"थोड़ी और छक लो, मास्टर जी! जी.टी. रोड पर ढाबे में खाना बन रहा है। दस कुक्कड़ कटवाये हैं, दस्स। पैसे भी मैं दूँगा। यार के घर लड़का हुआ है, लड़का," फिर उसने पण्डित जी को छेड़ा–"पण्डित जी घर की दाल खाओगे कि ढाबे का मुर्ग़ा। देख लो। धर्म भ्रष्ट न हो जाये।" पण्डित जी ने छाती फुलाकर जवाब दिया–"आकाशवाणी, सबको बता दे।

सारे जहान को ख़बर कर दे। हम रावण कुल के ब्राह्मण हैं, खाते हैं, पीते हैं और राज करते हैं। हाँ, मुर्ग़ा खाऊँगा, पूरा मुर्ग़ा।"

सब लोग एक छोटे मेले की शक्ल में घर से निकलते हैं। बोलियाँ डालते, बुल्लारे लगाते हुए जी.टी. रोड़ पर बने ढाबे पर पहुँचते हैं। ढाबेवाला सबको जानता है, अक्सर उसके वहाँ ही रात को दवा–दारू का अड्डा जमता है। लम्बी–सी सलाख़ में मुर्ग़ा अड़ाये तन्दूर में भुन रहा है। छलाँग लगाकर थड़े से नीचे उतरता है। रत्न को जफ्की डालकर मिलता है। तहमद में खोसी देसी की बोतल निकालता है और रत्न के मुँह के पास ले जाता है।

"बस जी ले। होर नहीं, टिकेगी नहीं।"

"होर नहीं दा पुत्तर। साले पी। लड़का हुआ है, लड़का। अब तो तू क़त्ल कर सकता है क़त्ल।"

रत्न बोतल मुँह से लगाता है। लाला पूछता है–

"सरदार जी, यह लड़के और कत्लवाली, बात क्या बनी।"

जीता रत्न से बोतल वापस लेता है, अभी बोतल का गर्दनवाला हिस्सा ख़ाली हुआ है। आधे हिस्से पर उँगली रखता है, गर्दन पीछे करता है, गटक–गटक की छोटी–छोटी आवाज़ें निकलती हैं, और आधी ख़त्म। साथ पलंग पर बैठे ट्रक ड्राइवरों की ओर बढ़ाकर कहता है–

"लो मरावो तुस्सी भी छको। रोटी देर नाल खावांगे।"

एक तीखी हँसीवाली आवाज़–"जीते मुण्डा जम्मे और आधी लाल परी।" रत्न सौ का नोट ढाबे के छोकरे की ओर बढ़ाता है। जीता उसके हाथ से नोट छीनकर उसकी जेब में खोंसता है और छोकरे को हाँक देता है, अन्दर से निकाल ले। पहले ही पाँच मँगवा रखी थीं। आज मेरी तरफ़ों!''

"हाँ लाले। पूछ, क्या पूछना है।"

लड़का पैदा होना और क़त्ल करना। बात क्या बनी।"

"तू न समझेगा। लूंण तेल बेच। जट्ट तब तक कमज़ोर है जब तक उसके लड़का नहीं। लड़का हो गया, नाम आगे चलायेगा। बस्स! जो बोले उसकी गर्दन फुर्र। फाँसी होगी तो लड़का बड़ा होकर कचहरी जाने वालों से, फाँसी चढ़वाने वालों से हिसाब बराबर कर लेगा। प्यारे, तू क्या

समझे। लड़का तो क़त्ल करने का लाइसेंस होता है, लाइसेंस। वाहे गुरु भेजता है।"

पलंग पर खड़ा होकर एक ड्राइवर जोर से खाँसता है। इस खाँसने को इस तरफ़ खँगूरा मारना कहते हैं, मतलब होता है चुप हो जाओ। कान पर हाथ रखता है, दूसरे हाथ से मूँछों के गीले बाल होठों से परे करता है और बोली मारता है–

"कुड़ी तो ओह लैंणी जो हँसके थैंक्यू बोले।"

बाक़ी यार–दोस्त भी तहमद कस लेते हैं। एक ड्राइवर ट्रक स्टार्ट करता है और लाइटें जला देता है। मास्टर जी को 'बोली' समझ नहीं आयी, पंजाबी जी नहीं। रत्न समझाता है–हमने तो वही लड़की लेनी है जो हँसकर थैंक्यू बोले।

भंगड़ा शुरू हो गया है। इतनी आवाज़ें सुनकर पेड़ों पर बैठे परिन्दों को ग़लती लगती है कि शायद सवेरा हो गया है–पंख फड़फड़ाते हैं, आवाज़ें होती हैं, फिर टहनियों पर दुबक जाते हैं, नहीं सवेरा नहीं हुआ।

"कुड़ी ते ओह लैंणी जो हस्स के थैंक्यू बोले..."

जितने मुँह उतनी बातें। आसपास के इलाक़े में यह बात आग की तरह फैल गयी कि बाल भगवान में साक्षात् भगवान का वास है, बोलते बिल्कुल नहीं, जब बोलेंगे तो बस एक या दो शब्द, लेकिन बिल्कुल सच। रत्न चौधरी के घर लड़का पैदा होना था हो गया, लेकिन जब बाल भगवान की भविष्यवाणी की बात एक मुँह से दूसरे मुँह तक पहुँची तो हर आदमी ने अपनी कल्पना से उसमें कुछ–न–कुछ जोड़ दिया। रत्न तो गाड़ी के नीचे सिर देने जा रहा था, बाल भगवान ने रोका। न जी, वह बेचारा तो सूखे कीकर से रस्सी बाँधकर फन्दा बना चुका था। अगर, इस बार भी लड़की हुई तो फाँसी लगा लेगा। बाल भगवान ने बचा लिया। सिर्फ़ एक शब्द बोले–लड़का। और देख लो, लड़का हो गया। अरे विश्वास नहीं आता तो गाँव के लाले से पूछ लो। और दस आदमी वहाँ बैठे थे। उनसे पूछ लो, सबके सामने कहा था।

अब पीपल के पेड़ के नीचे पानी के मटके रख दिये गये हैं। रत्न ने एक छोकरा वहाँ बिठा दिया है। जी.टी. रोड़ पर आती–जाती बसें, कारें, इस बला की गर्मी में अब वहाँ रुकती हैं। मुफ़्त ठण्डा पानी। दिल्ली की

तरह दस पैसे गिलास नहीं। कोई सवारी पूछे तो ड्राइवर या कंडक्टर बाल भगवान वाली बात बताता है। रत्ने के कलेजे में बाल भगवान ने ठण्डक डाली है और वह लोगों को ठण्डा पानी भी न पिलाये।

बाल भगवान के जिस्म पर अब भगवा कुर्ता और सफ़ेद धोती है। कन्धे पर लश–लश सफ़ेद तौलिया। बड़े भाई हमेशा लम्बे–लम्बे पट्टे, बाल रखते थे, लेकिन इसकी हजामत हमेशा बारीक मशीन से बनवायी जाती थी, कौन रोज़–रोज़ नाई को पैसे दे। बबूल के सूखे काँटों जैसे उसके बाल अब लम्बे हैं। माँ अब रोज़ रात को बालों में तेल मलती है, नरम और चमकीले हो गये हैं। ऐन बीचोबीच चीर निकालती है, और माथे पर सिन्दूर का बड़ा–सा टीका! अब बाल भगवान ज़मीन पर नहीं सोते, उन्हें बड़ा–सा तख़्तपोश मिल गया है। दूध जैसी चादर। वह सारा दिन सोये रहते हैं। जब जागते हैं, तो सिर्फ़ खाते रहते हैं, फिर सो जाते हैं। बारह साल गली के कुत्ते की तरह भूखे रहे हैं, अब पेट तो भर गया है लेकिन भूख का भय अभी वैसे–का–वैसा है, बल्कि और बढ़ गया है। जाने खाने को मिलना कब बन्द हो जाये? आदमी को भूख इतना कमज़ोर और निहत्था नहीं बनाती जितना कि भूख का डर।

पण्डित जी का घर मन्दिर के रास्ते पर पड़ता है। गाँव की औरतें रास्ते में उनके घर चावल, आटा, गँवई फल–जैसे ख़रबूज़े, पपीता, अमरूद वग़ैरह चढ़ाकर मन्दिर जाती हैं। घर के सब लोग अब उजले कपड़ों में धुले–धुले दिख़ते हैं। शाम की रोटी न मिलने की दहशत उनके चेहरों से ग़ायब हो गयी है। अब चमक है, जो भरे पेटवाले लोगों के चेहरे पर होती है। सुबह–सुबह नहाये–धोये पण्डित जी आँगन में बैठते हैं–लाल सुर्ख़ आँखें, लोगों का ख़याल है कि सारी रात बाल भगवान के पास बैठते हैं, जागते रहते हैं, सोये भगवान को पंखा करते हुए। दोस्त–यार आँखों के लाल–सुर्ख़ होने की असली वजह जानते हैं। बाल भगवान के कमरे में सवेरे के वक़्त किसी को नहीं जाने दिया जाता। बस उनके कमरे के खुले दरवाज़े से, बाहिर आँगन में खड़े होकर उनके दर्शन हो जाते हैं। आँखें बन्द किये लेटे बाल भगवान और सिरहाने बैठी हाथ–पंखा करती माँ के प्यार की बाढ़ है कि थमती ही नहीं, वह प्यार जो सिर्फ़ कमाऊ लड़के के लिए ही उमड़ता है। भाई–बहन अब बाल भगवान के कमरे में आने से डरते हैं, न हिलता है, न बोलता है, बस कभी–कभी आँखें

खोलकर देख लेता है। उसका तालाबन्द दिमाग़ शब्द और वाक्य अब भी ग्रहण नहीं करता लेकिन भरे पेट ने बाक़ी इन्द्रियों में जीवन संचार कर दिया है। कोई–कोई बात वह बिना कहे समझ जाता है। भाई जब उसके कमरे में चारपाई के पास सिर झुकाकर खड़े हो जाते हैं तो उसे पता चल जाता है कोई माँग लेकर खड़े हैं। माँ की ओर देखकर सिर हिलाता है। वह उसके सिरहाने के नीचे से नोट निकालती है, और लड़कों की उम्र के हिसाब से उन्हें जेब–ख़र्च देती है। लड़के पर जो चढ़ावा चढ़ता है, उसमें से बहुत–सा आटा, चावल, दाल बच जाती है। रात के अँधेरे में पिता बनिये की दुकान पर बेच आता है। आँगन को रत्न चौधरी ने ईंट भेजकर पक्का करवा दिया है। अब उसकी कल्पना में एक पक्के मकान ने जन्म ले लिया है।

बीवी ने डरते–डरते एक रात पूछा ज़रूर था कि क्या सचमुच लड़के में भगवान का वास हो गया है। उसने पत्नी के फिर से भर आये जिस्म को दबोचते हुए डाँटा था–

"तुझे इससे क्या लेना है? लोग मानते हैं तो मानने दे। साल भर में इतने रुपये हो जायेंगे कि ज़मीन भी अपनी होगी और मकान भी अपना। रत्ने के मकान की तरह पक्की ईंटों का।"

आजकल पत्नी को उसके मुँह से बदबू नहीं आती। उसका दबोचना अच्छा लगता है। एकदम उसके अन्दर सरक जाना कितना अच्छा लगता है।

"लेकिन बोलना तो बिल्कुल नहीं।"

"पहले कौनसा बोलता था। शुक्र कर चुप रहता है, जिस दिन सिद्धड़ बोल पड़ा, उस दिन भाण्डा फूटा–दस दिन से गायत्री–मन्त्र रटा रहा हूँ, लेकिन मजाल है कि 'ओम' से आगे कुछ रट सके। इतने लोग आते हैं। उनके सामने एकाध मन्तर पढ़ दे तो वारे–न्यारे हो जायें, लेकिन हरामज़ादा सचमुच सिद्धड़ है।"

"गाली मत दो उसे। सारे घर की रोटी चला रहे हैं मेरे बाल भगवान।" माँ के जवाब में प्यार और चालाकी घुलमिल गयी है।

"तो फ़िर तुझे गाली दूँ। बिना गाली दिये मुँह का स्वाद ही नहीं बदलता," पति ने छेड़ा।

"हो, दे ले गाली। तेरा क्या? उस दिन तो कुल्हाड़ी उठाकर टोटे–टोटे करने लगा था।"

"चुप हराम की! लोगों को डरामा करके दिखा रहा था। तेरे टोटे तो मैं वैसे ही कर दूँ। बिना कुल्हाड़ी के,'' पति ने उसकी भरी–भरी छाती में दाँत गड़ाकर कहा। उसकी लम्बी सिसकारी निकल गयी, दर्द से नहीं सुख–सन्तोष से।

अब लाले की दुकान के आगे लोहे की कुर्सियाँ बिछ गयी हैं। शहर से बर्फ़–बक्सा भी वह ख़रीद लाया है, कारवालों को अब ठण्डी बोतलें बेची जाती हैं, शहर के कॉलेज में जो लड़के पढ़ने जाते हैं। अब वह भी बैठना शुरू हो गये हैं। लाले के कान हमेशा उनकी बातों की तरफ़ लगे रहते हैं, थोड़े–से अंग्रेज़ी के फ़िक़रे भी उसे याद हो गये हैं। आज रविवार है। दुकान के आगे जमघट है, चारपाइयों पर बड़े लोग और कुर्सियों पर छोकरे विराजमान हैं। एक लम्बी कार सड़क से नीचे उतरती है, पेड़ के नीचे रुकती है। मोटे पेटवाला आदमी बाहर निकलता है, ठण्डी बोतलें माँगता है, लाला कार में बैठी बाक़ी सवारियों को देखकर कहता है–

"उन्हें भी बाहिर बुला लें। दो मिनट पेड़ के नीचे बैठेंगे तो साँस आ जायेगी। बिल्कुल घुप्प गर्मी है।" मोटे पेटवाला इशारे से उन्हें बाहिर बुलाता है, लाला आँख से इशारा करता है। छोकरे कुर्सियाँ ख़ाली कर देते हैं। उसकी बीवी और जवान लड़का बाहिर निकलते हैं। लड़के ने सफ़ेद निक्कर और टी–शर्ट पहनी हुई है, कसरती जिस्म पर कपड़े खुल से गये हैं। तीनों चुप बैठे हैं, बिल्कुल बातचीत नहीं कर रहे, ज़रूर किसी बड़ी मुसीबत में हैं। लाला उनके पास प्लेट में लड्डू रख जाता है। मोटा आदमी 'न' में सिर हिलाता है।

"खा लें। पैसे नहीं लूँगा, भगवान का परसाद है।"

"लेकिन परसाद तो मंगल को बाँटते हैं। आज तो इतवार है न," औरत कहती है।

"यह उस भगवान का परसाद नहीं। हमारे गाँव के बाल–भगवान का है। हर एतवार को मैं बाँटता हूँ।" लाले की कमाई बाल भगवान की वजह से सौ गुना बढ़ गयी है। आसपास के गाँवों के लोग दर्शन के लिए आते हैं तो उसकी दुकान पर चाय–पानी पीते रहते हैं।

''यह बाल भगवान कौन हैं। कल बताते हैं,'' अमीर औरत के दिल के किसी कोने में सोया हुआ धर्म जाग उठता है। मास्टार जी पास सरक आये हैं। अभी बाल भगवान की कहानी सुनाते हैं। औरत–मर्द कुछ खुसपुस करते हैं। दर्शन कर लिये जायें। क्या हर्ज़ है, शायद कल काम बन जाये। मास्टार जी को मर्द बताता है कि छोटे भाई के साथ उसकी साझेदारी में लोहे का कारख़ाना था। स्टील मिल पर छोटे ने क़ब्ज़ा कर लिया। नीचे की कोर्ट में वह जीत गया है। कल सेशन कोर्ट में वकीलों की आख़री बहस है, शायद फ़ैसला भी हो जायेगा। छोटे भाई के नाम बाप ने जायदाद कर दी थी, ज़रूर जीत जायेगा। सब कुछ ख़त्म हो जायेगा। मास्टार जी उसे बाल भगवान के दर्शन की सलाह देते हैं, पण्डित के घर से आजकल उन्हें भी खाने–पीने का सामान मिलता रहता है, लेकिन मोटे आदमी का जवान लड़का गुस्से में कहता है–

''वाट नॉनसेंस। आई डोंट विलीव इन सच फ्रॉड्स।''

लाले को फ्रॉड्स का मतलब तो समझ नहीं आया, लेकिन उसे पता है कि नॉनसेंस गाली है। ऊँची आवाज़ में सबको सुनाकर गर्जता है–

''हमारे बाल भगवान को नॉनसेंस कहता है। गाली देता है। छेद दूँगा। उठो, जाओ यहाँ से।'' उसकी ऊँची आवाज़ सुनकर लोग खड़े हो गये हैं। उन तीन सवारियों को घूर रहे हैं। मास्टर जी समझाते हैं–

''लाले, पढ़े–लिखों की बात का बुरा मत माना कर, अधर्मी होते हैं। देखा नहीं, सारा देश डुबो रहे हैं।'' मोटे आदमी ने ज़िन्दगी में पहली बार किसी दुकानदार को ग्राहक से लड़ाई पर उतारू देखा है। उसे पक्का विश्वास हो जाता है कि बाल भगवान में कुछ–न–कुछ ज़रूर है जिसकी वजह से यह चायवाला मरने–मारने पर उतारू हो गया है।

वह तीनों बाल भगवान के आँगन में पहुँच गये हैं। पीछे लोगों का छोटा–सा जुलूस है, पण्डित कमरे से बाहिर आँगन में आता है। भरपेट रोटी और भरपेट शराब ने उसके चेहरे पर तीखी चमक ला दी है। उसने बाल कटवाने बन्द कर दिये हैं। सिर के दोनों तरफ़ लटक रहे बालों ने उसके कानों को ढँक लिया है। वह मास्टार जी की तरफ़ सवालिया निगाह से देखता है, मास्टार जी मोटे आदमी के बारे में उसे बताते हैं, उसकी मुसीबत भी समझाते हैं, पण्डित गड़गड़ाती आवाज़ में कहता है–

"नहीं, मुलाकात नहीं हो सकती। भगवान सो रहे हैं।" मोटे आदमी का जवान लड़का निक्कर की पिछली जेब से पर्स निकालता है, खोलता है, और बड़ी हिकारत से सौ का नोट पण्डित की तरफ़ बढ़ाता है। पण्डित के अन्दर बैठा पारसी थियेटर का नाटक–कलाकार झटके से हाथ आगे बढ़ाता है। नोट पकड़ लेता है, लड़के के चेहरे पर मुस्कान है, तुम लोगों की वही क़ीमत है, वाली! पण्डित डरमे पर उतारू है। नोट के दोनों सिरों को उँगलियों में पकड़ता है, दो टुकड़े करता है और उसको लौटा देता है। आवाज़ की गड़गड़ होती है–

"क्यों? तू भगवान को ख़रीदेगा। हराम के तुख़्म। इतना पैसा है जो जज को क्यों नहीं ख़रीद लेते?"

गाली सुनकर लड़के के कसरती कन्धे और चौड़े हो गये हैं। गाली सुनकर उसकी माँ का विश्वास और पक्का हो गया है कि बाल भगवान वाली बात सच है। जो पण्डित गाली–गलौच करते हैं, वे भगवान के नज़दीक होते हैं, भिखमंगे पण्डित नहीं। गाली सुनकर गाँव के लोगों के सीने तन गये हैं, अपने पण्डित को गर्व से देख रहे हैं। सालों की कैसी बोलती बन्द कर दी! सौ के नोट का रौब झाड़ रहे थे।

अब लड़के की माँ पण्डित के आगे हाथ बाँधे खड़ी है।

"जगा दो महाराज, हम डूबतों का सहारा अब बाल भगवान ही हैं। लड़के की बात का बुरा न मानें। जवानी और बेवक़ूफ़ी कोई अलग थोड़े होती हैं।"

मास्टर जी पण्डित को एक कोने में ले जाकर समझाते हैं। पहली बार मोटी आसामी फँसी है, बाल भगवान के कुछ कहने से अगर इन लोगों का काम बन गया तो एक ही झटके में वारे–न्यारे हो जायेंगे। लोग जो चढ़ावे में दाल, चावल, आटा चढ़ाते हैं, उसको बेचने से तो पक्का मकान बनवाने में वर्षों लग जायेंगे। पण्डित–कल्पना से एक–एक करके ईंटें बाहिर निकलती हैं और मकान पक्का हो जाता है। रंग–रोगन के डिब्बे धड़ाधड़ बाहिर आ रहे हैं। मकान को सतरंगा बना रहे हैं। यह बात भगवान को अन्दर जाकर बताता है, माँ सिरहाने बैठकर हाथ–पंखा झलना शुरू कर देती है। लगातार रोटी मिलने की वजह से लड़के के गाल फूल गये हैं, जैसा अक्सर तस्वीरों में फूले गालों वाले भगवान होते हैं। रंग बाप पर गया है। एकदम अंगारों की तरह भख्त! वह हमेशा उनींदा रहता है, भरे

पेट जानवर की तरह माँ उसकी पीठ पीछे बड़े तकिया रख उसे अधबैठा करती है। औरत अपनी लोहे की फ़ैक्टरी छिन जाने का रोना रोती है। आख़िर में विनती करती है–"कल सेशन कोर्ट में आख़री तारीख़ है, आप ही हमारी डूबती नैया बचा सकते हैं।"

लड़के के तालाबन्द दिमाग़ पर ठक–ठक होती है। शब्द बिल्कुल नये हैं, अन्दर घुसने से इनकार कर रहे हैं। औरत के चेहरे से उसे अन्दाज़ लग रहा है कि कुछ माँग रही है! भूखी है? उसे अब भी यही लगता है कि कोई जब कुछ माँगता है तो सिर्फ़ रोटी। लेकिन मोटी है। भूखे आदमी कभी मोटे नहीं होते। यह सेशन क्या माँग रही है? कोर्ट क्या है! जब बहुत देर ठक–ठक होने के बावजूद कुछ समझ नहीं आता तो वह आँखें मूँद लेता है। नीचे ज़मीन पर बैठे लोग प्रतीक्षारत उसकी तरफ़ देख रहे हैं। उसकी आँखें बन्द हैं, लेकिन इतने लोगों का लगातार देखना वह महसूस कर रहा है। आँखें खोलता है, उस औरत की तरफ़ देखता है। पण्डित जी उससे सवाल पूछने का इशारा करते हैं।

"भगवान! हम केस जीतेंगे क्या?"

लड़के को न केस और न जीतना शब्द का अर्थ आता है। उसने 'न' में सिर हिला दिया।

"भगवान! क्या हम केस हार जायेंगे। लड़के ने फिर 'न' में सिर हिला दिया।

अब उस औरत, उसके पति और बाक़ी लोगों के चेहरे पर भरपूर हैरानी आ बैठी है, यह कैसा जवाब है? मोटे मर्द ने पूछा–

"न हम जीतेंगे, न हारेंगे।" लड़के ने फिर 'न' में हिलाया।

यहाँ बैठे लोग अब फुसफुस करना शुरू हो गये हैं। उस मोटे मर्द के जवान लड़के का चेहरा गुस्से से तमतमा रहा है। माँ–बाप को अंग्रेज़ी में कहता है–

"आई टोल्ड यू हीज़ फ़किन फ़्रॉड।" वह उठ ठहरा। माँ–बाप भी बाल भगवान को बिना नमस्कार किये उसके पीछे कमरे से बाहर निकल गये। पण्डित जी का चेहरा अब बिल्कुल लाल हो गया है, इतने लोगों के सामने इतना अपमान? उन्हें पक्का हो गया है कि बात सारे गाँव में फैल जायेगी और कल से आटे–दाल का चढ़ावा भी बन्द हो जायेगा। कुछ समय पहले

कल्पना में जो पक्का मकान बन गया है, गिरना शुरू हो जाता है। यह मास्टर का बच्चा उठता क्यों नहीं! जाये तो इस पागल की ख़ैर नहीं। ठुकाई होगी तो देखूँगा, इसका भगवान है कि नहीं।

शायद बाहिर निकले लोगों में से किसी ने रत्न चौधरी को इस घटना के बारे में बता दिया है। वह तेज़ी से कमरे में घुसता है। मास्टर जी उसे सारी बात समझाते हैं। वह चुपचाप बैठा है, इतने सारे लोगों को खामोश बैठे देखकर लड़का डर गया है! डर से वह बचपन से वाक़िफ़ है। रोटी न मिलने का डर, भाइयों के रोटी चुरा लेने का डर, बाप का आते–जाते लात, जूता, थप्पड़ मारने का डर। माँ की आँखों में उसके लिए मरने की स्थायी भावना को देखने का डर और भूख का डर, पेट तो अब भरा रहता है, लेकिन भूख के दो लम्बे हाथ लगातार बाहर फैले रहते हैं उसकी छोटी बहन अन्दर आती है, भाई का चेहरा देखती है, और उसे पता चल जाता है कि वह अन्दर–ही–अन्दर काँप रहा है। माँ के हाथ से पंखा लेती है। माँ वहाँ से उठकर अन्दर जाती है। वह एक हाथ से पंखा झल रही है, दूसरा हाथ भाई के माथे पर फेर रही है, भाई के अन्दर फैल रहा डर उसके हाथ पर शिकंजा गड़ा देता है। सब लोग चुप बैठे लड़के के चेहरे की ओर देख रहे हैं। बहन उससे पूछती है–"रोटी दूँ?"

लड़के का पेट भरा हुआ है, लेकिन उसके अन्दर बैठा भूख का डर छलाँग लगाकर उसके मुँह में आ जाता है, वह एक ही साँस में कहता है

"हाँ! हाँ! हाँ!"

मास्टर जी के दिल में अँधेरे में एक चिंगारी चमकती है। रत्न से पूछते हैं, "रत्ने, जब बाल भगवान ने तुम्हें लड़का होने की बात बतायी थी तो कब से भूखे थे?"

जवाब पण्डित देता है–

"साला हमेशा भूखा रहता था। तीन–चार दिन से तो भूखा होगा ही। तभी मकोड़े खा रहा था।"

"तो बस! ठीक है। बाल भगवान तभी सच बात बोलते हैं जब भूखे हों।"

"यह क्या बात हुई?" रत्न हैरान होकर पूछता है।

"भूख हमेशा सच बुलवाती है। तुझे क्या पता। भूखे आदमी सरकारें पलट देते हैं। भूखा पहले सच बोलता है, फिर चाकू मारता है।"

लेकिन रत्न और पण्डित के चेहरे पर बैठे शक को मास्टर जी देख लेते हैं। लड़के से कहता है–

"रोटी नहीं, अब तू भूखे रहेगा।" रोटी और भूख शब्द खट से लड़के के दिमाग़ में घुस जाते हैं, क्योंकि जन्म से ही वह इन शब्दों के अर्थ समझता है। उसके मुँह से तो कोई शब्द नहीं फूटता, लेकिन अन्दर बैठा डर आँखों की राह बाहिर निकलना शुरू हो जाता है। गाल आँसुओं से गीले हो रहे हैं।

"अब सच बतायेगा।"

वह मास्टार जी की कड़कती आवाज़ सुनकर झट से जवाब देता है–"हाँ! हाँ! हाँ!"

"देखा! भूख की धमकी ने कैसे बोलती बन्द कर दी। अब इसे खाने को मत दो।"

रत्न और पण्डित मास्टर जी को बताते हैं कि खाने को नहीं देंगे तो मर नहीं जायेगा? पण्डित के घर आये चढ़ावे का हिस्सा इस वक़्त मास्टर जी के दिलो–दिमाग़ पर धरना देकर बैठा है। नहीं! लड़के का ज़िन्दा रहना ज़रूरी है, तभी उनका काम भी चलता रहेगा, लेकिन लड़के का बाल भगवान बने रहना भी ज़रूरी है, तभी लोग चढ़ावा चढ़ायेंगे। उनके दिल के अन्दर में दूसरी चिंगारी चमकती है–

"ठीक है। अब लोगों को सिर्फ़ एतवार को बाल भगवान से मिलने दिया जाये। दो दिन पहले इसकी रोटी बन्द। ज़िन्दा भी रहेगा और सच भी बोलेगा।"

पण्डित की कल्पना में फिर से पक्का मकान बनना शुरू हो गया है। मास्टार के कन्धे पर हाथ मारकर कहता है–"वाह मास्टर! तू तो भगवान का भी बाप है। इस ख़ुशी में हो जाये आज लाल परी का नाच।"

"सूरज उतरे तो जी.टी. वाले ढाबे पर आ जाना। आज मेरी तरफ़ से।" रत्न यह कहता हुआ मास्टर जी के साथ बाहर निकल जाता है। पण्डित के दाँत अभी से भुने हुए कुकर के नर्म माँस में गड़ना शुरू हो गये हैं।

अगली सुबह माँ, बाप और बहन बाल भगवान के कमरे में बैठे हैं। बहन पंखा झल रही है। बाल भगवान उसका हाथ पकड़ते हैं, पंखा उसके हाथों से लेते हैं। तीनों उसे हैरानी से देख रहे हैं। क्या चाहता है? कुछ

माँग रहा है क्या? "मैं! पंखा!" लड़के के चेहरे पर ख़ुशी है या शरारत। वह बहन को पंखा झलना शुरू कर देता है। बाप झट से दरवाज़ा बन्द कर देता है। किसी ने बाल भगवान को पंखा झलते देख लिया तो बेड़ा ग़रक़ हो जायेगा। माँ लड़के के हाथ से पंखा छीनने की कोशिश कर रही है, लड़के ने कसकर डण्डी पकड़ रखी है। ऊँची आवाज़ में कहता है–"मैं! पंखा!" पण्डित बीवी को इशारा करता है कि ज़िद पूरी कर लेने दो। दरवाज़ा तो बन्द है। कौन देखेगा।

"क्यों जी! मकान पक्का करवाने में कितनी ईंटें लगेंगी?"

"कम–से–कम दस हज़ार। सिर्फ़ ईंटें नहीं, सीमेंट भी चाहिए।" पति ने समझाया।

लड़का उनकी बातें सुन रहा है, ईंट शब्द उसके दिमाग़ के आसपास घूम रहा है। पूछता है–"ईंट! ईंट।"

पण्डित बाहिर जाता है, एक ईंट उठाकर लाता है, लड़के को दिखाता है, लड़के की आँखों में अब भी प्रश्नवाचक भाव है। बाप कच्ची दीवार पर ईंट रखता है और उसे समझाता है–"ईंट, पक्का मकान!" लड़के की आँखों से प्रश्न ग़ायब हो जाता है। स्कूल की दीवार और उसकी ईंटें उसके दिमाग़ में प्रवेश कर जाती हैं। उसके चेहरे पर बात समझ आ जाने वाली मुस्कान है। नया शब्द उसने सीख लिया है। तोते की तरह रट रहा है–"ईंट! ईंट! ईंट!" यह नया शब्द रटते–रटते बाल भगवान सो गये हैं। पण्डित बीवी को कहता है कि देख लो कल की बात सारे गाँव में फैल गयी है। कोई भी चढ़ावा नहीं आया। बीवी अब फिर से भूखे पेट और जिस्म में गड़ते पति के तीखे दाँतों के बारे में सोचती है तो काँप–काँप जाती है।

कोई दोपहर के बाद का वक़्त होगा। घर के बाहिर 'बाल भगवान की जय' के नारों की आवाज़ें सुनकर पण्डित हड़बड़ाकर उठता है, बाहिर का दरवाज़ा खोलता है। वही कलवाले तीन लोग हैं, जिनकी आज सुबह सेशनकोर्ट में तारीख़ थी। पीछे गाँववालों की भीड़ है, लाला, रत्न और मास्टर जी की बाछें खिली हुई हैं। मोटा मर्द फिर नारा लगाता है 'बाल भगवान की जय'; लोग गला फाड़कर जवाबी नारा लगाते हैं। पण्डित हैरान है कि हुआ क्या? मोटा, उसकी पत्नी और जवान लड़का पण्डित के पाँव छूते हैं, मोटा बताता है–

"पण्डित जी बाल भगवान ने हमें बचा लिया। कल क्या ठीक वचन बोले थे। न जीत होगी और न हार।"

आगे की बात उसकी बीवी बोलती है–

"वही हुआ जो भगवान ने कहा था। छोटे भाई ने हमारे ख़िलाफ़ केस वापिस ले लिया और सुलहनामा होगा।"

आगे की बात लड़के ने बतायी–

"बाल भगवान ने चाचा को उसे पाप की पनिशमेंट दी। कल ही उनके लड़के को हार्टअटैक हुआ। बास्टर्ड डर गया। आज सुलह कर ली," उसने दोबारा से पण्डित जी के पाँव छुए।

"बाल भगवान के दर्शन करा दें। हमें तो उन्होंने मिट्टी में मिलने से बचा लिया।"

पण्डित फिर नाटक पर उतर आया है–

"नहीं। भगवान सो रहे हैं। उन्हें जगाना मना है।"

औरत ने पण्डितायन की ओर देखा, गला बिल्कुल ख़ाली है। अपने गले से सोने का हार उतारा और उसके गले में डालते हुए कहा–

"भगवान जी की माँ और गला बिल्कुल ख़ाली। न जी।"

पण्डित को साफ़ दिखा कि सोने की चमक की वजह से बीवी की छाती और सफ़ेद और उजली हो गयी है। सूरज डूबने के बाद वाले दृश्य उसके दिमाग़ में कूद रहे हैं, माँस में खुभने के लिए दाँत किट–किट कर रहे हैं।

"पण्डित जी भगवान के दर्शन करे बिना हम नहीं जायेंगे।" मोटे आदमी ने आँगन के फ़र्श पर बैठते हुए कहा। पण्डित ने बीवी के गले में पड़े सोने के हार को देखा, संकेत करती मास्टर जी की आँखों को देखा और हाँ कर दी।

दरवाज़े का कुण्डा खोला। भगवान सो रहे हैं, चेहरे पर भरे पेट वाली शान्ति है, सुख है। छोटी बहन पंख झल रही है। उसने होंठों पर उँगली रख सबको न बोलने का इशारा किया। लोग चुपचाप उनकी चारपाई के पास बैठ गये हैं। उन तीनों ने भगवान के पैरों के पास माथा रखा। इतने लोगों के वहाँ होने को लड़के की इन्द्रियों ने सुप्तावस्था में भी ग्रहण कर लिया है। वह आँखें खोलता है। हैरान है कि उसके कमरे में भीड़ क्यों है? तभी वह मोटा आदमी नारा लगाता है–"बाल भगवान की जय।" सारे

लोग नारे का जवाब देते हैं। वह आदमी लड़के के पैर पकड़कर उन पर सिर रखता है। लड़का झटके से पैर पीछे खींच लेता है, उठ बैठने के लिए हिलता है। वह डर गया है। वह मोटा उसे ज़रूर मारेगा। पण्डित गरजता है–

"भगवान को छूने की हिम्मत कैसे पड़ी? दिमाग़ घास चरने तो नहीं चला गया? पीछे हटकर बैठो।" वह बेटी के हाथ से पंखा लेता है, उसकी जगह बैठकर झलना शुरू कर देता है। लड़का आश्वस्त हो जाता है। पिता के होते हुए मोटा उसे मार नहीं सकता। उसकी औरत पूछती है–

"पण्डित जी, हम भगवान की क्या सेवा करें? मौक़ा तो आपको देना ही पड़ेगा।"

पण्डित पारसी थियेटर का फ़िक़रा मारता है–

"भगवान पैसे से नहीं मिला करते, और मिल जायें तो पैसे लिया नहीं करते। उन्हें देना है तो बस सच्चे दिल से श्रद्धा दो, इज़्ज़त दो, मान दो।"

उन तीनों के चेहरों पर निराशा बैठ गयी है। लोग धीरे–धीरे आपस में बातें कर रहे हैं कि बेचारे ठीक ही तो निराश हैं। लाखों का महीने का कारोबार बच गया, बाल भगवान ने बचा दिया। अब कुछ करेंगे नहीं तो हमेशा डर लगा रहेगा कि कहीं फिर सब कुछ स्वाहा न हो जाये। मोटे की औरत मास्टर जी से कहती है–"आप ही कुछ कहें। पण्डित जी को राजी करें। कुछ किये बिना हमारी आत्मा में ठण्ड कैसे पड़ेगी।" इसके पहले कि मास्टर जी कुछ कहें पण्डित गड़गड़ करती आवाज़ में कहता है–

"नहीं। कुछ नहीं। सब जाओ।" इतने लोगों के मुट्ठी में होने का नशा उस पर सवार हो गया है।

सब चुप। लड़के के बन्द दिमाग़ पर लगा ताला हिलना शुरू हो गया है। दोपहर को सोने से पहले जो नया शब्द उसने सीखा था, वह बाहर आने के लिए छलाँगें लगा रहा है। वह बोलने के लिए मुँह खोलता है, लेकिन शब्द होंठों पर आने से पहले फिसल जाता है। वह कसकर आँखें बन्द करता है। सिर हिलाता है, ताला ज़ोर–ज़ोर से हिलाता है, शब्द नीचे खिसकता है, उछलकर होंठों पर आ बैठता है, वह मुस्कराता है, आँखें खोलता है, धीमी आवाज़ में कहता है, "ईंट, ईंट, ईंट!" लोगों के चेहरों पर हैरानी। पण्डित हैरान, वह तीनों हैरान। मोटा आदमी पण्डित से पूछता है।

''भगवान क्या कह रहे हैं?" उसकी आवाज़ डरी हुई है, भगवान कहीं यह तो नहीं कह रहे हैं कि उसके नाम पर ईंट–पत्थर! पण्डित की समझ में भी कुछ नहीं आ रहा। वह मदद माँगती आँखों से मास्टर जी की तरफ़ देखता है। लड़का फिर कहता है–

"ईंट, ईंट, ईंट!" वहाँ बैठे लोग अब बिल्कुल डर गये हैं। बाल भगवान किसी ख़तरे या बुरी ख़बर को चेतावनी दे रहे हैं? मास्टर जी के दिमाग़ में खट से ईंट और मकान का रिश्ता जुड़ जाता है। उस मोटे को बताता है–

"बारिशों में बाल भगवान का कमरा टकपता है। शायद इसे पक्का करवाने को कह रहे हैं। भगवान भगतों से हमेशा संकेत–भाषा में बात किया करते हैं।"

लोग हाँ, हाँ करते हैं। मोटा आदमी पूछता है–"क्यों भगवान! आपकी यही आज्ञा है न?"

लड़के के दिमाग़ के बाहर एक वाक्य मँडराता है और बाहर से ही वापस लौट आता है। वह फिर कहता है–"ईंट, ईंट, ईंट!"

मोटे को उसकी औरत कहती है–

"सुनो जी! सारा मकान पक्का करवा दो। हमारे भगवान कच्चे मकान में रहें? थू है हम पर!"

भगवान ने आँखें बन्द कर लीं हैं। सब बाहिर निकलते हैं। मोटा इस तीन कमरोंवाले कच्चे मकान का आँखों से अन्दाज़ा लगाता है। हाथ जोड़कर बोलता है–

"पण्डित जी, मैं कल ही दस हज़ार ईंटें भेज दूँगा। कम पड़े तो ख़बर देना। और आ जायेंगी।" उसका जवान लड़का कहता है–

"पापा सीमेंट भी भेजना है, ब्रिक्स विल नॉट डू," कचहरी में सुलहनामा होने के बाद उसे हौसला हो गया है कि अब लम्बी कार उसके पास रहेगी! उसकी माँ कहती है–"भगवान कभी ख़बर भेजा करते हैं क्या? हम हर इतवार यहाँ आया करेंगे। जो कमी–बेशी रह जायेगी ख़ुद देखेंगे। भगवान तो कुछ बोलते ही नहीं।"

पण्डित ने भगवान के कमरे का दरवाज़ा बाहिर से बन्द कर दिया है। वे तीनों दहलीज़ पर माथा टेकते हैं। औरत धीरे–से बेटे से कुछ कहती है। वह पर्स से सौ के पाँच नोट निकालता है, पण्डितायन के हाथ में पकड़ाकर उसकी मुट्ठी बन्द कर देता है–"माता जी! अब न मत करें।

यह भगवान के लिए नहीं। सारे गाँव में आप ही हमारी तरफ़ से मिठाई बाँट दें!"

अब उनका घर पक्का है, दीवारों–दरवाज़ों पर रंग–रोगन है और उनसे ग़रीबी की बू नहीं उगती। अब उन सबके चेहरे गोल–मटोल, भरे–भरे हैं और भूख की चुग़ली नहीं करते। अब पण्डित की कल्पना में मकान की जगह ज़मीन ने ले ली है। और उसे ज़मीन लेने की जल्दी है, लोगों को सच का पता कभी भी चल सकता है। जब भी चल गया, खेल ख़त्म पैसा हजम। अब सिर्फ़ रविवार को लोगों को बाल भगवान से मिलने की इजाज़त है। उनकी प्रसिद्धि अब गाँवों से बाहिर निकलकर शहरों में भी फैल गयी है और शहर के लोग भी जादू–टोने, साधू–साध के मुआमले में गाँव के लोगों से कम बेवक़ूफ़ नहीं होते, बल्कि एक क़दम आगे ही होते हैं। लाला की दुकान के साथ अब एक पक्का कमरा बन गया है। मेज़, कुर्सियाँ, छत–पंखा और रेडियो लग गया है। जो भगत–भाई शहर से आते हैं, अब इस कमरे में बैठकर ठण्डा गर्म पीते हैं। ज़न–सम्पर्क का विभाग तो शुरू से मास्टर जी ने सँभाल रखा है। लाला ने एक बार उनसे पूछा ज़रूर कि क्या सचमुच बाल भगवान को सब कुछ पता है, आगा–पीछा। मास्टर जी का जवाब सुनने के लिए और बैठकबाज़ भी पास सरक आये। उन्होंने डपटा–

"देख आकाशवाणी! तुझे सच–झूठ से क्या मतलब। दुकान जो चल निकली है, एक पक्का कमरा जो बन गया है, क्या तेरे बाप ने मरते हुए छोड़ा था? बाल भगवान की कृपा से ही तेरे गाहक बढ़े हैं न? रेडियो, पंखे चल रहे हैं न? क्यों?"

लाला के मुह पर डर ने ताला लगा दिया है। मास्टर जी समझाते हैं–"देखो, धर्म के नाम पर हर हिन्दुस्तानी डरपोक है, बेवक़ूफ़ होता है। अरे, जब प्रधानमन्त्री और राष्ट्रपति तक साधुओं, बाबाओं और तान्त्रिकों में विश्वास करते हैं तो आम लोगों की बात तो छोड़ ही दो न। याद नहीं बिहार का एक मुख्यमन्त्री दस अँगूठियाँ डालता था। किसी बाबा ने चक्कर चलाया था। हो सकता है पैरों की दस उँगलियों में भी दस अँगूठियाँ डालता हो।"

"लेकिन ऐसा क्यों है? लोगों को अपने हाथों की ताक़त पर विश्वास क्यों नहीं?" कॉलेज के पढ़ रहे एक लड़के ने पूछा, जिसे साम्यवाद की

नयी–नयी हवा लगी है। मास्टर जी जानते हैं, जिस दिन नौकरी पाने के लिए हज़ारों की रिश्वत देगा, यह लाल रंग अपने आप धुल जायेगा। फिर भी उसे समझाते हैं–

"कौन से हाथों की ताक़त की ग़लती तुम्हें लग गयी है? देखा नहीं इस देश के लोग हाथों में लाठी पकड़ते हैं, लेकिन मारने के लिए नहीं, सहारे के लिए। और भाई फिर दिनकर जी भी कह गये हैं, लिख गये हैं–हारे को हरि नाम!" बैठकबाज़ों के कानों के दरवाज़े चौकस हो गये हैं, मास्टर जी ज़रूर कोई चस्केवाली बात सुनायेंगे।

"मास्टर जी यह दिनकर जी कौन थे?"

"अरे भाई, दो अक्षर कभी पढ़ भी लिया करो। हमारे राष्ट्रकवि कहलाते थे। जब तक एम.पी. थे, कई कमेटियों के कुर्सीपति थे। इन्द्र की कॉल–गर्ल्स पर लिखते रहे। उनका एक काव्य पढ़ो कभी 'उर्वशी'। मज़ा आ जाये।"

"यह कॉल–गर्ल्स क्या बला होती है जी," लाले ने चटख़ारा लेकर पूछा।

"होती है तेरी माँ! अरे रण्डियाँ। आजकल जैसे कॉल–गर्ल्स को इस्तेमाल करके काम निकलवाया जाता है, स्वर्ग का राजा इन्द्र अपनी अप्सराओं से वैसे ही काम निकलवाया करता था।"

"अच्छा फिर क्या हुआ?"

"बेचारे जब रिटायर हो गये, कोठी गयी, जहाज़ों में सफ़रबन्द। बस, हर बूढ़े हो रहे हिन्दुस्तानी की तरह सरकार की शरण से निकले और सीधे पहुँच गये भगवान की शरण में। आख़िरी किताब लिखी–'हारे को हरि नाम'। तो भाई, तुम ठहरे अनपढ़। अब पढ़े–लिखे लोग मन्त्री, नेता, लेखक, कवि तक जब भगवान की महिमा को मानते हैं, तो तुम्हारे पेट में मरोड़ लग गये हैं क्या जो ऐसे सवालों के चक्कर में पड़ गये हो। कान खोलकर सुन लो। मेरी बात गाँठ बाँध लो। बाल भगवान नहीं तो तुम भी नहीं। गाँव की सड़कें पक्की बन गयी हैं न? हाईस्कूल और हस्पताल खुल गया है न? इतने साल तो नेताओं ने इस गाँव पर किरपा नहीं की! अब की है न? सिर्फ़ बाल भगवान के कारण। सुसरो, सवाल मत पूछो। कानों को हाथ लगाओ। जय–जयकार करो समझे।" मास्टर जी पहली बार इतना लम्बा बोले हैं। लोग सकता गये हैं। कैसे सीधे हृदय से मास्टर

जी बोल रहे हैं। आकाशवाणी उन्हें इशारे से दुकान के अन्दर आने को कहता है। गिलास में थोडी–सी डालता है, कैम्पा मिलाता है ताकि रंग छुप जाये, लोगों को पता न चले। उन्हें पकड़ाता है–"लो जी! ठण्डा पी लो। हम बेवक़ूफ़ों की वजह से गला मत सुखाया करो।"

बाल भगवान की ज्यों–ज्यों प्रसिद्धि फैल रही है, त्यों–त्यों पेट भी फैलना–फूलना शुरू हो गया है। एक ही शब्द में बात करते हैं। कई बार ठीक, कई बार ग़लत। जिन लोगों को बताया जवाब ग़लत निकलता है, वह अपने कर्मों को दोष देकर चुप हो जाते हैं। जिनका जवाब सही निकलता है, वह पुण्य कमाने के लिए और लोगों को भगवान की शरण में भेजते हैं। फिर इधर की उर्दू की अख़बारें चटखारे लेकर ऐसी ख़बरें छापती हैं। और बुज़ुर्ग लोग, दुकानदार तबक़ा अब भी उर्दू के अख़बारें पढ़ता है। चटपटी ख़बर और चटख़ारे लेने वाली ज़ुबान। ओर फिर प्रत्येक छोटी–छोटी दुकान रेडियो स्टेशन होती है जहाँ समय विशेष पर नहीं, सारा समय समाचार दर्शन चलता रहता है। हर इतवार लाले की दुकान के आगे कारों, साइकिलों और स्कूटरों की भीड़ लग जाती है। उसके पास अब तीन छोकरे हैं। चाय–पानी पिलाते–पिलाते हाँफ जाते हैं।

अब बाल भगवान को हफ़्ते में सिर्फ़ तीन दिन खाने को दिया जाता है। वीरवार खाना बन्द और सोमवार शुरू। दिमाग़ तालाबन्द है तो क्या हुआ? बाक़ी इन्द्रियाँ तो काम करती हैं। उन्हें अब बुधवार को सारा दिन ठूँस–ठूँसकर खिलाया जाता है तो पता लग जाता है कि अब कुछ दिन रोटी नहीं मिलेगी। पेट बढ़ने के साथ–साथ भूख के दानव का क़द भी बढ़ गया है। झपटते हाथों से रोटियाँ अन्दर डालता जाता है, निगलता जाता है। तीन दिन भूखा रहने की वजह से रविवार को उनके चेहरे पर एक सूखी शान्ति और पीली चमक होती है; अगले दिन रोटी मिलने की चमक। आँखें फूल गयी हैं जैसे पुतलियाँ चटककर बाहिर आ जायेंगी। लोग उनकी आँखों की ताव नहीं ला सकते। तरह–तरह के सवाल पूछे जाते हैं। दिमाग़ का ताला हिलता है जो जवाब निकलता है, नहीं तो ख़ाली आँखों से पूछने वालों को देखते रहते हैं। जिसे जवाब नहीं मिलता, बाक़ी लोग उसे बाहिर जाने के लिए कहते हैं। भाई औरों ने भी दुःख निवारण कराने हैं। अब तुम्हारा काम नहीं होगा तो भगवान कहाँ से जवाब दें?

झूठ बोलने से तो रहे। सबके सामने अब भी बाल भगवान के लिए पैसे स्वीकार नहीं किये जाते, लेकिन माँ साथ के कमरे में बैठती है। जो कोई उठता है पण्डित जी इशारे से साथवाले कमरे में जाने के लिए कहते हैं। पण्डितायन अब मुटिया गयी है, बिल्कुल सेठानियों की तरह, मोटी और सुन्दर। पेट की भूख और शरीर की भूख, अब रोज़ मिट ज़ाती है। इसलिए होंठों पर हमेशा एक घातक मुस्कान थिरकती रहती है। सफ़ेद साड़ी के पल्लू से सिर हमेशा ढँका रहता है। भगत या फ़रियादी जब उनके कमरे में आता है तो सर ऊपर उठाकर उसे देखती है, अपनी घातक मुस्कान का छोटा–सा वार करती है और चढ़ावे की रक़म अपने आप बढ़ जाती है।

चुनाव कभी भी हो सकते हैं। आजकल टिकट लेने वालों की या टिकट न मिलने के भय से त्रस्त छुटके नेताओं की भीड़ अक्सर लगी रहती है। रत्न चौधरी का नाम शुरू से बाल भगवान के चमत्कारों के साथ जुड़ गया है। अलग–अलग पार्टियों के उम्मीदवार पहले उसके घर पहुँचते हैं, उसकी बैठक भी बड़ी है और बाल भगवान के घरवालों पर उसका प्रभाव भी बड़ा है, लेकिन रविवार को तो सब लोगों के सामने टिकटों की बात नहीं की जा सकती। मास्टर जी, पण्डित और रत्न चौधरी की गुपचुप मीटिंग होती है। क्या किया जाये? मास्टर जी का ख़याल है कि नेताओं को बुधवार को मिलने दिया जाये। भगवान को हफ़्ते में एक दिन खाने को दिया जाये। कुछ नहीं होगा। भगवान कभी मरते हैं क्या। पण्डित उन्हें बताता है कि भगवान बीमार रहते हैं। कई बार बिस्तरे पर ही हग–मूत देते हैं। देखा नहीं, पहाड़ जितना तो पेट है। सारा बिस्तरा भर जाता है। रत्न में अब तक नेताओं वाले सारे गुण आ गये हैं। ऊँचा नहीं बोलता, गाली नहीं देता, ग़ुस्सा नहीं करता; अब वह आदमी नहीं नेता है। फिर कल ही वह राजधानी से लौटा है। पण्डित को समझाता है–

"देखो पण्डित जी, सारी चिन्ता मुझ पर छोड़ दो। भगवान बीमार रहते हैं तो पहले क्यों नहीं बताया? कल ही शहर के हस्पताल से बड़े डॉकटर को ले आऊँगा", उसकी बात ख़त्म होते ही नौकर अन्दर आता है। स्टील के भरे गिलास सामने रखता है। काँच के गिलासों में अब नहीं पी जाती। अचानक कोई अन्दर आ जाये तो समझेगा कि चाय सुड़की जा रही है। पण्डित एक घूँट में गिलास ख़ाली करता है। रत्न नौकर को

इशारा करता है। वह फिर गिलास भर लाता है। रत्न जानता है, पण्डित के मुँह जब ख़ून लगा हो तो चाहे जो मर्ज़ी मनवा लो।

"देखो पण्डित जी! मुझे कल राजधानी से बुलावा आया था। एक बड़े मन्त्री को जनतावाले, कांग्रेसवाले और लोकदलवाले टिकट देने को तैयार हैं, लेकिन सवाल तो यह है कि कौन सी पार्टी जीतेगी। उसी का टिकट लेने का फ़ायदा है।"

"तो फिर," पण्डित ने दूसरा गिलास ख़ाली करके पूछा।

"पण्डित जी, बाल भगवान चाहें तो वारे–न्यारे हो जायें। कुछ बता दें तो राजधानी में आपको मकान के लिए मुफ़्त प्लॉट दिला दूँगा। लाखों की क़ीमत है। प्लॉट होगा तो मकान भी बन जायेगा।"

मास्टर जी को रत्न की बात कुछ–कुछ समझ आनी शुरू हो गयी है। सीधा सवाल पूछते हैं–

"तूने क्या सोचा है, रत्न।"

"अब आपसे क्या छुपाना। लोकदल और कांग्रेसवाले मुझे टिकट देने को तैयार हैं, लेकिन बाल भगवान की आज्ञा के बिना मैं किसी पार्टी का टिकट कैसे ले सकता हूँ।"

"तू तो फिर मन्त्री ज़रूर बन जायेगा'', पण्डित ने तीसरा गिलास खाली करते हुए कहा।

"पण्डित जी, चुनाव जीत गया तो दो एकड़ ज़मीन बाल भगवान को भेंट करूँगा। कल कचहरी में चलकर पक्के काग़ज़ पर लिखवा लो।"

पण्डित जब नशे में होता है तो सही सोचना शुरू कर देता है। किसी जंगली जानवर की तरह उसके दिमाग़ में घात–प्रतिघात की क्रिया शुरू हो जाती है। लड़के को पेट की बीमारी लग गयी है, कभी भी मर सकता है।

राजधानी की चमचमाती सड़कें और ख़ूबसूरत कोठियों ने उसके दिमाग़ पर अभी से क़ब्ज़ा जमा लिया है। चौथे गिलास को वह अनदेखा कर रहा है। मास्टर जी सलाह देते हैं–

"ऐसे करते हैं कि एक महीने के लिए बाल भगवान के दर्शन बन्द। अख़बार में रत्न चौधरी ख़बर निकलवा देगा कि भगवान ने समाधि लगा ली है। एक महीने किसी को दर्शन नहीं देंगे। टिकट तो एक महीने में बँट ही जायेंगे।"

पण्डित चौथा गिलास गटकता है और उठ खड़ा होता है। रत्न ठीक कहता है। मास्टर ठीक कहता है। यह मौक़ा फिर नहीं आना। अब बीवी को मनाने के लिए उसके दिमाग़ में घात–प्रतिघात चल पड़े हैं। पहले प्यार से बात करूँगा। नहीं मानेगी तो जूता, हाँ जूता पीर है बिगड़ों–तिगड़ों का। लेकिन यह ज़रूरी थोड़े है कि लड़का जो बात मन्त्री को बतायेगा, वह सच ही निकले। फिर कौन देगा राजधानी में प्लॉट और क्यों देगा रत्न दो एकड़ ज़मीन। नहीं। वह ज़मीन के पक्के काग़ज़ रत्न से पहले ही माँगेगा। रही प्लॉट की बात...उसे पता है, किस मन्त्री से रत्न की साँठ–गाँठ है। पिछली तीन बार वह चुनाव जीत चुका है, तीनों बार मन्त्री बना है, लेकिन मुख्यमन्त्री अभी तक नहीं बन सका। और इस बार वह सपना हर क़ीमत पर पूरा करके रहेगा। फिर चुनाव से पहले विरोधी दलवाले अक्सर, सत्ताधारी दलवालों को ऐसे सब्ज़ बाग़ दिखाते हैं। कैसे मारा था बाबू जगजीवन राम को? बेचारा राष्ट्रपति और प्रधानमन्त्री तो दूर मन्त्री भी नहीं रहा। दूध से मक्खी की तरह बाहिर छिटक गया।

रास्ते में पण्डित ने लाले की दुकान से दो किलो लड्डू लिये। जेब में से पैसे निकालने के लिए हाथ डाला, लेकिन लाले ने दोनों कान पकड़कर कहा–"बख़्शो पण्डित जी! क्यों मुझ पर पाप चढ़ाते हो। बाल भगवान के कदमों में मेरी भेंट है।"

वह जब घर की तरफ़ बढ़ा तो दिल में सन्देह के काँटे उगने शुरू हो गये। क्या सचमुच लड़के में कोई देवी शक्ति आ गयी है? इतने लोग उसे भगवान मान बैठे हैं। कहीं लड़के को उसकी चालों का पता चल गया तो? फिर उसने ज़मीन पर ज़ोर से पैर पटककर शक के इन काँटों को कुचल दिया। अपने आप को गाली निकाली–"कुत्ते के! थोड़ी पियेगा तो वाही–तबाही ही सोचेगा। सिद्धड़ कहाँ का भगवान! बिस्तर पर ही टट्टी–पेशाब निकल जाता है। थू! चला ले जितने दिन चलता है यह खोटा सिक्का।"

घर पहुँचने से पहले ही राजधानी की चमचम करती सड़कें उसके दिमाग़ में फिर घुस आयी हैं। बड़े लड़के ने आठवीं पास कर ली है। कल ही रत्न से कहेगा कि मन्त्री से कहकर पहले उसे नौकरी दिलाये, तभी भगवान से आगे की बात होगी। एक बार यह बेवकूफ़ी–भरी बात उसके

दिमाग़ में आती ज़रूर है कि बाल भगवान से पूछकर यह ख़ुद क्यों न चुनाव लड़े। थू! वह मुँह से इस बदबू को बाहिर थूकता है।

लड़का खा रहा है। थाली में रोटियों का छोटा–सा पहाड़ बना हुआ है। यह रोटी उठाता है, दो टुकड़ें करता है, दोनों हाथों में दो गोल गेंदें बनाता है। एक गेंद मुँह में डालता है, अधचबाया ही इसे अन्दर धकेलता है और दूसरी गेंद बनी रोटी मुँह में डाल लेता है। यह डर अब भी उसके दिल में घर करके बैठा हुआ है कि कोई उसकी रोटी चुरा लेगा! पिता के हाथ में उसने बड़ा लिफ़ाफ़ा देख लिया है। कुत्ते की तरह नाक फुलाकर गन्ध लेने की कोशिश कर रहा है कि क्या है। पिता अन्दर से थाली लाता है, लिफ़ाफ़े से आधे लड्डू निकालकर इसमें डालता है और लड़के के आगे रख देता है। लड़का रोटियों की थाली को देख रहा है, लड्डू से भरे थाल को देख रहा है। कहीं कोई रोटियाँ तो नहीं उठा लेगा? पिता उससे कहता है–"दोनों खा ले।" लड़के की आँखों में कुछ न समझने का भाव वह देखता है। दोनों थालियाँ उसके बिल्कुल पास सरकाता है–"लड्डू! रोटी दोनों खाले!" लड़का झपाटे से लड्डू उठाता है, पूरा–का–पूरा मुँह में डाल लेता है। फिर रोटी उठाता है, लड्डू को उसमें लपेटता है। मुँह खोलता है। इतना बड़ा गोला अन्दर नहीं जा रहा। और ज़ोर लगाता है। अब मुँह किसी गुफा–द्वार जैसा लग रहा है। दूसरे हाथ की उँगलियों से गोले को दबाकर अन्दर धकेल रहा है। पिता को उबकाई आती है। मुँह पर हाथ रखता है और अन्दर चला जाता है।"

बेटी रसोई में ही बैठी खा रही है। "लड़के कहाँ हैं," पूछने पर पत्नी बताती है कि शहर गये हैं, नयी फ़िल्म देखने। बारह बजे के बाद ही आयेंगे। वह बेटी को कहता है–

"जल्दी–जल्दी खा! भाई के कमरे में जाकर सो। उसकी तबीयत ख़राब हो तो आवाज़ देना। बिस्तरा गन्दा करे तो मत जगाना। सवेरे साफ़ हो जायेगा। समझी!" लड़की 'हाँ' में सिर हिलाती है। उसे पता है, पिता जब जल्दी सो जाने के लिए कहता है तो कुछ होता ज़रूर है। उनके कमरे से माँ की हाय–हाय और सी–सी की आवाज़ें कितनी देर आती रहती हैं। बाप पता नहीं माँ को इतना क्यों मारता है? पिता उसे घूर रहा है। वह और रोटी नहीं माँगती, हालाँकि एक फुलके की भूख अभी और है। उठकर भाई के कमरे में चली जाती है। बीवी तिरछी मुस्कान फेंकती है–

"रोटी दूँ कि पहले ठर्रा चढ़ाना है," शराब पीने को वह हमेशा ठर्रा चढ़ाना कहती है।

"नहीं। खाना डाल। आज दिल नहीं कर रहा।" वह जवाब में पूरी मुस्कान फेंकती है।

"रहने दो। रत्ने मोचे के घर ही काम कर आये हो। मुझे मत बनाया करो। मैं तेरी रग–रग पहचानती हूँ।"

वह बनावटी ग़ुस्से में डाँटता है–"भाषण बन्द कर। जल्दी कर। नहीं तो मैं यहीं..."

"अच्छा, अच्छा। चुप हो जाओ। लड़की जागी हुई है। आवाज़ उस कमरे तक पहुँच जाती है। तुम बोलते जो इतने हौले हो।"

वे दोनों बड़ी देर से साथ–साथ लेटे हैं, लेकिन आज पति किसी तरह की नोच–कचोट नहीं कर रहा। बड़े प्यार से उसके जिस्म के हर हिस्से पर हाथ फेर रहा है; इतने हौले जैसे वह काँच की बनी हो। उसे अच्छा तो लग रहा है, लेकिन मज़ा नहीं आ रहा।

"क्यों? आज सोना नहीं क्या? सारी रात ऐसे ही गुज़ारने का इरादा है।" उसने पति की बाँह पर धीरे से काटा। पति ने उसके बालों को मुट्ठी में लिया। झटका दिया और उसका सिर अपनी छाती पर रख लिया। दर्द हुआ, लेकिन मीठी सिसकी में बदलता हुआ। वह अब उसके बालों की जड़ों को खुजला रहा है।

"सुन। राजधानी रहना है? रत्न मुफ़्त प्लॉट दिला देगा।"

"रत्ने को क्या आन पड़ी जो हमें प्लॉट दिलायेगा," यह जवाब देते हुए सबसे पहले राजधानी की लक़दक़ करती सड़कों के किनारे लगे गुलमोहर के पेड़ों के सिन्दूरी फूल उसकी आँखों में उतर आये। बाल भगवान के प्रताप से बड़े लड़कों की नौकरी तो मिल ही जायेगी। उसे अभी, इसी क्षण अपना गाँव गन्दा और बू–भरा लगना शुरू हो गया है, लेकिन जब वह यह बात सुनती है कि अब लड़के को लगातार भूखा रखना पड़ेगा तो चुप हो जाती है। सिर उसकी छाती से उठाती है, तकिये पर रख लेती है।

"कुछ नहीं होगा। तू क्यों जी को लगाती है। पहले भी तो भूखा ही रहता था। फिर रत्न कल शहर के बड़े हस्पताल से बड़ा डॉक्टर ले आयेगा।"

राजधानी में मकान और बेटे के भूखा रहने में से मकान का चुनाव

करने को उसका दिल कह रहा है। पति महसूस करता है कि उसका अकड़ा शरीर ढीला हो रहा है; वह पास सरक आयी है। वह उसकी पीठ का माँस अपनी मुट्ठी में भरता है और ज़ोर से मसल देता है। अब वह लगातार उसे चाट रही है, गरमा गयी मादा की तरह। पति उसके उभारों में दाँत खुभोता है, वह नशीली आवाज़ में 'और ज़ोर से काटो' कहती है, पति के दाँत माँस में खुभ जाते हैं।

"देखो, लड़कों को भी ताकीद कर दो कि उसे खाने को कुछ नहीं देना। बिल्कुल भूखा रहना चाहिए। वह भूखे पेट की सच बोलता है।"

"अच्छा, अच्छा। आओ न।" पत्नी अगली सीढ़ी पर चढ़ने के लिए करवट बदलती है। साथ के कमरे से बेटी की आवाज़ आती है।

"माँ। इसने बिस्तर गन्दा कर दिया।"

तभी, उसी क्षण उसके दिल में जहर का काँटा उग आता है। भगवान ऐसों को सँभाल ही ले तो अच्छा। लड़की को कहती है–

"सो जाओ। सुबह साफ़ कर दूँगी।"

"नहीं। यहाँ बहुत बदबू है। अभी कर दो।"

पण्डित गरजता है–

"ओये कुत्ती दी। बक–बक बन्द करती है कि मैं आऊँ फिर।" लड़की चुप लेकिन माँ की तेज़ नाक में तीखी बदबू सरसराकर घुसती आ रही है। हालाँकि बीच का दरवाज़ा बन्द है। पति दूसरी सीढ़ी चढ़ता है। वह उस क्षण बेटे और मकान दोनों में से मकान का चुनाव कर लेती है। बेहोश हो रही आवाज़ में कहती है, "ठीक है, इसका खाना–पीना बन्द। तुम फ़िक्र मत करो। लड़कों को मैं अब समझा दूँगी।" पति हाँफ गयी आवाज़ में डपटता है–"चुप कुत्ती दी, मुर्दों की तरह क्यों पड़ी है। हिल, ज़ोर से हिल।"

रत्न अपनी मोटरसाइकिल पर शहर से बड़े डॉक्टर को लाया है। वह बाल भगवान की पूरी जांच–पड़ताल करता है। पूछता है कि क्या टट्टी में ख़ून आता है। माँ 'हाँ' में सिर हिलाती है। क्या कै करता है तो ख़ून आता है? माँ 'हाँ' में सिर हिलाती है। फिर यह भी बताती है कि लड़का सारा दिन खाता रहता है। डॉक्टर को बाल भगवान के चमत्कारी होने

का पता है। यह भी पता है कि रत्न की ऊपर तक पहुँच है। उसे बताता है कि लड़के के पेट में फोड़ा है। अलसर। ऑप्रेशन जल्दी होना चाहिए। फिर उसे सारा दिन लिटाये मत रखो। ख़ूब घूमने दो। जो रोटी अन्दर जाती है, ज़हर बन जाती है। पण्डित उसे जवाब देता है–

"भगवान घर से बाहिर नहीं जा सकते। जो दवाई देनी है, दो।" पिता को पता है कि लड़के को घूमने देगा, दूसरे लड़कों के साथ खेलने देगा तो लोगों का विश्वास उसके भगवान होने से उठ जायेगा। फिर सिद्धड़ है। उल्टा–शुल्टा बाहर बोल देगा तो मिल चुका राजधानी में मुफ़्त मकान। डॉक्टर इसे सारे खेल को समझता है। उसका चेहरा तन जाता है, रत्न उसे बाहिर आँगन में ले जाता है। बड़े मन्त्रीवाली बात बताता है। रत्न का बड़े मन्त्री से रसूख़ है, यह सुनते ही डॉक्टर को अगले साल सिविल हस्पताल में ट्रांसफ़र की बात याद आ जाती है। जो रौब–दाब, माल–भत्ता सिविल हस्पताल में है, सब धरा–का–धरा रह जायेगा अगर किसी क़स्बे के बड़े हस्पताल में बदली हो गयी। फोड़ा महीने में फट भी सकता है। नहीं भी फट सकता। और यह एक महीना अब उसके लिए भी बिल्कुल महत्त्वपूर्ण हो गया है। अन्दर आता है, कहता है–

"फ़िक्र की बात नहीं। अभी मैं इलाज शुरू करता हूँ। असर नहीं हुआ तो फिर ऑप्रेशन की सोचेंगे। और हाँ, मैं हस्पताल से दवाइयाँ भेज दूँगा। कंपाउंडर सुबह–शाम टीका लगाने आ जाया करेगा। कोई डर की बात हो तो मुझे बुला भेजें।"

पण्डित फ़ीस के पैसे निकालने के लिए जेब में हाथ डालता है–

"न पण्डित जी! मुझे भी पुन्न कमा लेने दें। बाल भगवान को पहले अच्छा कर दूँ, फिर आपसे लड्डू ज़रूर खाऊँगा।"

लड़के को पाँच दिन से खाने को कुछ नहीं मिला। उसके कमरे में भाइयों का, बहन का, भगतों का, सबका जाना बन्द है। पण्डित कमरे के बाहिर, सर्दियों की धूप में बैठा पहरा देता रहता है। बाहिर से गुज़रने वालों का वह हमेशा आँखें बन्द किये बैठा दिखायी देता है। कल भगवान ने समाधि लगायी है। देखो। पिता भी सारा दिन मन्तर पढ़ता रहता है। क्यों न हो। ब्राह्मण है, हमेशा तप करते हैं। अन्दर से थोड़ी–थोड़ी देर के बाद–"रोटी, रोटी, रोटी" शब्द दरवाज़े पर दस्तक देता रहता है, लेकिन

लड़के को सिर्फ़ निम्बू–पानी दिया जाता है। मास्टर जी ने बतलाया है, गाँधी जी तो दो–दो महीने भूख हड़ताल पर रहे। बस निम्बू–पानी पीते थे। देख लो। कुछ हुआ। लक्कड़ की तरह हो गया था जिस्म। रोटी कोई ज़रूरी थोड़े है? बाल भगवान को कुछ नहीं होगा।

रत्न बता गया कि आज रात अँधेरा पड़ने पर बड़ा मन्त्री आयेगा। शायद भगवान आज ही सच बता दें। बस। कल से खाना शुरू।

बन्द दरवाज़े के अन्दर से ठक–ठक की आवाज़ आती है। पण्डित झटके से उठता है तो लड़का बिस्तरे से उठकर दरवाज़े तक आ गया है–"रोटी, रोटी, रोटी!"

वह दरवाज़ा खोलता है, लड़के की गर्दन में पंजा डालता है, उसे घसीट कर तख़्तपोश के पास ले जाता है। और गुर्राता है–"लेट जा।" लड़का डर और भूख से कांप रहा है, दोनों उसकी आँखों के रास्ते बाहिर निकल रहे हैं। बाहिर गली से मास्टर जी को आवाज़ आती है–

"पण्डित जी, रत्न के यहाँ चलना है। मन्त्री जी पहुँच गये हैं। चलो, लिवा लायें।"

पण्डित बाहिर जाते हुए जल्दी में बाल भगवान के कमरे को ताला लगाना भूल जाता है। छोटी बहन अन्दर आती है। भाई के सिर के पास बैठती है। उसके माथे पर हाथ रखती है। अंगारों की तरह तप रहा है। तेज़ बुख़ार है। सिर दबाना शुरू कर देती है। भाई उसकी कलाई पकड़ता है। भूख–भरी आँखों से उसे देखता है, मरियल आवाज़ में कहता है, "भूख! रोटी!"

बहन को पता है कि घर में क्या हो रहा है। उसे पता है भाई को इतने दिनों से भूखा रखा जा रहा है। वह फूट–फूटकर रोना शुरू कर देती है। भाई अब भी उसकी ओर लगतार देखे जा रहा है। बहन को उसकी आँखों में रोटियाँ–ही–रोटियाँ दिखायी देती हैं। पिता मारेगा। राक्षस की तरह मारेगा, लेकिन अभी वह छोटी है। उसका दिल लालच के पास गिरवी नहीं। भागकर रसोई में आती है। अपनी छोटी–सी चुन्नी में रोटियों का ढेर छुपा लाती है।

"खा ले। जल्दी खा ले। बापू आ गया तो जान निकाल लेगा।"

लड़का अब पंजों के बल अधबैठा है। बहन रोटियों के टुकड़े करती

है और वह दबाता जाता है। बिना सब्ज़ी के रोटियाँ गले में फँस रही हैं। उसका मुँह धीरे चल रहा है।

"जल्दी खाओ। बापू आया कि आया।" लड़का डरी–डरी आँखों से दरवाज़े की तरफ़ देखता है, पूरी–की–पूरी रोटी की गेंद बनाता है, उसे मुँह के अन्दर ठेलता है। बहन पानी का गिलास उसके मुँह से लगाती है। वह छोटा घूँट मारता है, गिलास परे ठेलता है। पानी नहीं! रोटी! अब वह दोनों हाथों से रोटियों के टुकड़े–टुकड़े कर रहा है, मुँह में ठूँस रहा है। घर के बाहिर पैरों की आवाज़ें आती हैं। बहन उसके आगे से रोटियाँ उठाती हैं, चुन्नी से उसका मुँह पोंछती है, लिटा देती है और रसोई की तरफ़ भागते हुए कहती है–"बताना मत। नहीं तो शामत आ जायेगी।"

मन्त्री, पण्डित, मास्टर जी और रत्न अन्दर आते हैं। रत्न और मास्टर बाल भगवान के पैरों को माथे से छूते हैं। मन्त्री कुछ अतिरिक्त देर तक भगवान के पैरों पर सिर रखे रहता है। उसके चेहरे पर माँस की पर्त–दर–पर्त चढ़ी हुई है और चिकनी चमड़ी किसी फिसलनवाली जगह की तरह चमक रही है। वह टोपी उतारकर हाथों में पकड़ता है और खादी के छोटे तौलिए से चेहरा साफ़ करता है। उसे गर्मी, सर्दी, हर मौसम में पसीना आता है, अख़बारवाले उसके बारे में यह मुहावरा कभी भी इस्तेमाल नहीं करते कि मन्त्री के पसीने छूट गये। भगवान की माँ अन्दर आती है, बेटे के सिरहाने बैठ जाती है। उसके सुनहरी सेब चेहरे को देखते ही जाने क्यों मन्त्री को अपनी पत्नी का पुराने पड़ गये जूते के चमड़े–सा सूखा सख़्त चेहरा याद आ जाता है। उसके बारे में प्रसिद्ध है कि न सीधा सवाल पूछता है, न सीधा जवाब देता है। विरोधी पक्षवाले, अख़बारवाले, सिर धुनते रह जाते हैं। अपने सवालों का जवाब समझने के लिए! पिछले दोनों चुनावों में वह जीता है, दोनों बार मन्त्री बनाया गया है; लेकिन मुख्यमन्त्री हमेशा उसे मरियल और बाँझ विभाग देता है, शिक्षा या स्वास्थ्य। हालाँकि विरोधी दल के लोगों के क़िले को तोड़ने–फोड़ने में उसे महारत हासिल है। लेन–देन वही करता है उन्हें दल बदलवाने के लिए। विरोधी दलवालों ने उसका नाम चलता–फिरता बैंक रखा हुआ है। वह बाल भगवान की माँ से कहता है–

"माता जी, आप तो भगवान को लेकर राजधानी आ जायें, जब–जब

देश पर कोई संकट आयेगा भगवान से सलाह ले लेंगे। सरकार की तरफ़ से मकान के लिए जगह हम दिलायेंगे।"

"देखो। जैसी बाल भगवान की आज्ञा," उसने साड़ी का पल्लू ठीक किया, अपनी तिरछी मुस्कान का वार करते हुए। उसके सुच्चे मोतियों से दाँत देखकर मन्त्री को कीलों–से काले अपनी घरवाली के दाँत याद आ गये।

"जैसी आपकी मर्ज़ी होगी, कोई भगवान की मर्ज़ी अलग थोड़े होगी। हम लोग वहाँ पर मकान बनाने का भी कोई–न–कोई हीला कर लेंगे। बाल भगवान की कृपा हो जाये तो सब काम सिद्ध समझें।"

पण्डित को लगता है, लड़के का मुँह दो–तीन बार हिला है। कहीं इसे किसी ने कुछ खाने को तो नहीं दिया? लेकिन किसकी हिम्मत है, वह खड़े–खड़े खाल नहीं खींच लेगा। मन्त्री दोनों हाथ जोड़कर भगवान को बताता है–

"चुनाव आ रहे हैं। जनता जीतेगी, लोकदल जीतेगा या कांग्रेस जीतेगी, मैं किस पार्टी से जीत सकता हूँ?", इतना लम्बा वाक्य लड़के के दिमाग़ के बाहिर ही चक्कर काटता रहा। हाँ 'जीतना' शब्द बन्द दिमाग़ के ताले पर खट–खट करता रहा। दिमाग़ से संकेत आ रहे हैं, शब्द सुना हुआ है, पहले भी किसी ने कहा है। शब्द धीरे–धीरे खिसककर होंठों पर आ बैठता है। लड़का उसे कसकर पकड़ता है, कहीं फिर फिसल न जाये। आवाज़ को धक्का देता है और शब्द बाहर उछल जाता है। वह बोलता है! "जीता!" पण्डित, मास्टर और रत्न के चेहरों पर गुलाब फूट पड़ते हैं। मास्टर मन्त्री से कहता है–

"भगवान ने बता दिया। आपकी जीत होगी।" मन्त्री खेला खाया हुआ है, इतनी जल्दी तो उसने कभी अपने ऊपर भी विश्वास नहीं किया," मास्टर जी सवाल मेरे जीतने का नहीं। पार्टी कौन सी जीतेगी जिसकी सरकार बनेगी।" मास्टर जी उसे समझाते हैं–

"भगवान तो बस एक शब्द में ही जवाब देते हैं। पार्टी चाहे जो जीते। सरकार तो कांग्रेस की ही बनेगी। यह कोई बंगाल तो है नहीं कि जो पार्टी जीते उसी की सरकार बने।" मन्त्री अब कच्चा चबा जाने वाली आँखों से मास्टर को देख रहा है। यह साले पढ़े–लिखे लोग भी देश

का नुक़सान करते हैं। तभी अंग्रेज़ों के वक़्त इतनी पढ़ाई नहीं थी। कैसे शान्ति से राज करेगा। अनपढ़ का क्या? सरकार ने जो कहा सतवचन। रत्न भाँप जाता है कि मन्त्री को बुरा लगा है। विधायक बनने का उसका सपना हिल जाता है। वह मन्त्री को सलाह देता है–"आप छोटा–सा सवाल करें। भगवान लम्बे सवालों का जवाब नहीं देते। इशारों में बात करते हैं।" मन्त्री अपने चेहरे से गुस्सा उतारता है, उसकी जगह घी के डिब्बेवाली चिकनी मुस्कान चेहरे पर लाता है। हाथ जोड़कर सवाल पूछता है–"भगवान! जनता। लोकदल। कांग्रेस" अब लड़का बिल्कुल घबरा गया है। बाक़ी लोग तो एक बार उसके बोलने पर उठ जाते हैं, यह आदमी नहीं उठ रहा। ज़रूर इसी ने उसका खाना बन्द किया है। वह आँखें बन्द कर लेता है। उसका शरीर ज़ोर से काँपता है। पिता तो जानता है लड़का एक बारी में नये शब्द न समझता है, न बोल सकता है। वह दोहराता है– "जनता। लोकदल। कांग्रेस।" तीनों शब्द अब हिंसक पशु का रूप धारण कर लेते हैं, लड़के के दिमाग़ पर एक साथ आक्रमण कर देते हैं। लड़के के सिर में इनके पंजे गड़ जाते हैं। इन्हें परे छिटकाने के लिए वह ज़ोर–ज़ोर से सिर हिलाना शुरू कर देता है, लेकिन पंजे माँस में गड़ गये हैं। वह थक जाता है। सिर हिलाना बन्द कर देता है। वह मन्त्री की ओर देखता है और आँखें मूँद लेता है। थोड़ी देर सब लोग उसके बोलने का इन्तज़ार करते हैं, लेकिन वह चुप है, उसकी साँस अब समतल चल रही है। माँ–बाप को पता चल जाता है कि सो गया है। पण्डित कहता है–"भगवान ने समाधि लगा ली है। अब जवाब नहीं देंगे। आप लोग फिर आयें।" सब उठ पड़ते हैं–मन्त्री लड़के की माँ के आगे हड्डी फेंकता है–

"जिस दिन बाल भगवान मुझे सीधी आज्ञा देंगे, बस समझ लें,उसी दिन मैं भगवान को राजधानी ले जाऊँगा। जब आप आज्ञा देंगे फिर आ जाऊँगा।" पण्डित उन्हें बाहर तक छोड़ने जाता है। माँ के दिमाग़ से राजधानी की सड़कें और सिन्दूरी फूलों के पेड़ बाहिर सरकने लग पड़ते हैं। बडे भाई और छोटी बहन कमरे में आ जाते हैं। बड़े लड़के के पूछने पर माँ बताती है कि बाल भगवान ने कोई जवाब नहीं दिया। पण्डित अन्दर आता है। सारे परिवार को उस कमरे में खड़ा देखकर गरजता है, "क्यों? तुम सारे यहाँ क्यों खड़े हो? तुम्हारी माँ का नाच हो रहा है क्या?"

उसकी गरजती आवाज़ सुनकर लड़का आँखें खोल लेता है। पिता उसे शब्द रटाने की कोशिश करता है–"बोल जनता।" लड़के को पता है कि वह बोलेगा तो रोटी मिलेगी। बड़ा भाई कहता है–"बोल जनता।" लड़का जवाब देता है, "जनता।"

"अब बोल लोकदल!" लड़के की नाक फूलती है, उसे रोटियों की बास आनी शुरू हो जाती है, वह बोलता है–"लोकदल"। पण्डित का, बड़े भाई का, माँ का चेहरा खिल जाता है। पण्डित कहता–"अब बोल कांगर।" छोटी लड़की पिता को कहती है–"बापू कांगर नहीं कांग्रेस। ग के पैर में र पड़ता है।" वह भाई से कहती है, "बोल कांग्रेस।" लड़का इस शब्द से कुश्ती करना शुरू कर देता है, लेकिन होंठों पर आना तो दूर शब्द दिमाग़ के ताले पर खट–खट भी नहीं करता है। उसकी आँखों से आँसू बहने शुरू हो जाते हैं। बड़ा भाई कहता है–"बोल कांग्रेस।" लड़का जवाब देता है–"रोटी! भूख!" पिता तेज़ी से रसोई में जाता है। रोटियों का ढेर थाली में रखकर लौटता है, थाली उसकी चारपाई से दूर रख देता है। लड़का उठने की कोशिश करता है। वह किसी डरे हुए कुत्ते की तरह रोटियों को देखता है। आसपास खड़े लोगों को देखता है। वह जीभ से होंठ चाट रहा है।

"बोल कांग्रेस। कांग्रेस। कांग्रेस। सारी रोटियाँ दूँगा। लड्डू दूँगा।"

माँ कहती है–"क्यों पीछे पड़े हो उसके। उससे नहीं बोला जायेगा।"

"चुप कुत्ती दी। तीनों शब्द इसे रटाने हैं। पक्के याद कराने हैं। अगले हफ़्ते तेरा ख़सम मन्त्री फिर आयेगा। जब तक इसे यह शब्द याद न हुए तो ले लेना मकान राजधानी में।"

बड़ा भाई ग़ुस्से में उसे कहता है–"बोल कांग्रेस, कांग्रेस, कांग्रेस।"

लड़के के पेट का फोड़ा हिल रहा है, दिमाग़ का ताला हिल रहा है, सारा शरीर हिल रहा है। अब उसकी जीभ लगातार होंठों को चाट रही है, लपलपा रही है। उसकी सारी इन्द्रियाँ, सारा भूख का भय उसके होंठों के आसपास घूम रहा है। वह फिर ज़ोर लगाता है। आवाज़ निकलती है–"कांग"

"कांग नहीं कांग्रेस। बोल कांग्रेस, कांग्रेस, कुत्ते दे। बोल कांग्रेस।"

वह माँ की ओर देखता है, पेट का गोला गले की तरफ़ बढ़ रहा

है–"माँ रोटी!, भूख!" वह भागकर लड़के से चिपक जाती है, छोटी बेटी रोटियों का थाल उसे देने के लिए उठाती है। बाप बेटी को लात मारता है, वह गिरती है, छन्न्न की आवाज़ के साथ थाल नीचे गिरता है, रोटियाँ कमरे में बिखर जाती हैं। माँ और कसकर लड़के से चिपक जाती है–

"इसे रोटी खाने दे। तू राक्षस है, राक्षस। तुझे कीड़े पड़ेंगे। " पति उसे बालों से पकड़ता है, घसीटकर चारपाई से नीचे फेंकता है। अब वह लड़के के सिर पर खड़ा है। उसकी लाल–लाल आँखें सुलगते अंगारों की तरह लड़के की चमड़ी जला रही हैं। वह गरजता है–"बोल कांग्रेस। आज मैं तेरा ख़ून कर दूँगा। बोल कांग्रेस।"

लड़का उठकर बैठ गया। उसका गला फूल गया है। सारी–की–सारी जीवन–शक्ति गले में अड़ गयी है।

बाप गरजता है, भाई गरजता है–"बोल कांग्रेस।–"लड़का मुँह खोलता है। पेट का गोला और कांग्रेस दोनों उसके होंठों तक आते हैं। वह ज़ोर लगा रहा है। पेट का गोला मुँह में फटता है, वह नीचे गिर जाता है, मुँह किसी काली गुफा के द्वार की तरफ़ खुलता है। फफ–फफ की आवाज़ों के साथ गोला फूटता है। ख़ून की कै होती है। छींटे छिटकते हैं। वह ज़मीन पर गिरा लगातार हाथ–पैर पटक रहा है। रोटी की ओर सरक रहा है। फफ–फफ। दूसरा गोला फूटता है। ख़ून का छोटा–सा दरिया कमरे में फैल रहा है। किसी गर्दन कटे जानवर की तरह वह धीरे–धीरे हिलना बन्द कर देता है। उसके खुले मुँह से ख़ून की मोटी–सी लकीर अब भी बाहर बह रही है, कमरे में फैल रही है।

□□